Helmut Lammer
Mohammed Y. Boudjada

Steinerne Rätsel

Helmut Lammer
Mohammed Y. Boudjada

Steinerne Rätsel

Geheimnisse mittelalterlicher Bauwerke

Mit 114 Fotos und 15 Abbildungen

Langen Müller

Bildnachweis

Fotos:

Archiv Autoren: 1–114

Abbildungen:

Archiv Autoren: 1–15

Vor- und Nachsatz:

»Und die Stadt bedarf keiner Sonne noch des Mondes, dass sie ihr scheinen, denn die Herrlichkeit Gottes erleuchtet sie, und ihre Leuchte ist das Lamm.« (Johannes-Offenbarung 21,14–21,26)

Besuchen Sie uns im Internet unter
http://www.langen-mueller-verlag.de

Gedruckt auf chlorfrei gebleichtem Papier

Schutzumschlaggestaltung: Jens Vogelsang, Aachen
Schutzumschlagmotive: Helmut Lammer
Satz und Illustrationen: Schaber Satz- und Datentechnik, Wels
Gesetzt aus der 10,4/12,5 Punkt Stempel Garamond
Druck und Binden: GGP Media, Pößneck
Printed in Germany
ISBN 3-7844-2903-3

Inhalt

Einleitung

Jeder Leser, der schon einmal eine große romanische oder gotische Kathedrale des 11. oder 12. Jahrhunderts besucht hat, wird neben der tiefen spirituellen Faszination, die diese Sakralbauten ausüben, gerätselt haben, wie es möglich war, dass im tiefsten Mittelalter solche architektonischen, mathematischen, aber auch astronomisch relevanten Leistungen erbracht werden konnten. Die unbekannten Baumeister der Kathedrale von Chartres schufen zum Beispiel das breiteste Gewölbe und zugleich eines der höchsten, das wir in Europa kennen.

Nur einige Jahrzehnte zuvor, um das Jahr 1000, hätte kein Mensch im mittelalterlichen Europa solche eindrucksvollen Bauwerke errichten können. Man könnte verleitet werden zu meinen, dass die Erbauer der gotischen Kathedralen ihr Wissen aus einer längst vergessenen Welt bezogen. Als die zuvor erwähnte gotische Kathedrale von Chartres entstand, befanden sich Hunderte ähnliche Kathedralen in Europa im Bau. Erstaunlich ist es auch, dass die meisten Baumeister dieser Sakralbauten unbekannt blieben. Woher kamen diese Genies, Maurer und Steinmetzen, deren Wissen und Anzahl ausreichte, um diese Gotteshäuser und Tempel von einer solchen enormen Größe zu bauen und wohin verschwanden sie?

Ein weiteres Rätsel dieser Bauwerke bilden ihre rätselhaften Steinmetzarbeiten, Skulpturenmotive, die für Fantasiefilme als Vorbilder gedient haben könnten, hexagonale und oktogonale architektonische Formen, Labyrinthe, Lichtnischen, nach Sternzeichen astronomisch ausgerichtete, unter- und oberirdische Kulträume etc.

Obwohl die Bauwerke für die römisch-katholische Kirche errichtet wurden, gibt es viele Unstimmigkeiten bezüglich der unzähligen Steinmetzarbeiten und deren Symbolik, die eher einen magischen, alchemistischen, ja sogar einen vorchristlichen Eindruck vermitteln.

Huldigten die Erbauer dieser mittelalterlichen Meisterwerke gar einem anderen Gott, als die römisch-katholische Kirche? Wenn ja, welcher Gott und welcher Glaube waren das? Haben die Steinmetzen oder deren Auftraggeber sichtbare Spuren eines von der römischen Kirche unterschiedlichen Glaubens an den geheimnisvollen Skulpturen der christlichen Sakralbauten hinterlassen?

Es wäre wirklich grotesk, wenn Anhänger vorchristlicher Glaubensströmungen die größten Meisterwerke der römisch-katholischen Kirche in Europa errichtet hätten. Andererseits gibt es auch Burgen, die aus derselben Zeit stammen und die sich von den herkömmlichen Wehrbauten dadurch unterscheiden, dass sie ebenfalls astronomisch ausgerichtet wurden, um einem mysteriösen Sonnen- oder Sternenkult zu dienen. Andere Burgen fristeten als Höhlenburg im Schoß des Planeten Erde ihr Dasein.

Noch rätselhafter wird die ganze Angelegenheit, wenn man nachweisen kann, dass einige dieser Wehrbauten von mächtigen und einflussreichen christlichen Ritterorden erbaut und für religiöse Rituale benutzt wurden, die mit der Doktrin der herkömmlichen Staatskirche, der sie offiziell unterstanden, nicht viel gemeinsam hatte.

Auch hier müssen die Erbauer solcher Burgen ein großes astronomisches und mathematisches Wissen besessen haben, um es für die Rituale zu benützen, bei denen die Sonne, der Mond, die damals fünf bekannten Planeten Merkur, Venus, Mars, Jupiter und Saturn, die zwölf Sternzeichen des Tierkreises, die Tagundnachtgleichen und die Sonnenwendepunkte eine große Rolle spielten.

Das 11. und 12. Jahrhundert war aber auch die Zeit, in der in Europa seltsame Kulte, wie etwa die der *Schwarzen Madonnen*, im christlichen Untergrund kursierten und längst vergessene dualistische Lehren einen enormen Aufschwung erhielten. Woher kamen diese Glaubensströmungen? Standen sie in Verbindung mit den anderen zuvor erwähnten Rätseln?

Alles Zufall, könnte man meinen. Dass dem nicht so war, zeigen wir in den folgenden Kapiteln dieses Buches auf und weisen nach, dass diese auf den ersten Blick unzusammenhängenden Themen alle einen gemeinsamen Nenner haben.
Es scheint klar zu sein, dass das plötzliche Errichten dieser mächtigen Bauwerke gewollt war. Gewollt von Personen, die das nötige Wissen besaßen und die Steinmetzen und Baumeister zur Verfügung hatten, deren astronomisches, mathematisches und architektonisches Wissen dem herkömmlichen im abendländischen Europa zur Verfügung stehenden anscheinend weit voraus war. Außerdem mussten den Auftraggebern dieser Bauwerke enorme Geldmittel zur Verfügung gestanden haben, damit sie diese genialen Architekten und Steinmetzen fürstlich entlohnen konnten.
In akribischer Weise studieren wir diese der Nachwelt hinterlassenen, für jedermann sichtbaren Steinmetzarbeiten, ihre Symbolik und ihren zum Teil astronomischen Sinn an einfachen Kirchen, berühmten Kathedralen und eigenartigen Burganlagen.
Da sich unsere Recherchen auf viele in Österreich, Deutschland, Frankreich und anderen europäischen Ländern befindliche Bauwerke stützen, kann sich jeder beim Besuch der im Buch angeführten Bauwerke ein eigenes Bild unserer Untersuchungen machen.
Begeben wir uns nun aber auf eine Reise in vergangene Zeiten, in denen Päpste, Könige, Ordensritter, Assassinen und Häretiker um das Schicksal Europas und die Herrschaft der Welt kämpften und uns ihr Wissen und ihre Geheimnisse in Form von *steinernen Rätseln* hinterließen, die es zu entschlüsseln gilt.

Graz, im Januar 2003

Helmut Lammer
Mohammed Y. Boudjada

1 Europa nach dem dunklen Zeitalter

Die weltliche und geistliche Weltordnung zu Beginn des Mittelalters

Das Mittelalter war mehr als ein Bindeglied zwischen der Antike und der Geburt der Renaissance.

Das 11. und 12. Jahrhundert war in Europa eine Zeit des Erwachens und des Aufschwungs auf vielen Gebieten. Der europäische Kontinent ließ die dunklen Zeiten der Wikinger- und Ungarneinfälle, die Hungersnöte und Seuchen hinter sich. Es gab Erneuerungen und damit auch Wandel: Eine neue Weltordnung, könnte man sagen, erhob sich einem Phönix gleich aus der Asche des vergangenen dunklen Zeitalters. Die raubenden und plündernden Wikingerbanden wurden sesshaft und ließen sich in erster Linie in Irland, Großbritannien und der Normandie nieder.

Die Normandie selbst ist ein unmittelbares Ereignis der frühen Wikingerüberfälle auf Westeuropa und insbesondere Nordfrankreich. Die offizielle Gründung dieses Landstreifens erfolgte im legendären Vertrag von *St. Clair-sur-Epte*, in dem der westfränkische König Karl der Einfältige im Jahre 911 einer Wikingerschar, die über längere Zeit hin unter ihrem Anführer Hrolf oder Rollo bei ihren Streifzügen im Tal der Seine große Verwüstungen angerichtet hatte, Gebiete an der unteren Seine und die Stadt Rouen überließ.

Zur selben Zeit erlebte auch die Reiterei in Europa ihren Höhepunkt. Durch das Einführen des Sattels und der Steigbügel gelang es dem berittenen Soldaten, beim Führen von Hieb- und Stichwaffen am Pferd das Gleichgewicht zu halten. Die Entstehung gepanzerter Reiterheere, allseits als Ritter bekannt, ließ die militärische Bedeutung der Fußtruppen abnehmen. Auch scheint während dieser Periode das Klima in Mitteleuropa erheblich milder geworden zu sein.

Alle diese Gründe trugen dazu bei, dass ganz Europa ein Bevölkerungswachstum zu verzeichnen hatte, das bis zur Mitte des 13. Jahrhunderts anhielt, bis 1348 der *Schwarze Tod* diesem Trend entgegenwirkte.

Die Bevölkerungszunahme wirkte sich positiv auf die Entwicklung der Landwirtschaft wie auch des Handels, der Städte und des Gewerbes aus. Große Chancen zum wirtschaftlichen und sozialen Aufstieg bot vielen Menschen der so genannte Landausbau, der im 11. Jahrhundert im großen Rahmen betrieben wurde. Dazu gehörten die Kultivierung bisher brachliegender Gebiete, die Trockenlegung von Sümpfen und Marschland und insbesondere die Rodung unwirtlicher Waldgebiete.

Ein durch diese Gründe bewirkter Wohlstand ermöglichte es vielen Bauern, sich von ihrem Leibherrn freizukaufen. Damit wurden sie allerdings nicht völlig frei, da sie in die Abhängigkeit einer Kirche oder eines Klosters eintraten. Die Bauern gewannen dadurch aber eine bessere Rechtsstellung.

Die Auflösung großer Grundherrschaften brachte auch für den Adel soziale Veränderungen mit sich. Mit der Zeit traten immer öfters kleinere Adelsfamilien auf, die häufig Vasallen des Hochadels wurden, also nicht mehr in unmittelbarer Beziehung zum König als höchsten Lehnsherrn standen. Aus diesem Grund konnte der Hochadel seine Macht festigen.

Die so genannten Ministerialen waren eine Gruppe, die hauptsächlich in Deutschland eine wichtige Rolle spielte. Die Ministerialen setzten sich aus unfreien Dienstleuten an Klöstern, Stiften und Bischofskirchen zusammen und waren für ihren Herrn frei verfügbar. Gerade diese Abhängigkeit bot dem Königtum eine Möglichkeit, in den Ministerialen ein Gegengewicht zum Hochadel aufzubauen. Im Laufe der Zeit wurde die Unfreiheit abgebaut und sie wuchsen mit adeligen Vasallen, die ebenfalls Waffendienst zu Pferde leisteten, zu einem einheitlichen Stand, dem Ritterstand, zusammen.

Neben dem Königtum und dem Hochadel stellten die römisch-katholische Kirche und der Papst in Mitteleuropa das zweite große Machtpotenzial dar. Missionare schwärmten aus, um die wilden heidnischen Stämme in Nord- und Osteuropa zu christianisieren. Im westlichsten Teil Europas hatte man in dieser Beziehung seit Beginn des 5. Jahrhunderts große Fortschritte gemacht.

Aus einer Verbindung des Christentums mit den Glaubensvorstellungen der Kelten Irlands entstand das keltisch-druidische Christentum, welches die Culdeimönche hervorbrachte, mit deren Hilfe die wilden Stämme der heidnischen Pikten in Schottland christianisiert werden konnten.

Als die Römer in Gallien auf die keltischen Druiden stießen, fanden sie heraus, dass die Kernpunkte der druidischen Lehre die Seelenwanderung und die Reinkarnation waren. Die Druiden lehrten, dass die Seele nach dem Tod nicht untergeht, sondern von einem Körper in einen anderen wandert. Außerdem führten sie geheime Zeremonien und Tieropfer in abgeschiedenen Waldhainen durch und wurden von den Römern sogar der Menschenopferung verdächtigt. Die Druiden waren aber auch tiefsinnige Denker im Studium der Astronomie, vertiefte Naturphilosophen, Lehrer und Wahrer einer mündlichen Überlieferung.

Da die christlichen Missionare in Irland die druidische Naturreligion in das Christentum integrierten, entwickelten sich diese Mönche zu einem Christentum eigener Prägung, welches, wie wir noch sehen werden, das Abendland nachhaltig beeinflusste. Das irische Mönchstum war im Unterschied zum Mönchswesen in Nordafrika und dem europäischen Kontinent *druidisch-gnostisch*.

Die gnostische Glaubensvorstellung meint zu wissen, dass jede Glaubenslehre einen Keim der Wahrheit enthält. Der Gnostiker entwirft sein eigenes Weltbild, in dem Reinkarnation genauso Platz findet wie der christliche Jesus, Magie oder Astrologie. Gnostik baut wie das schamanistische Druidentum auf eine mystische Erfahrung des Verschmelzens mit dem Göttlichen auf.

Aus diesem Grund hatte die irische Culdeikirche mehr mit den Glaubensvorstellungen der im 12. Jahrhundert als Häretiker verurteilten christlichen Sekten wie den Bogomilen und Katharern gemeinsam als mit der Mutterkirche in Rom. Irische Mönchsmissionare gründeten im Laufe der Zeit etliche Missionszentren und Abteien auf den Britischen Inseln. Das bekannteste Culdeikloster befindet sich auf der Insel Iona vor der Westküste Schottlands.

Am nördlichen Ende von Loch Caolisport auf der schottischen Halbinsel Knapdale soll nach Überlieferungen der heilige Columban gelandet sein und sich in einer Höhle niedergelassen haben. Bei unseren Recherchen im schottischen Hochland konnten wir uns überzeugen, dass noch heute Ruinen, ein Felsaltar und Kreuzessignaturen von einem frühchristlichen Gotteshaus zeugen. In der eisenzeitlichen Festung Fort Dunadd einige Kilometer südlich der schottischen Ortschaft Kilmartin soll der heilige Columban im Jahre 574 den ersten König Schottlands, König Aidan, gekrönt haben.

Christliche Steinkreuze, die mit keltisch-irischen Knotensymbolen behauen sind, geben in Irland und Schottland noch heute Auskunft über die Zeit der Keltenmission der Culdeimönche. Um 585 kam der heilige Columban II. mit zwölf Mönchen in die Vogesen und führte das christlich-gnostische Mönchstum keltischer Prägung in Burgund ein. Columban II. war selbst ein christlicher Druide und wurde im Kloster Bangor von anderen Druiden erzogen.

Eine Konfrontation mit der römisch-katholischen Kirche ließ sich dadurch nicht vermeiden. Um 664 gelang Rom der erste Schlag gegen die esoterischen Culdeimönche. Das Christentum druidisch-gnostischer Prägung wurde, soweit dies im Machtbereich des Papstes in Rom lag, zurückgedrängt und vor allem auf dem europäischen Kontinent bekämpft. Andere gnostische Sekten und Naturreligionen hatten im 10. und 11. Jahrhundert keine organisierte Macht und keine Einflüsse, so dass sie nur mehr als Minderheiten im Untergrund existierten. Um 1014 betrachtete der Papst den gesamten Westen als seinen Machtbereich. Das Kö-

nigtum und die römisch-katholische Kirche waren die alleinigen Herrscher zu Beginn des europäischen Hochmittelalters.
Zusammenfassend können wir also sagen, dass das hochmittelalterliche Europa gekennzeichnet war durch eine Beschleunigung der wirtschaftlichen und technischen Entwicklung und damit verbundenen demographischen und sozialen Veränderungen. Eine religiöse Reformbewegung verhalf dem Papsttum zu universaler Geltung und versuchte, die Kirchenherrschaft von Königtum und Laienadel zu beseitigen. Somit war das weltliche und geistliche Umfeld geschaffen, welches dem Kreuzzugsgedanken und der Entstehung mehrerer Ritterorden und neuen Mönchsorden entschiedene Impulse versetzte.

Im Namen des Kreuzes

»Deus le Vult – Gott will es so.«

Papst Urban II., 27. November 1095.

Zwischen dem 18. und 28. November 1095 tagte in Frankreich das Konzil von Clermont, bei dem über 300 hochrangige Kirchenmänner erschienen waren. Am 27. November hielt Papst Urban II. vor dem versammelten weltlichen und geistlichen Volk eine öffentliche Sitzung ab, bei der er die besondere Heiligkeit von Jerusalem hervorhob und die Leiden der Pilger, die ins Heilige Land reisten, schilderte. Dem Papst gelang es bei seiner Rede, die aufgebrachte Menschenmenge in seinen Bann zu ziehen, so dass man nach lauten »Deus le Vult – Gott will es so«-Rufen zum Schluss kam, dass es besser wäre, wenn Reich und Arm davon ablassen, sich einander in Europa zu erschlagen und stattdessen einen gemeinsamen heiligen Krieg, einen Kreuzzug, gegen den Islam im Morgenland führen sollten.
Jenen Kreuzzüglern, die in diesem Krieg ums Leben kamen, wurden die heilige Absolution und die Vergebung ihrer Sünden gewährt. Politisch betrachtet suchte man einen gemeinsamen Feind,

um den europäischen Adel zu einen. Außerdem boten die Kreuzzüge auch die Gelegenheit, den Einfluss von Rom auf Byzanz auszudehnen und dort neue, vom Manichäismus beeinflusste christlich-gnostische Sekten zu bekämpfen.
Der gemeinsame Glaube und das gemeinsame Ziel vereinten viele der untereinander zerstrittenen europäischen Adelshäuser. Zu Hunderttausenden zogen die Kreuzfahrer im Jahre 1099 ins Heilige Land, zu Fuß, auf Eseln, in Karren oder in prunkvoller Rüstung auf prächtig geschmückten Pferden. Ungefähr ein Viertel der Kreuzfahrer erreichte den schmalen Küstenstreifen, den sie Königreich Jerusalem nannten, nie; sie starben schon unterwegs. Ein weiteres Viertel fiel im Kampf, und viele erlebten entsetzliche Gräuel, während sie die heiligen Orte des Christentums verteidigten.
Die Kreuzfahrer kamen aus allen europäischen Ständen: Könige und Kaiser, Erzbischöfe und Priester, Ritter mit ihren Knappen, Bauernknechte, Landarbeiter und Bettler. Welle auf Welle wurde ins Heilige Land gespült, hauptsächlich nach Jerusalem, zur Kirche des Heiligen Grabes mit dem Grabmal Christi. Die Ritter und Mönche, die sich in der Grabeskirche einrichteten, schlossen sich mit der Billigung Gottfrieds von Bouillon zum Ritterorden vom Heiligen Grab zusammen.
Im Süden Jerusalems erhebt sich der Berg Zion, auf dessen Gipfel die Kreuzfahrer unter Gottfried von Bouillon die Ruine einer alten byzantinischen Basilika vorfanden. Sie stammte sehr wahrscheinlich aus dem vierten Jahrhundert nach Christus. Gottfried von Bouillon ließ am Grund dieser Ruine die Abtei von *Notre Dame du Mont de Sion* errichten. Mehrere Historiker fanden heraus, dass es zu dieser Zeit einige Ritter gab, die sich *Chevaliers de l'Ordre de Notre Dame de Sion* nannten. Es ist durchaus möglich, dass diese Kreuzritter den Orden vom Heiligen Grab als Vorbild nahmen und einen zweiten, der *Notre Dame du Mont de Sion* geweihten Orden gründeten.
Nach der Eroberung des Heiligen Landes steigerten sich die Pilgermassen enorm, so dass im Jahre 1110 der Meister eines Hospizes, Gerhard von Amalfi, einen selbstständigen geistlichen Ritter-

orden gründete, aus dem im Jahre 1113 der Hospitalliter-Ritterorden hervorging, damit der Schutz, die Betreuung und die Pflege der Pilger sichergestellt werden konnten. Der Ritterorden schuldete unmittelbar dem Papst Gehorsam und wurde von ihm unterstützt.

Einige Jahre nach der Gründung des Ritterordens der Hospitalliter fand die Gründung des mit vielen Geheimnissen umgebenen Ordens der Templer statt. Neun Ritter legten 1120 im Zeichen eines *schwarz-weißen* Banners die Gelübde der Armut, Keuschheit und des Gehorsams ab. Als viertes Gelübde kam noch der Kampf gegen die Ungläubigen hinzu. Ihr Siegel zeigt zwei Ritter auf einem Pferd. Nach Wilhelm von Tyrus bestand die Aufgabe der Mönchsritter darin, mit allen Kräften für die Sicherheit der Straßen und Pilgerpfade zu sorgen. Nach alten Überlieferungen befand sich ihre Unterkunft über den Grundmauern des salomonischen Tempels, woraus der Orden seinen Namen ableitete.

Alle Berichte stimmen überein, dass bei der Gründung des Tempelordens zwei Ritter eine wichtige Rolle spielten. Neben Gottfried von Saint Omer war dies Hugo von Payens, ein Ritter aus der Champagne, der in einer Urkunde aus dem Jahr 1116 zusammen mit einem gewissen Arnaldus, Prior der *Notre Dame de Sion*, erwähnt wird. Diese Verbindung lässt die Vermutung zu, dass Hugo von Payens so wie Gottfried von Saint Omer etwa 20 Jahre zuvor auch schon am ersten Kreuzzug teilnahm.

Der Kreuzzugspezialist *Allan Oslo* fand heraus, dass der spätere Mitbegründer des Ordens der Tempelritter, Hugo von Payens, 1104 und 1114 zwei Reisen ins Heilige Land unternahm und jedes Mal nach seiner Rückkehr eine Verbindung mit Stefan Harding, einem Abt des Zisterzienserstiftes von Cîteaux, aufnahm. Nach einigen Treffen schenkte Hugo von Payens den Zisterziensern im Wald von Bar-sur-Aube, südöstlich von Troyes, ein Gebiet, wo man die Abtei von Clairvaux errichtete.

Während der rätselhaften Kontakte mit Hugo von Payens verwandelte Stefan Harding das neu errichtete Kloster in eine Studierstube der besonderen Art. Der Prior des Zisterzienserordens ließ seine Mönche in der Abtei hebräische Texte studieren. Zu

diesem Zweck wurden sogar textkundige Rabbiner ins christliche Kloster geholt. Diese Tätigkeit legt es nahe, dass Hugo von Payens Stefan Harding alte hebräische Schriften aus dem Heiligen Land übergab.
Was immer der Inhalt dieser Texte war, wichtig müssen sie jedenfalls gewesen sein, da jüdische Gelehrte, deren Wissen bei der Entzifferung helfen konnte, heranzogen wurden. Aus diesem Grund spekulieren manche Autoren und Historiker, ob nicht diese mysteriösen Texte den Ausschlag für die Gründung des Ordens der Tempelritter gaben. Manche Autoren meinen sogar, dass Clairvaux der Aufbewahrungsort der Bundeslade werden sollte und die mysteriösen hebräischen Texte eine Beschreibung ihres Versteckes verraten haben.
Laut Genesis wurde die Welt von Gott mit dem Maß, mit der Zahl und dem Gewicht geschaffen. Anders ausgedrückt könnte man diese Worte interpretieren, dass es ein grundlegendes physikalisches Gesetz gibt, das das gesamte Universum beschreibt und lenkt. Es einen Heiligen Gral der modernen theoretischen Physik gibt – eine vereinheitlichte physikalische Theorie. Ging das Geheimnis der Bundeslade möglicherweise auf ägyptische Dokumente zurück, die Mose während des Exodus mitbrachte?
Jüdische Eingeweihte glauben, eine Übersetzung der Bücher Mose in Zahlen zu kennen. Hatte Stefan Harding deshalb Rabbiner, die der Kabbala kundig waren, in seine Abtei gebracht? Ein weiterer interessanter Aspekt ergibt sich aus der Tatsache, dass die Tempelherren in den Pferdeställen des salomonischen Tempels kurz nach ihrer Gründung unter der Leitung von Hugo von Payens wirklich Ausgrabungen durchführten.
Ob sie die Bundeslade oder einen anderen heiligen Schatz im salomonischen Tempel fanden, wird uns verborgen bleiben. Sicher ist aber, dass die eigentliche Aufgabe des Tempelordens sehr eng mit dem Zisterzienserorden und Clairvaux verknüpft war und dass Stefan Harding, bevor er Abt wurde, mit *druidisch-gnostischem* Wissen in Kontakt kam.
Der Abt von Clairvaux stammte aus Merriott bei Sherborne im Südwesten der Britischen Inseln, wo er seine Ausbildung von iri-

schen Mönchen in Lismore erhielt. Danach ging er nach Paris, um am theologischen Seminar zu studieren. 1109 wurde er Abt des 1098 von ihm mitbegründeten Zisterzienserordens.
Ein weiterer Gönner des Tempelordens war ein Schüler Hardings, sein Nachfolger Bernhard von Clairvaux, der im Jahre 1091 im Schloss von Fontaines bei Dijon geboren wurde. Später verfasste Bernhard von Clairvaux die Regeln des Tempelordens. Bernhard von Clairvaux erreichte innerhalb der römisch-katholischen Kirche eine hohe Position, so dass ihn die Könige und Fürsten Frankreichs mehrmals um Rat fragten.
Die meisten Historiker sind sich heute einig, dass Bernhard von Clairvaux maßgeblich beteiligt war, dass der zweite Kreuzzug im Jahre 1147 überhaupt zu Stande kam. Es scheint, dass er fasziniert war, dem Rittertum eine neue Bestimmung vermitteln zu können. Der Zulauf der Ritter, die das Kreuz verehrten und in seinem Namen heldenhafte Taten verrichteten, kämpften, aber auch starben, war gewaltig.
Beim zweiten Kreuzzug übernahm der Tempelorden das berühmte achtspitzige rote Kreuz, das so genannte Tatzenkreuz. Mit diesem Zeichen auf ihren Waffenröcken folgten die Ritter König Ludwig VII. von Frankreich ins Heilige Land. Im Laufe der Jahre entwickelte sich dieser Orden zu einer einflussreichen Macht von internationalem Rang. Die Tempelherren verliehen enorme Geldsummen an europäische Adelshäuser und sogar an moslemische Sultane.
Ihre Ordensniederlassungen im Morgen- und Abendland nahmen gegen eine geringe Gebühr Geldüberweisungen für Kaufleute vor. Somit gerieten diese langsam aber sicher in die Abhängigkeit des Ordens. Es dürfte auch der Scheck, wie wir ihn heute kennen, auf das Konto der Templer gehen. Die Tempelherren waren die Diplomaten und die Hochfinanz des mittelalterlichen Europas.
Im Jahre 1139 erließ Papst Innozenz II., auch ein ehemaliger Zisterziensermönch von Clairvaux und Schüler des heiligen Bernhard, eine Bulle, die bestimmte, dass der Orden der Tempelritter keiner weltlichen Macht außer dem Papst Gehorsam schuldete. Dem Ritterorden wurde volle Unabhängigkeit von allen Königen,

Fürsten und Äbten und somit die absolute Sicherheit vor jeder Einmischung von politischen oder kirchlichen Würdenträgern garantiert.
Diese Bulle enthob die Tempelherren über jegliche regionale Eingrenzung oder Kontrolle und machte sie zu Herren über ein autonomes internationales Reich. Für die Mönchsritter wurde die *europäische Idee* eines *einheitlichen Europas* vor fast 1000 Jahren so zur Wirklichkeit.
Hugo von Payens verschrieb dem Orden seinen gesamten Besitz. Das war eine Handlung, zu der jeder neu in den Orden eingetretene Ritter ebenfalls verpflichtet wurde. Viele junge Adelige aus ganz Europa traten dem Orden bei und brachten so ein großes Vermögen ein. Unter diesen Umständen darf es nicht verwundern, dass der Besitz und der Einfluss der Tempelherren in der europäischen Politik immer stärker wurden.
Im Jahre 1129 verfügte der Orden bereits über Ländereien in Frankreich, England, Schottland, Flandern, Spanien und Portugal. Zehn Jahre später wurde der Grundbesitz in Italien, Österreich, Deutschland, der Slowakei, Tschechien, Ungarn und im Heiligen Land ausgedehnt.
Mit dem wachsenden Reichtum des Ordens mehrten sich die Schuldner, Neider und Kritiker. Man warf den Tempelherren den Einfluss islamischer Geistesströmungen wie den *Sufismus* vor. Andere wiederum meinten, die Templer hätten eine *druidisch-gnostische* Irrlehre entwickelt, die häretisch und mit der römisch-katholischen Kirche nicht vereinbar sei. Mehr noch: Stimmen wurden laut, dass sie Gott leugnen würden, auf das Kreuz spucken, sich homosexuell-sexualmagischen Ritualen hingeben und ein Idol namens *Baphomet* verehren sollten. Es schien nicht mehr lange zu dauern, bis diesem Ritterorden ein ähnliches Schicksal bevorstand wie den gnostischen Bogomilen und Katharern beim Albigenserkreuzzug einige Jahrzehnte zuvor.
Am Freitag, den 13. Oktober 1307, befahl der französische König Philipp der Schöne eine groß angelegte Verhaftungswelle gegen den Tempelorden. Auch Jacques Molay, der letzte offizielle Großmeister des Ordens, welcher sich anfangs noch unter dem

sicheren Schutz von Papst Clemens V. wähnte, wurde verhaftet und nach sieben Jahren Untersuchungshaft und mehreren Verhören durch die Inquisition in Paris auf dem Scheiterhaufen verbrannt.
Zur selben Zeit, als die Krone gegen den Tempelorden vorzugehen begann, verließ eine Flotte von französischen Tempelrittern den Hafen von La Rochelle und verschwand in Richtung Schottland. Da man die großen Geldreserven und angeblich angehäuften Schätze der Tempelherren bis heute nicht fand, ist es sehr wahrscheinlich, dass sich dieser Schatz auf der bei La Rochelle ausgelaufenen Flotte befand.
Die Burgen, Stützpunkte und Landbesitze kamen nach der Auflösung des Ordens in den Besitz der Hospitalliter. Manche Tempelritter wechselten einfach den Orden und traten anderen zuvor gegründeten Ritterorden in Portugal und Deutschland bei.
Bevor der Tempelorden zerschlagen wurde, wurde mit der Unterstützung der Hospitalliter und der Templer der Deutsche Ritterorden gegründet. Andere von den Hospitallitern und Templern unterstützte Ritterorden waren der Orden von Montesa, der Christusorden sowie die Ritterorden des heiligen Georg, des heiligen Lazarus, des heiligen Thomas, Porte-Glaives und Dobrin.
Der Zisterzienserorden wiederum unterstützte die Ritterorden von Santiago, Calatrava, Alcantara, Avis und Santa Maria. Aber nicht nur die Kreuzzüge, das Auftreten der vielen Ritterorden und der Skandal mit den Tempelherren prägten diese Zeit.
Der auf Grund der Kreuzzüge neu entflammte Glaube veranlasste die Menschen zur Errichtung großartiger Bauwerke. Parallel zu den neuen Mönchs- und Ritterorden entstanden auch die so genannten Bruderschaften der Dombauhütten. Manche Bauhütten waren in diverse Mönchs- und Ritterorden integriert und vertraten deren spezifische Glaubensströmungen, deren Symbolik sie an den Skulpturen und der Architektur ihrer Bauwerke hinterließen. Andere Bauhüttenbruderschaften handelten selbstständig.
So wurden im Auftrage der Ritterorden, der Mönchsorden und der Staatskirche in relativ kurzer Zeit die unzähligen Kirchen, Kathedralen und Burgen im 11. und 12. Jahrhundert, dem Zeitalter

der Romanik und der beginnenden Gotik, errichtet. Diese oftmals sehr komplexen Sakralbauten sind noch heute steinerne Zeitzeugen für das Ausmaß, in dem in diesem Teil der Welt das Leben neue Impulse erhielt.
Gerade diese Bauwerke sind es, die wie *steinerne Bücher* in Europa herumstehen und warten, bis jemand, der den in ihnen niedergeschriebenen Inhalt versteht und die in ihnen verewigten steinernen Botschaften und Symbole entziffern kann, auftaucht, damit sie ihre Geheimnisse preisgeben.
Der Inhalt dieser *steinernen Bücher* gibt darüber Auskunft, welche Mächte außer der römisch-katholischen Kirche und dem Königtum zur Zeit der Kreuzzüge das Sagen in Europa hatten, ob die Inquisition zu Recht oder Unrecht gegen angebliche magische Umtriebe und Häretiker vorging und woher die europäischen Baumeister ihr Wissen bezogen, um in relativ kurzer Zeit solche Meisterwerke errichten zu können.
Außerdem geben manche Burgen, Kathedralen und Kirchen Aufschlüsse über das vorhandene naturwissenschaftliche Wissen und den wahren Glauben ihrer Erbauer und Auftraggeber dieser Zeit. Da viele mittelalterliche Sakralbauten ein irdisches Abbild des Himmels darstellen, müssen wir uns, bevor wir deren Symbolik zu hinterfragen beginnen, mit der mittelalterlichen Kosmologie vertraut machen.

2 Die Kosmologie des Mittelalters

Am Anfang war Licht

Das Universum wurde aus einem Lichtblitz geboren, vorausgesetzt die allgemeine Relativitätstheorie hat Recht. Der allgemeinen Relativitätstheorie zufolge hat das Weltall mit einer Urknallsingularität, einem Zustand von unendlicher Temperatur und Dichte, begonnen.

Der nächtliche Sternenhimmel hat die Menschen, seit sie das Antlitz der Erde betraten, immer schon fasziniert. Die Gelehrten des Mittelalters bezogen ihr Wissen über das Weltall aus astronomischen Aufzeichnungen und der Naturphilosophie der Antike. Für die meisten mittelalterlichen Menschen war der Kosmos ein geschlossenes System, in dessen Zentrum er sich befand. Über dem Fixsternenhimmel dachte man sich die Sphäre des Göttlichen. Den gläubigen Menschen bot das Buch Genesis, das erste Buch der Bibel, mit seinem Schöpfungsbericht ein ernst zu nehmendes Weltbild.

In der Genesis gibt es eigentlich zwei Schöpfungsberichte, einen, der erzählt, wie die Welt in sechs Tage erschaffen wurde, und einen zweiten, den man Paradieserzählung nennt. Der Verfasser des ersten Berichtes wird als der Autor einer jüdischen Priesterschaft bezeichnet. Die Erzählung dürfte etwa um das Jahr 550 v. Chr. in Babylonischer Gefangenschaft geschrieben worden sein. Inhaltlich erkennt man sehr gut, dass der Verfasser alte Traditionen verwertete, an Mythen aus Mesopotamien anknüpfte und sie seinem Glauben anpasste.

In diesem Schöpfungsbericht erkennt man eindeutig das Weltbild des *alten Orients*. Im Mittelpunkt steht die scheibenförmige Erde,

auf ihren Säulen verankert, innerhalb der später die Unterwelt angesiedelt wurde. Die Wasser des chaotischen kosmologischen Urmeeres umfließen in dieser Erzählung die Erde von allen Seiten, auch unten und oben. Der Himmel in Gestalt eines fest aufgespannten Firmaments trennt das kosmische Gewässer ober- und unterhalb dieser Weltensphäre.
Dieses Urmeer ist dasselbe, bei dem in den alten Mythen Gott mit dem Drachen *Tiamat* oder der bösen Schlange *Leviatan* kämpfte. Da dieses gedachte Urmeer die Erde und die himmlischen Sphären vollständig umgab, stellte man sich die Erde wie in den Rachen der mythischen Himmelsschlange hineingestellt vor. Nur der Himmel hinderte in diesem Weltbild, dass das Wasser von oben die Erde überschwemmen und vernichten konnte.
Weiter heißt es in diesem Bericht, dass Gott als erstes das *Licht* und danach die *Sonne* und den *Mond* sowie die restliche Materie erschuf. Viele Gelehrte dachten, dass, wenn Gott gegenüber der Finsternis das Licht erschuf, er damit sein Wesen offenbaren wollte. Es existiert ein alttestamentarisches Lied, in dem das Licht als Mantel Gottes bezeichnet wird. Für viele Gelehrte war somit das Licht ein göttliches Zeichen, so dass das Licht das Prinzip der Welt wurde, das von Anfang an alles durchflutete.
Das älteste Sonnenzeichen ist ein Kreis oder ein Kreis, der ein Kreuz umschließt. Damit wurde das später vielfach variierte Bild des Sonnenrades geschaffen. Wie zuvor beschrieben, symbolisierte die Sonne bei vielen Völkern Kundgabe und Offenbarung einer Gottheit. Sie wurde als unsterblich angesehen, da sie sich jeden Morgen neu erhebt und jeden Abend ins Totenreich absinkt. Die Sonne wurde als Quelle des Lichts und der Wärme angesehen, wobei ihre Strahlen verborgene Dinge erkennbar machten.
Diese Philosophie zwischen *Licht* und *Finsternis* wurde vor allem durch den persischen Dualismus von Zoroaster, den Manichäismus und den christlichen Gnostikern als Grundlage ihrer Glaubenslehren aufgefasst. Man vertrat die Anschauung, dass durch das Licht die Dunkelheit vertrieben wird. Sehr gut spiegeln sich diese dualistischen Lehren im Schicksal von Sonne und Mond wider.

Sonne und Mond

»Wahr, wahr, ohne Zweifel und gewiss: Das Untere gleicht dem Oberen und das Obere dem Unteren, zur Vollendung der Wunder des Einen. Und wie alle Dinge aus dem Einen sind, aus der Meditation des Einen, so werden auch alle Dinge aus diesem Einen durch Abwandlung geboren. Sein Vater ist die Sonne, seine Mutter ist der Mond; der Wind hat es in seinem Bauch getragen, seine Säugeamme ist die Erde.«

HERMETISCHE AUFZEICHNUNG, DIE IN DAS 6. – 8. JAHRHUNDERT NACH CHRISTUS DATIERT WIRD.

Der griechische Gelehrte Ptolemäus trennte als erster die religiösen Lehren von der antiken Astrologie und versuchte, die Himmelskörper mit Hilfe wissenschaftlicher Ausdrücke zu charakterisieren. Nach Aristoteles gab es vier Elemente, mit denen sich die Natur beschreiben ließ. Diese vier Arten der Materie waren die *Wärme*, die *Kälte*, die *Trockenheit* und die *Feuchtigkeit*.

Aus diesem Grund wurde die Sonne als sehr warm und von großer Hitze durchflutet beschrieben. Außerdem charakterisierten die Gelehrten der Antike die Sonne von ihrer Wirkung her als zerstörerisch und feurig. In der griechischen Astrologie schrieb man sie auf Grund der zuvor beschriebenen Eigenschaften als aktives Symbol dem männlichen Geschlecht zu.

Der Mond erregte nach der Sonne bei den Menschen von jeher eine große Anziehung. Für die Chaldäer, die Ägypter und auch für die Griechen stellte der Mond neben der Sonne ein zentrales Thema in ihren astrologischen Lehren dar. Der Grund war einfach, da die Bewegung und die große Helligkeit dieser beiden Himmelskörper als einzige auch von den einfachen Menschen wahrgenommen wurden.

Die Planeten und deren Bewegungen am Himmel waren hingegen nur den eingeweihten Gelehrten bekannt. Die Astrologen der Antike verbanden deshalb alles Lebendige, ob pflanzlich oder tierisch, die Fließbewegung der Gewässer, Wettererscheinungen und sogar

manche mineralische Substanzen wie das Salz mit dem Rhythmus der Mondphasen. In der Symbolik brachte man den Mond sogar mit dem *Tod* und der *Wiedergeburt* in Zusammenhang.
Das vorgeschichtliche Europa kannte keine männlichen Götter. Die *Große Göttin* oder die *Große Mutter* wurde als unsterblich, unveränderlich und als allmächtig betrachtet. Die Menschen fürchteten die Stammesmutter, beteten sie an und gehorchten ihr. Das Urmysterium war die Mutterschaft. Die Sonne und der Mond waren Symbole der Großen Göttin. Im frühen griechischen Mythos wurde der Sonne dem Mond der Vorrang gegeben. Wenn der Mond abnahm und zum Neumond wurde, dachte man, dass er starb und danach in der zunehmenden Phase wiedergeboren wurde. Die einzelnen Mondphasen, zunehmender Mond, Vollmond und abnehmender Mond, sind in der Vorstellung der alten Völker Ausdrucksformen der *Großen Mutter* in ihrem Alterungsprozess vom jungen Mädchen über die reife Frau bis zum alten Weib. Die drei Phasen der *Großen Mutter* wurden sehr oft durch die Dreiheit, drei heilige Frauen oder dreiköpfige Göttinnen ausgedrückt.
Durch das ganze Mittelalter hindurch finden sich in ganz Europa Reste des alten heidnischen Mondglaubens in Schwurformeln und abergläubischen Bräuchen. Frühmittelalterliche Künstler fanden anscheinend nichts dabei, gelegentlich den Mond in der Gestalt der Mondgöttin *Selene* auf einem Wagen heraufziehen zu lassen, den zwei Stiere zogen. Der Halbmond, das Symbol des Schwindens wie der Wiederkehr der Gestalt, ist ein altes Zeichen der Mondgöttin *Artemis* sowie der römischen Göttin *Lucina*, die bei Geburten angerufen wurde, aber auch die Göttin der Keuschheit war.
Da die Menstruation der Frau mit den 28 Tagen des Mondzyklus zusammenhängt, wurde der Mond seit den Griechen in der Symbolik dem jungfraulichen weiblichen Geschlecht zugeschrieben. Bei den Chaldäern wurde der Mond hingegen als maskulin bezeichnet. Bei der Charakterisierung der Elemente ordnete man dem Mond die Feuchtigkeit zu, da er für die Produktion des nächtlichen Taues und für die Beeinflussung der Gewässer verantwortlich gemacht wurde.

Bei Plato wurde der Mond als androgynes zweigeschlechtliches Wesen beschrieben. Aus diesem Grund beschrieb Plato die im Zeichen des Mondes stehenden jungfräulichen Mädchen als sehr wild, so dass er ihnen männliche Eigenschaften zuordnete. In der vorchristlichen Zeit stand der Mond auch der Erde sehr nahe, da diese auch als Mutter oder Urmutter bezeichnet wurde.
In der Welt der Mythologien stellte die Sonne einen unbezwingbaren Helden dar, der täglich seine Bahn am Himmel zieht. Den unheimlichen Mond hingegen stellte man sich als ein dunkles Wesen vor, das Menschen und Tieren nicht gut gesinnt ist und geheimnisvoll mit dem Leben im Auf und Ab verbunden zu sein schien.
Eine zentrale Rolle in der mittelalterlichen Symbolik stellen Darstellungen dar, bei denen Maria auch als das Weib mit der Sonne bekleidet wird, den Mond unter ihren Füßen. Diese Darstellung stammt aus der *Offenbarung des Johannes* und findet sich in mittelalterlichen Handschriften und als Skulpturen an vielen christlichen Sakralbauten wieder. Eine sehr schöne Darstellung dieser Art kann man in der Lorenzkirche von Nürnberg bestaunen.
Sogar der Evangelist Lukas griff bei der Beschreibung Marias auf die von den Gnostikern verwendeten dualistischen Symbole Sonne und Mond zurück. So bezeichnete er die Jungfrau als die Liebe, die den Intellekt erleuchtet und die göttlichen Neigungen entflammt. Im Mond sah er sie als Demut, die das Licht von der Sonne empfängt.
Sehr oft kann man an der Krone von Marienskulpturen zwölf Sterne erkennen, die in diesem Fall die zwölf Sternbilder des Tierkreises repräsentieren. Die mittelalterlichen Steinmetzen brachten hier geschickt den Tierkreis ins Spiel, da die Sonne durch die ersten sechs Sternbilder aufgeht und durch die zweiten sechs Sternbilder wieder absteigt.
Im okkulten Weltbild des Mittelalters entsprach der zunehmende Mond der Zunahme der *spirituellen Kräfte*, der abnehmende Mond hingegen der Zunahme und dem Wachstum der *materiellen Kräfte*.

Die Lehre über die Planetensphären

Die Seele erhebt sich auf ihrer Pilgerfahrt aus dem Bereich der Hölle, die kegelförmig in die Erde hineinragt, über den Berg der Läuterung und die neun Stufen der Planeten, Fixsterne und der Kristallsphäre, die alle durch Bewegung gehalten werden, bis hinauf ins Paradies, wo sie ihr Zuhause findet in der weißen Himmelsrose beschienen vom göttlichen Licht.

BESCHREIBUNG ÜBER DEN AUFSTIEG DER SEELE, IN DANTES »GÖTTLICHE KOMÖDIE« (1307–1321).

Die damals bekannte Erde wurde von den Gläubigen allgemein als Scheibe aufgefasst, in deren Mitte man sich den *Nabel der Welt*, das in den Kreuzzügen heiß umkämpfte Jerusalem, den Ort, an dem Adam und Salomon starben und Jesus litt und auferstand, vorstellte. Man stellte sich vor, dass an allen Rändern der Erde das kosmische Urmeer fließt, welches die drei Kontinente Europa, Afrika und Asien umschließt.

In einem Pariser Manuskript von Lambert von Saint Omer aus dem Jahre 1260 kann man sehr schön eine Weltkarte erkennen, die durch eine T-kreuzförmige Aufteilung in die zuvor beschriebenen drei Kontinente eingeteilt wurde. Die Vertikale des *Tau*-Kreuzes bezeichnet das Mittelmeer, die Horizontale den Don, das schwarze Meer und den Nil.

Um die Erde selbst stellten sich die Gelehrten kreisend den Mond, welcher zugleich die Grenze zwischen dem Bereich der vier elementaren Zustände *Wärme*, *Kälte*, *Trockenheit*, *Feuchtigkeit* und dem göttlichen unveränderlichen kosmischen Bereich darstellt, vor. Danach folgten die Sphären der damals bekannten Planeten Merkur, Venus, Mars, Jupiter und Saturn. Der Sonne wurde eine zusätzliche Sphäre zwischen den Planeten Venus und Mars zugeordnet. Nach diesem Weltbild wurde die heilige Zahl sieben erfüllt, welche von einer achten Sphäre, dem aus Fixsternen bestehenden Tierkreis, umschlossen wurde.

Diese Harmonisierungsversuche zwischen Glauben und Naturwissenschaft warfen Probleme mit der katholischen Kirche in

Rom auf, da eine Vermischung zwischen Astronomie, Astrologie und metaphysischen Glaubensströmungen nicht in das Weltbild der römischen Staatskirche passte. Die neu aufkommenden Glaubensströmungen beruhten auf den astronomisch-astrologischen Weltbildern der Antike.

So wurden dem damals am weitesten von der Sonne entfernten bekannten Planeten Saturn schon von Ptolemäus die Charaktereigenschaften Kälte und Trockenheit zugeschrieben, da seine Helligkeit sehr blass und seine Bewegung am Himmel sehr langsam ist. Die Chaldäer bezeichneten den Planeten Saturn auch als *Kronos*, und die Griechen änderten diesen Namen auf *Ninib*.

Der Symbolforscher und Historiker *Brown* fand heraus, dass die Chaldäer den Planeten Saturn auch als alten Schafbock bezeichneten. Er wurde meistens als alter Mann mit einem langen Bart dargestellt. Vom Intellekt her, den man ihm zuordnete, konnte er einen sehr großen Schaden anrichten, ohne dass er wusste, was er auslöste.

Der Planet Saturn nahm auch bei den griechischen Astrologen eine wichtige Stellung ein, da er als äußerster Planetengott die höchste Stelle am Himmel besetzte. Aus diesem Grund stand Saturn bei den Griechen mystisch betrachtet dem Tierkreis und somit dem göttlichen Himmelsreich sehr nahe.

Der sehr helle Planet Jupiter wurde in der griechisch-römischen Mythologie mit dem Göttervater *Zeus* in Verbindung gebracht. Er wurde als wohltätig und von Natur aus als gut beschrieben. In Babylon hingegen bezeichnete man den Planeten Jupiter als den bösen Gott *Marduk*. Ptolemäus übersetzte die Charaktereigenschaften des Planeten Jupiter ebenfalls in die Sprache der Physiker und beschrieb ihn als teilweise feucht und trocken, da er sich zwischen dem kühlen Saturn und dem warmen feurigen Mars befand. Man gewährte Jupiter die Eigenschaft, die Winde auf der Erde so zu beeinflussen, dass sie die Fruchtbarkeit unter den Lebewesen förderten.

Der Planet Mars wurde auf Grund seiner roten, dem Blut ähnlichen Farbe mit Krieg, Tod und Krankheiten in Verbindung gebracht. Bei den Chaldäern scheint Mars als Gott *Nergal* auf, welcher Krieg,

Unheil und Pest verbreitete. Bei den Griechen nimmt Mars eine ähnliche Stellung in der astrologischen Auslegung ein.
Der von der Erde aus gesehen der Sonne näher stehende Planet Venus wurde mythologisch mit dem Planeten Mars in Verbindung gebracht, welcher den Kriegsgott durch Liebe bezwang. Die Gelehrten der Antike brachten den Planeten Venus auch mit den verführerischen Liebesgöttinnen *Ishtar*, *Astarte* und *Aphrodite* in Zusammenhang. Aus diesem Grund ordnete man dem Planeten weibliche Attribute zu. Im Unterschied zur Kälte und Feuchtigkeit des Mondes wurde die Venus auf Grund ihrer Nähe zur Sonne als sehr heiß bezeichnet.
Der sonnennächste Planet Merkur kam in der griechischen Mythologie durch einen Streit der Götter *Apollo* und *Hermes* in Konflikt. Aus diesem Streit ging schließlich *Hermes* als Sieger hervor, der Merkur für sich beanspruchte. Auf Grund dieses mythologischen Konfliktes wird Merkur auch oft als *Hermes* bezeichnet. Möglicherweise wurde *Hermes* deshalb in der griechischen Mythologie auch zu einem *Hermaphroditen*, als androgyne Gottheit beschrieben.
Wie wir noch aufzeigen werden, haben sich die astrologisch-mythologischen Lehren der Planetensphären vor allem durch den persisch-römischen Mithraskult und durch die dem Urchristentum nahe stehenden gnostischen Sekten bis ins Mittelalter gehalten und erlangten zur Zeit der Kreuzzüge in Europa einen neuen

***Abb. 1:** Ein Manuskript aus dem 12. Jahrhundert zeigt Christus thronend über den Planetensphären. Die erlösten Seelen müssen sich in dieser Darstellung, um zu Christus gelangen zu können, den Weg durch die Planetensphären erkämpfen. Ähnliche Darstellungen beschrieb Anfang des 14. Jahrhunderts Dante Alighieri in seiner »Göttlichen Komödie«. Darin erhebt sich die Seele auf ihrer Pilgerfahrt aus der Hölle, über den Berg der Läuterung, durch die Planetensphären und den Tierkreis hinauf ins Paradies, wo sie in der weißen Himmelsrose, welche vom göttlichen Licht beschienen wird, ihr Zuhause findet. Die metaphysischen Lehren über die Planetensphären und ihre Einflüsse auf die menschlichen Seelen wurden im Mittelalter hauptsächlich von gnostischen Gruppen verbreitet.*

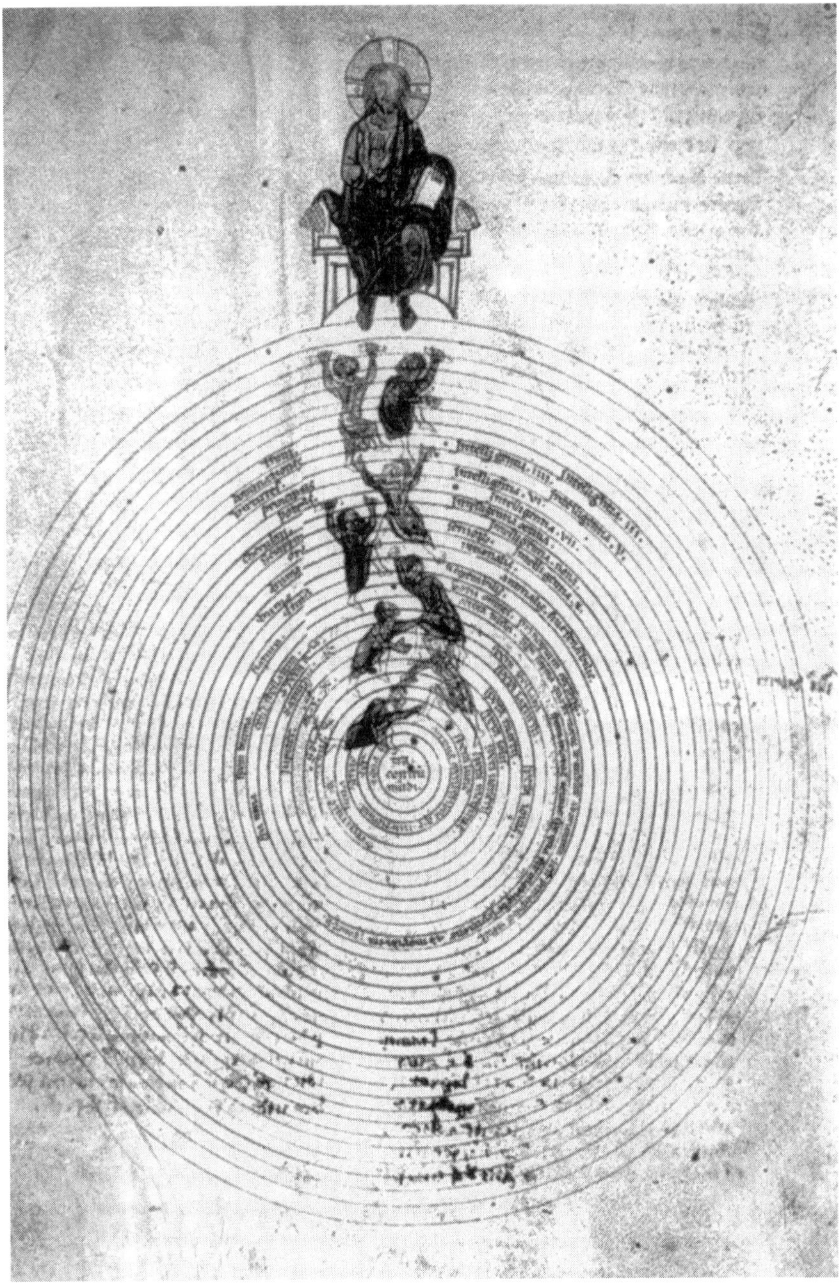

Höhepunkt, da viele Kreuzfahrer und europäische Adelige mit diesen Lehren am Balkan und im Orient in Verbindung kamen. Stellvertretend für viele gnostische Lehren soll hier die Lehre der Ophiten angeführt werden.

In allen gnostischen Lehren wird das irdische Reich vom Tierkreis, der Weltenschlange bzw. einem Feuerkreis umschlossen. Zu diesem Himmelsbereich gehören im astronomischen Sinne der Fixsternhimmel mit den zwölf Tierkreiszeichen. Die äußere Sphäre bilden die Fixsterne, die inneren Sphären die damals fünf bekannten Planeten, die Sonne und der Mond. Während die Region der Fixsterne zum Paradies gezählt wurde, begann mit den Planetensphären die materielle irdische Welt des *Demiurgen*, der von den Ophiten auch als *Jaldabaoth* bezeichnet wurde.

Bei den Gnostikern repräsentierte der *Demiurg* oder *Jaldabaoth* den Schöpfer der materiellen Welt einschließlich der Erde und der menschlichen Körper. Der wahre Gott der Gnostiker hingegen befand sich außerhalb der Planetensphären im göttlichen Licht der Milchstraße.

Der Tier- oder Schlangenkreis umschloss die Sphären der sieben Planeten, welche man auch als *Archonten* bezeichnete: dem Löwen *Michael* (Saturn), dem Stier *Suriel* (Jupiter), dem Drachen *Raphael* (Mars), dem Adler *Gabriel* (Sonne), dem bärenköpfigen *Thanthabaoth* (Venus), dem hundsköpfigen *Erataoth* (Merkur) und dem eselsköpfigen *Onoel* oder *Tharthatoth*, welche dem Mond zugeordnet wurden.

Unter den Planetensphären liegt nach der ophitischen Lehre die Region der Luft, welche die Erde umgibt. Das Zentrum dieser Region ist die feste Erde, welche durch einen Meridian in eine obere und eine untere Hälfte namens *Gehenna* und *Tartaros* geteilt wurde. In dieser Lehre vollzieht sich die Erlösung der menschlichen Seele innerhalb dieser Welt in einer Weise, dass der Mensch zunächst seinen irdischen Körper auf der Erde zurücklässt.

Seine vom Körper befreite Seele steigt danach durch den Luftraum in den Himmel empor. Von dieser Region durchschreitet die Seele nach der ophitischen Lehre die Sphären der sieben Planeten und ihre *Archonten*. Der Planet Saturn besitzt bei den Ophiten neben dem Erzengelnamen den Rufnamen *Jaldabaoth*. Es ist der Gott des *Alten Testaments*, da dieser nach herkömmlichen religiösen Lehren den materiellen Kosmos erschuf. *Jaldabaoth* erhielt bei den Gnostikern das Symbol eines Löwen mit einem Drachenschwanz.

Eine sehr gute Darstellung von Christus, der auf *Jaldabaoth* in Form eines drachenschwänzigen Löwen tritt, kann man am Hauptportal von Notre Dame in Paris bestaunen. Diese und viele andere Skulpturen der großen Pariser Kathedrale enthüllen, dass ihre Erbauer oder Auftraggeber geschickt gnostische Symbole an den Außenmauern einbauten.

Oft wurde der Schöpfer der Materie auch nur als Löwe dargestellt. Seine Sphäre trennt das irdische Reich von den beiden oberen himmlischen Reichen. *Jaldabaoth* versucht in diesen Lehren mit Hilfe seines von ihm gezeugten Sohnes, dem bösen Schlangen- oder geflügelten Drachenwesen *Ophiomorphus*, die Seele im irdischen Reich zu halten, indem er sie immer wieder in einen neuen Körper steckt.

Hier kann man erkennen, dass in den gnostischen Lehren auch die Reinkarnation eine wichtige Rolle spielte. In einer Nische an der ehemaligen Wehrmauer des österreichischen Benediktinerstifts Admont befindet sich eine Skulptur, die den Kampf zwischen einer menschlichen Seele und *Jaldabaoth* in Form eines Löwen sehr gut darstellt. Die Löwenskulptur hält mit ihren mächtigen Pranken eine kleine menschliche Gestalt zurück, die sich schreiend aus dem Griff des Löwen zu befreien und in den Himmel zu streben versucht.

Heute lässt sich nicht mehr nachvollziehen, woher diese Skulptur stammt. Es lässt sich auch nicht mit Sicherheit sagen, ob im Mittelalter im Stift Admont ein geheimer Kreis von eingeweihten Mönchen der ophitischen Lehre kundig war. Wir werden aber im Anschluss aufzeigen, dass man diese gnostische Symbolik sehr wohl auf mehreren Kirchen, die hauptsächlich von Ordensrittern in Auftrag gegeben wurden, findet.

Die zweitwichtigste Symbolik in dieser Lehre ist eine Darstellung von *Ophiomorphus*, welcher in Form einer geflügelten Schlange,

eines geflügelten Drachen oder anderer Monster Menschen, die der gnostischen Lehre nicht mächtig sind, verschluckt, um sie in der materiellen Welt einer weiteren Reinkarnation zuführen zu lassen. Darstellungen, welche Menschen oder Heilige zeigen, die aus dem Leib eines Drachenwesens entsteigen oder oberhalb von ihm thronen, symbolisieren, dass diese zum wahren Gott gelangen und aus dem Rad der Wiedergeburten ausbrechen konnten.
Die ophitische Lehre gibt einen guten Überblick der gnostischen Glaubenslehren, wie sie in mehr oder weniger großen Abwandlungen von anderen gnostischen Sekten wie den *Adamiten*, *Basilianern*, *Bogomilen*, *Clementinen*, *Elkesaiten*, *Katharern*, *Sethianern*, *Simonianern* und den *Sperma-Gnostikern* gelehrt wurden.

Im Schoße des Planeten Erde

»Mutter Erde, die alles zum Leben und Blühen bringt.
Die Nahrung des Lebens, Du, welche unendliche Fruchtbarkeit garantierst. Auch wenn die Seele sich zurückgezogen hat,
wir nehmen Zuflucht in Dir. Alles was Du jemals hervorgebracht hast, fällt irgendwann wieder in Deinen Mutterleib zurück.«

EIN GEBET AUS DEM DRITTEN JAHRHUNDERT NACH CHRISTUS,
WELCHES DIE TERRA MATRIS, DIE MUTTER ERDE, VEREHRT.

Aus den Tagen des jungen Bernhard von Clairvaux gibt es eine interessante Geschichte. Er soll in der Krypta von Saint Vorles beim Beten neben einer *Schwarzen Madonna* in einen entspannten Zustand versunken sein, der ihm mystische Visionen bescherte.
Die dunkle Mutter habe ihm ihren Sohn präsentiert und mitgeteilt, er sollte Jesus, den Retter der Welt, empfangen. Dabei soll Bernhard von Clairvaux die Madonna mit den Worten *Monstra te esse matrem*, was so viel heißt wie: »Zeige mir, dass Du eine Mutter bist«, angesprochen haben. Laut Legende drückte die *Schwarze Madonna* auf ihre Brust, und drei Tropfen Milch spritzten in den Mund des Bernhard von Clairvaux.

Bernhard von Clairvaux sagte selbst nichts Konkretes über das ihm widerfahrene Mysterium, das er in der dunklen Krypta bei der *Schwarzen Madonna* erlebt haben soll, doch brauchte er sein ganzes Leben, um die metaphysische Erfahrung, die ihm in der dunklen Krypta widerfuhr, zu verstehen und aufzuarbeiten. Fortan widmete er einen Teil seines Lebens Schriften über die *spirituelle Liebe*, das Hohelied von *König Salomon* und die totale Verehrung der Mutter Gottes.

Es ist allseits bekannt, dass Papst Johannes Paul II. ein großer Verehrer der *Schwarzen Madonna* im polnischen Tschenstochau ist. Im bayrischen Wallfahrtsort Altötting oder in Einsiedeln in der Schweiz pilgern ebenfalls jährlich Tausende gläubige Katholiken, um vor einer thronenden *Schwarzen Madonna* ihre Gebete abhalten oder Buße tun zu können. Wieso üben gerade *Schwarze Madonnen* eine so große Faszination auf die Menschen aus? Wissen das Oberhaupt der katholischen Kirche oder die vielen Tausende Pilger überhaupt, woher diese Madonnen stammen und was sie ursprünglich symbolisierten?

Die Menschen des Mittelalters fürchteten sich vor der Dunkelheit. Schwarz waren die Kutten der neu erscheinenden Orden, die Armut und Keuschheit predigten, und schwarz waren die Dämonen und Teufel der Hölle. Schwarz symbolisierte die Angst vor der Finsternis, die Suche nach dem Licht, das den Pilger näher zu Gott bringen sollte.

Im Gegensatz zu den gewöhnlichen, von Unschuld geprägten blassen, mit goldenem Haar dargestellten Madonnen, stellen ihre dunklen Zwillingsschwestern einen krassen Gegensatz dar. Auch die Standorte beider Madonnentypen sind meistens komplett verschieden.

Die helle Gottesmutter befindet sich immer in der Nähe des Altars. Ihre schwarze Ausgabe wird meistens in einer Grotte, einer Höhle oder einer dunklen Krypta angebetet. Die Krypten, Unterkirchen, Grotten und Höhlen standen immer mit der Erde in Verbindung. Es gilt als gesichert, dass die *Schwarzen Madonnen* eine Fortführung der vorchristlichen Erdmutterkulte repräsentieren.

In einer Bibel des österreichischen Benediktinerstiftes Admont gibt es mehrere Darstellungen aus der Genesis, welche die zuvor beschriebenen Schöpfungsmythen darstellen. In einer dieser mittelalterlichen Illustrationen kann man eine Frau, an deren Brüsten zwei Schlangen nach Milch saugen, erkennen. Die Frau, welche die zwei Schlangen an ihren Brüsten nährt, stellt *Terra*, die Mutter Erde, die *Magna Mater*, die Urmutter oder den auf die Erde verbannten Teil der gnostischen *Sophia*, *Achamoth*, dar.

In dieser dualistischen Symbolik repräsentiert eine Schlange das böse luziferische und die andere das gute göttliche Prinzip. Eine ähnliche Symbolik stellt das schlangenschwänzige Urelternpaar *Nüwa* und *Fuxi* aus China dar. Bei diesem Paar symbolisiert der männliche Schlangenmensch das Materielle und sein weiblicher Gegenpart die spirituelle Seite. In manchen frühen mittelalterlichen gnostischen Darstellungen wird die gute, die Weisheit verkörpernde Schlange mit Flügeln und die böse, die Materie verkörpernde Schlange ohne Flügel dargestellt.

Auf der gegenüberliegenden Seite der alten Schrift befindet sich ein das Chaos repräsentierender Mann, der auf einem Meeresungeheuer sitzt. Danach tritt Gott-Vater in Erscheinung und trennt beide auseinander. Der Ursprung dieser Symbolik geht, wie wir zuvor aufgezeigt haben, auf das Urchaosmeer und *Tiamat* aus den babylonischen Mythen zurück. Das männliche Wesen, welches auf dem Meeresungeheuer sitzt, ist *Leviatan*, der das Meer des Chaos repräsentiert.

***Abb. 2:** Nachbildung einer Darstellung aus der Beatus-Apokalypse aus einem spanischen Manuskript des 11. Jahrhunderts. Das Motiv zeigt die mit der Sonne bekleidete Jungfrau, welche in diesem Fall die himmlische Sophia darstellt. Die zwölf Sterne um ihren Kopf symbolisieren die zwölf Tierkreiszeichen. Der 7-köpfige Drache aus der Apokalypse symbolisiert in diesem Manuskript die sieben Planetensphären und ihre Herrscher, durch welche die Seelen von der Erde zum Tierkreis aufsteigen müssen, um ins Paradies gelangen zu können. Unter der himmlischen Jungfrau kann man ihren in der Materie befindlichen Teil Achamoth erkennen. Achamoth wurde im Manuskript als schwarze Madonna mit Engelsflügeln dargestellt.*

Manchmal wurde die *Erde-Terra-Achamoth* auch als *Luxuria* der reinen Jungfrau *Maria-Sophia* gegenübergestellt. Sehr wahrscheinlich stellt auch die Analogie zwischen der biblischen *Eva* und der Jungfrau *Maria* dieselbe Symbolik dar. Bei einer ähnlichen Bibeldarstellung aus Metz, Frankreich, kann man unter dem Weltenrichter *Leviatan* und die Erde sitzend erkennen, wobei die Erde schon die Person der Eva aus der Genesis eingenommen hat.
Später ging aus ihr der Lebensbaum hervor. In diesem Fall nährt die *Erde* nicht zwei Schlangen, sondern zwei Kinder. Die beiden Kinder symbolisieren auch hier das Gute und das Böse, wobei sich aus dieser Darstellung Kain und Abel oder die *Kinder Luzifers* und die *Kinder Adams* entwickelt haben.
Die Mutter Erde als Gebärerin der Natur, der Materie und der Menschen wurde schon Tausende Jahre vor Christus verehrt. Fast alle vorchristlichen Kultplätze befanden sich in dunklen Höhlen oder Grotten. Wenn die Anhänger eines Kultes oder Pilger solche finsteren Orte betraten, mussten sie zuerst ihre eigenen Ängste, Alpträume und dämonischen Kräfte bewältigen. Die Schritte ins Dunkel waren Schritte ins Unbekannte.
Der Sieg über die Angst wurde in so einem Fall mit der Erreichung einer höheren Bewusstseinsstufe gleichgesetzt. Die Dunkelheit im Schoße der Mutter Erde wich dem Halbdunkel. Die Grotten, Höhlen und Krypten symbolisierten eine Zwischenwelt, in der sich Schatten und Licht wie dichte graue Schleier durchwoben.
Wenn sich die Teilnehmer eines Initiationsrituals an das Dämmerlicht gewöhnt hatten, konnten sie die Geborgenheit der Gewölbe spüren, welche ihnen den Schutz der Erdmutter vermittelte. Bei den keltischen Druiden war diese Mutter die Erdgöttin. Mittelalterliche gnostische Bruderschaften führten den Kult der antiken Muttergottheiten in Form der *Schwarzen Madonnen* und der *Sophia-Achamoth* fort. Kultgegenstände, Plastiken und Figuren wurden in dieser Atmosphäre voller Ehrfurcht wahrgenommen. Goldene Gegenstände und Gewänder zeigten im Grau des Gewölbes die Farben des Paradieses.
Ein spanisches Manuskript des 11. Jahrhunderts, welches die Apokalypse des Johannes beschreibt, fasst sehr schön alle die im

Buch zuvor beschriebenen mit der Erde, den Planeten und dem Kosmos in Verbindung stehenden Symboliken zusammen. Das Manuskript besitzt eine Illustration, auf welcher man eine geflügelte schwarze Frau sehen kann, die sich auf der Erde befindet und zu einer mit einer leuchtenden Sonne bekleideten Jungfrau im Himmel aufblickt. Diese himmlische Jungfrau ist ihr spiritueller Gegenpart, deren Kopf von zwölf Sternen umgeben ist. Die zwölf Sterne entsprechen den zwölf Sternzeichen des Tierkreises. Zwischen den beiden Frauen befindet sich auf der rechten Seite ein Drache mit sieben Köpfen, wobei jeder Kopf eine der planetaren Sphäre darstellt.

In dieser gnostisch-christlichen Illustration repräsentieren die sieben Köpfe des Drachen die Sphären der Planeten, der Sonne und des Mondes, welche den irdischen vom göttlichen Teil der beiden Frauen trennen. In diesem Fall stellen die beiden geflügelten Frauengestalten die himmlische Weisheit *Sophia* und ihren in der Materie befindlichen Teil *Achamoth* dar.

Zoroaster errichtete als erster Hoher Priester in Persien ein unterirdisches Heiligtum zu Ehren des mächtigen Licht- bzw. Sonnengottes *Ahura-Mazda*, indem er im Gebirge eine natürliche Höhle, in welcher Blumen wuchsen und Quellen vorhanden waren, so ausbaute, dass sie ein Abbild des Kosmos wurde. Im Inneren der Höhle sollen Symbole der Planeten und der Himmelsrichtungen angebracht gewesen sein. Das von Zoroaster entworfene Schema könnte ein Vorbild für die späteren Mithrasheiligtümer gewesen sein.

Die aus dem Mithraskult hervorgegangene Religion der kurdischen Yeziden führt noch heute ihre Rituale in Grotten oder Höhlen durch, in denen eine Quelle entspringt und ein Meteor in Form eines *Schwarzen Steines* verehrt wird. Meteore wurden einst für das Haupt der Venus oder mit dem Lichtbringer *Luzifer* in Verbindung gebracht und als Opferaltar verwendet. Neben der Höhle mit Quelle und Stein befindet sich im Yezidenheiligtum eine zweite Höhle, in der sich das Allerheiligste des Yezidenkultes befindet. Dieses Heiligtum sind kleine Erdkügelchen aus dem Grab von Scheich Adi, dem Begründer des Yezidenglaubens, welche von den Gläubigen beim Ritual eingenommen werden.

Da die religiösen Offenbarungen der Yeziden durch einen in Trance versetzten Orakelpriester erfolgen, warfen ihnen ihre Gegner vor, dass sie in den Initiierungsgrotten sexuelle Orgien bei gelöschtem Kerzenlicht feiern, um dem gefallenen Lichtengel *Luzifer* zu huldigen.

Ähnliche Anschuldigungen wurden im 14. Jahrhundert von der Inquisition gegen die Tempelritter erhoben. Was auch immer hinter den Anschuldigungen und Geständnissen mancher Ritter steckte, in der burgenländischen Burg Lockenhaus in Österreich fand man einen unterirdischen Kultraum, der von den Tempelrittern für die Ausübung ihrer Geheimlehre genutzt wurde. Der Kultraum der Burg weist eine große Ähnlichkeit mit den Kulträumen, den Grotten und unterirdischen Tempeln der Yeziden und Mithrasanhänger auf.

Der rechteckige Kultraum ist so wie der Kapellenturm und der Bergfried aus sorgfältig behauenen Quadersteinen, die zahlreiche Steinmetzzeichen aufweisen, gemauert. Der unterirdische Raum ist von Halbapsiden abgeschlossen und empfängt sein Licht aus einer Öffnung des oberhalb befindlichen Burghofs. Man fand heraus, dass bei manchen Kreuzritterburgen in Syrien ähnliche Lichtöffnungen in den Gewölbescheiteln eingebaut wurden. In Arabien nennt man solche Lichtöffnungen *Sahuyn*. Auf der Burg Lockenhaus befindet sich genau unter der Lichtöffnung ein mit Wasser gefülltes Becken, das an die Quellen der Yezidenheiligtümer erinnert.

In jeder Apside wurden absichtlich zwei Kreuze angebracht. Die Kreuze in den Schluss-Steinen der Apsiden kann man eindeutig als ein gleichschenkeliges Tatzenkreuz des Tempelordens erkennen. Das zweite Kreuz stellt ein lateinisches Kreuz in gleichschenkeliger Form dar. Eingehende Untersuchungen haben ergeben, dass das Mauerwerk hinter den Quadersteinen einer sehr frühen Art des Steinverbandes, einem Fischgrätenmauerwerk, entspricht. Es hat durchaus den Anschein, dass dieses Gewölbe, die Kapelle und der ebenfalls sakral gehaltene Rittersaal der Burg eine Einheit bilden sollten. Man fand übereinstimmend gleiche Steinmetzzeichen in allen zuvor erwähnten Räumlichkeiten. Es könnte aber auch sein, dass der Kultraum älter ist und zuvor nur als ein Fischgrätenmauerwerk bestand und die Quadersteine später vorgesetzt wurden.

Da es als gesichert gilt, dass der alte Bergfried der Templerburg aus den Resten eines römischen Wachtturmes entstanden ist, darf man spekulieren, ob der Kultraum schon zuvor bestand und danach mit dem Quadermauerwerk in die Burg integriert wurde. War er vielleicht, bevor ihn die Tempelherren benutzten, ein römisches Mithräum?

Da die Römer den persischen Mithraskult weiterführten und für ihre Initiationsrituale unterirdische künstliche Grotten errichteten, kann dies durchaus möglich sein. Die meisten Mithrasheiligtümer haben eine durchschnittliche Breite von etwa acht bis zehn Meter und eine Länge von 15 bis 20 Meter. In solchen Höhlen war kaum Platz für mehr als 30 bis 50 Personen. In manche Mithräen gelangte man durch lange unterirdische Gänge, wie man sie noch heute im Mithräum unter San Clemente in Rom passieren kann.

Dem Kultraum in der Burg Lockenhaus sind auch ein Gang und zwei Vorhallen vorgesetzt, von denen eine von einem Tonnengewölbe aus Bruchsteinen und die andere mit Ziegeln gedeckt ist. Die Eingänge in fast allen Mithräen befinden sich seitlich und im Osten. Das Kultbild der zu verehrenden Gottheit befindet sich im Westen, so dass es nach Osten in Richtung des Sonnenaufganges blickte.

Entlang der Längswände von Mithrasgrotten befanden sich Bänke, auf denen die Kultgegenstände lagen. Am Anfang des Ganges waren oft die Skulpturen der beiden Fackelträger, *Cautes-Luzifer* und *Cautopates-Hesperus*, angebracht. Man war in den unterirdischen Kultstätten gänzlich auf künstliche Beleuchtung angewiesen. Die Kirche in Rom hat deshalb nicht verfehlt, darauf hinzuweisen, dass die Mithrasheiligtümer Stätten der Finsternis seien. Die Mithrasjünger haben deshalb aus der Not eine Tugend gemacht und künstliche Lichteffekte gesucht. So leuchtete über den Spitzen der Mützen von *Cautes-Luzifer* und *Cautopates-Hesperus* ein kleines, flackerndes Licht und bezeichnete die Sternnatur der beiden Skulpturen. Oft wurden die sieben Strahlen über dem

Haupt des Sonnengottes perforiert und beleuchtet, um einen feurig glühenden Strahlenkranz hervorzurufen.
Die gewölbte Höhlendecke war meistens blau ausgemalt, denn sie stellte das Himmelsgewölbe dar und war mit Sternen übersät. Im Mithraskult stellte man sich vor, dass der Lichtgott *Mithras* aus einem Felsen geboren wurde. Es gibt Skulpturen, die zeigen, wie *Mithras* aus einer Felshöhle von einem Stein herauswächst, der gewöhnlicherweise von einer Schlange umzingelt wird.
Forscher, die sich mit dem Mithraskult beschäftigen, sind sich heute einig, dass diese Symbolik von einem orphischen Mythos übernommen wurde, nach welchem der Kosmos aus dem schlangenumwundenen sagenhaften kosmischen Ei geschaffen wurde, als der Schöpfergott *Phanes* am Anfang daraus emporstieg. Dieses kosmische Ei im orphischen Mythos entspricht dem *Drachenei* der keltischen Druiden. In England und in Rom wurden Inschriften und eine Ikonographie gefunden, wo man erkennen kann, dass selbst die Mithrasjünger *Mithras* mit *Phanes* identifizierten.
Aus diesen Gründen wurden die Mithräen als eine Nachbildung von Höhlen erbaut. Höhlen sind Hohlräume im felsigen Terrain, womit der in die Mysterien eingeweihte Hohepriester andeutete, dass der Fels, aus dem *Mithras* auftaucht, als die von außen gesehene mithrische Höhle gedacht wurde.
Die Geburt des mit der Schlange umschlungenen *Mithras* kann man deshalb auch so interpretieren, dass er mit Hilfe der weisen Schlangenkräfte die irdische Finsternis ablegt und sich ins Licht außerhalb der Höhle begibt. Anders ausgedrückt stellt die Höhle den von innen gesehenen Kosmos dar. Außerhalb der Höhle bzw. des Felsens befindet sich die metaphysische Dimension der Götter oder das Lichtreich der mittelalterlichen Gnostiker.
Diese mithrischen Betrachtungen scheinen auch bei der Burg Lockenhaus eine Rolle gespielt zu haben, da man in den unterirdischen Gewölben der Vorburg das *Tabernaculum*, das Sakramentshäuschen, fand, welches zweifellos einmal im zuvor beschriebenen Kultraum gestanden hat. Dieses einmalige Stück Stein mit seiner sorgfältig ausgeführten Hostienkammer trägt auf seiner Stirnseite eingraviert das Symbolzeichen der gnostischen Häresie, ein inei-

nander verflochtenes Schlangenpaar und unterhalb das Zeichen des Brotes, in profaner Sicht ein Kringel, von einem romanischen Bogen, in allen Maßen durch drei teilbar, umrahmt.
Somit scheint klar zu sein, dass die frühen Bewohner der Burg Lockenhaus die alten vorchristlichen Mysterienkulte fortsetzten und der gnostischen Lehre anhingen. Der Fund des Kultraumes und das *Tabernaculum* auf der Templerburg im Burgenland passen sehr gut in die Hypothese des österreichischen Orientalisten *von Hammer-Purgstall*, dass die Geheimlehre der Tempelherren mit einem gnostischen Schlangenkult wie der zuvor erwähnten Sekte der Ophiten in Verbindung stand.
Möglicherweise gibt es auch eine Verbindung zwischen der Virgilkapelle unter dem Wiener Stephansplatz und dem Kultraum der Burg Lockenhaus. Der Boden der Virgilkapelle liegt etwa zwölf Meter unter dem Stephansplatz. Vor der Ostapsis des unterirdischen Sakralraumes wurde ein runder, mit Bruchsteinen ausgekleideter Brunnen gefunden, der etwa einen Meter tief in die Erde führt und noch zu sehen ist. Ein weiterer Brunnen wurde in der nicht mehr vorhandenen Westapsis entdeckt. Ende der achtziger Jahre wurde durch Astronomen die Ausmessung des Azimuts der Achse der Virgilkapelle vorgenommen. Das Ergebnis zeigt, dass die Orientierung der Achse sehr genau mit dem Sonnenaufgangspunkt des 13. Oktober im Zeitraum von 1235 bis 1245 nach dem julianischen Kalender übereinstimmt.
Am 13. Oktober wird das Fest vom heiligen Koloman gefeiert, dessen sterbliche Überreste an diesem Tag des Jahres 1014 vom Ort seines Martyriums in das Stift Melk überführt wurden. Es gibt Spekulationen, dass die Gebeine des heiligen Koloman in der Virgilkapelle in Wien begraben wurden. Auch wenn das stimmt, stößt man noch immer auf viele Unstimmigkeiten, wie die Brunnen und die seltsame unterirdische Bauweise. Es ist durchaus wahrscheinlich, dass man im unterirdischen Sakralraum der Mutter Erde huldigte. Die unterirdischen Brunnen werden im Zusammenhang mit den Erdmutterkulten auch als die Träger des Fruchtwassers gesehen. Es ist auch durchaus möglich, dass man einst unter dem Stephansplatz eine *Schwarze Madonna* verehrt hat.

Die vorchristliche Verehrung der Mutter Erde wurde, wie es scheint, von den Ritterorden und deren Bauhütten übernommen und mit Hilfe diverser Kulte, wie dem der *Schwarzen Madonnen*, im christlichen Mittelalter aufrechterhalten. So existieren noch heute viele Kathedralen und Krypten, in denen sich eine solche *Schwarze Madonna* befindet. In der Kathedrale von Chartres wurde nach dem großen Brand der karolingischen Kathedrale am 7. September 1020 eine romanische Krypta errichtet, wobei man die schon zuvor bestandene Krypta von Saint Lubin beim neuen Bau mit einbezog.

Die karolingische Kathedrale in Chartres wurde sehr wahrscheinlich, so wie viele andere christliche Sakralbauten, auf den Resten eines römischen Tempels errichtet. Ob an diesem Ort vor den Römern ein gallisches Heiligtum der Druiden vorhanden war, kann man nicht mehr feststellen.

Jene Geschichte, dass die Druiden vom Stamme der *Carnute* etwa ein Jahrzehnt, bevor Jesus geboren wurde, in einer Grotte, die sich an der Stelle, wo später die Kathedrale von Chartres errichtet wurde, die Figur einer Jungfrau verehrt hätten, kann man als einen 1609 in Umlauf gebrachten Schwindel erklären. Es ist aber durchaus möglich, dass vor den Römern ein druidischer Kultplatz am Ort der heutigen Kathedrale bestand.

Man wollte den Besuchern und Pilgern dieser Bauwerke den Weg zu einer spirituellen Öffnung zeigen. Im so genannten *Narthex*, dem Vorraum hinter der Kirchentür, mussten sich die Besucher, so wie in einer natürlichen Höhle, an die relative Dunkelheit gewöhnen und innerlich auf den Ort der Heiligen einstimmen.

Beim Marsch in die unterirdische dunkle Krypta wurden auch raue Gesellen ehrfürchtig und still. An den Rändern des unterirdischen Gewölbes brachte man heilige Reliquien an, an denen die Pilger auf ihrem Weg zur Heiligen Jungfrau in der Unterwelt im Gebet versunken vorbei mussten.

Es ist besonders interessant, dass sich im ältesten Teil der Krypta von Chartres, so wie in Lockenhaus oder der Virgilkapelle, den Grotten der Yeziden und manchen Mithräen, eine Quelle befindet, der die Gläubigen eine heilende Wirkung zusprechen. Die

originale *Schwarze Madonna* von Chartres wurde während der Unruhen der Französischen Revolution im Jahre 1793 verbrannt und durch eine hölzerne Kopie ersetzt.
Wenn die Pilger im dunkelsten, aber allerheiligsten Teil der Krypta die im Schein des flackernden Kerzenlichtes befindliche *Schwarze Madonna* sahen, spiegelte sich die Angst und Ehrfurcht in ihren Gesichtern wider. Nachdem die Pilger ihre Gebete gesprochen hatten und wieder an die Oberfläche kamen, erfuhren, fühlten und erahnten sie, was das Geheimnis der Initiation ist.
Sonst erfuhren nur Hohepriester oder Großmeister bei ihren geheimen meditativen Ritualen in den Höhlen, Kulträumen und unterirdischen Tempeln diese Gefühle. Nach Durchschreiten der dunklen Schwelle, dem Ablegen der Ängste und dem In-sich-Kehren beim Gebet erlebten die Pilger eine Art Wiedergeburt beim Zurückkehren in das helle Tageslicht.

Höhlenburgen

Höhlen wurden seit Jahrtausenden als Portale zu einer chthonischen, der Erde zugewandten Welt angesehen und sehr oft als Wohnsitz einer Erdgottheit zugeordnet.

Es ist interessant, dass ähnliche Aspekte bei der südfranzösischen Katharerbewegung eine wichtige Rolle spielten. Unter den befestigten Grotten und Höhlen der südfranzösischen Katharer, die *Caunes* oder *Stulpas* genannt werden, sind vor allem Alliat, Verdun, Souloumbrie, Subtian, Arnave, Galamus, Ornolac und Bouan zu erwähnen.
Bei unseren Recherchen in den südfranzösischen Pyrenäen stießen wir auf zwei ehemalige mächtige Höhlenburgen der Katharer. Die besterhaltene und schönste katharische Höhlenburg, die Spulga von Bouan, befindet sich in der Nähe des kleinen Thermalortes Ussat-les-Bains. Nach einem etwa halbstündigen Fußmarsch erreicht man die Vorburg und kann die zinnenbewehrten

Mauern, welche das Höhlensystem der darüber hängenden Felswand absperren, bewundern.
Alles, was zu einer mittelalterlichen Burg gehörte, ist noch vorhanden: Donjon, Zisterne, Treppen, Kasematten, Späherwinkel und Zwinger. Die Spulga von Bouan unterscheidet sich von anderen Burgen nur darin, dass sie fast ausschließlich aus Höhlen und unterirdischen Gängen besteht. Tief im Dunkel des Berges konnten die *Erleuchteten*, die *Vollkommenen* oder die *Reinen*, wie die Katharer genannt wurden, in ihr Innerstes gehen und durch Meditation in das mystische Lichtreich ihres Gottes eintauchen und der teuflischen Materie entsagen. Man findet in fast allen Katharerburgen in den Tiefen des felsigen Untergrundes Initiationskammern und Meditationsräume.
Auf der anderen Seite des engen Tales liegt neben den Höhlen des Eremiten und der von Fontanet die Spulga von Ornolac, die Burg Bethlehem, benannt nach der Geburtsgrotte Jesu. Nach beschwerlichem Aufstieg über eine Geröllhalde gelangt man durch undurchdringliches Gestrüpp von Dornenhecken zu dem verfallenen Burgtor am Fuße der brandgeschwärzten Felswand. Beim Durchforsten der ruinösen Spulga von Ornolac betritt man durch das *Tor Gottes* die Initiationsgrotte der katharischen Burgherren.
Die Grotte ist mit einem Felsenfünfeck in Form eines Pentagramms geschmückt. Man kann nicht erkennen, ob das Pentagramm, welches in der Symbolik der Katharer häufig vorkommt, künstlich in den Felsen gehauen wurde, oder ob es natürlich entstand. Man stößt auch in dieser Grotte auf Spuren, welche Anhänger des persisch-römischen Sonnengottes *Mithras* hinterlassen haben. Die Spuren der phrygischen Mützen der Mithraspriester und die mithrischen Tiersymbole Stier, Hund, Schlange, Taube und Pferd sind noch zu erkennen. In derselben Grotte ist über das Brustbild eines Mithraspriesters die Ziffer zwei geschrieben, die im dualistischen Sinn das Ganze anspricht. In der Grotte von Bethlehem befindet sich auch ein druidischer Dolm.
Der Haupteingang ins Innere des Berges wurde verschüttet, als die Kreuzritter beim Albigenserkreuzzug die katharische Ketzerburg bestürmten und abbrannten. Wie riesig die Ausmaße der

Burg gewesen sein müssen, ist noch an den auf beiden Seiten in die Felswand eingehauenen Balkenlöchern, die vier oder mehr Stockwerke getragen haben, zu erkennen.
Die Höhlenburgen der Katharer fanden so wie die Externsteine in Deutschland auch als Felsenkapellen, als Orte der Meditation und der Einweihung ihre Verwendung. Bei allen diesen kultisch relevanten Plätzen benutzten schon lange vor den Katharern die Keltiberer und die Römer dieselben Grotten. Die Römer bauten die Höhlen zu uneinnehmbaren Festungen aus, bis sich 700 Jahre später die arabischen Mauren in den Höhlenfestungen niederließen. Im Jahre 732 rettet Karl Martell das Frankenreich vor den Mauren, und mehr als 300 Jahre später fanden die von der Inquisition verfolgten Katharer in den Höhlenburgen ihre letzten Zufluchtsstätten.
Die größte Höhle der Katharer ist die Höhle von Lombrive. Viele Jahrzehnte, bevor die Katharer das riesige Höhlensystem als Zufluchts- und Ritualort benutzten, dienten ihre Kavernen als Tempel des iberischen Sonnengottes *Tlhomber.* In der Nähe dieser Höhle kann man auch noch einige Menhire finden. Nach einem steilen Aufstieg erreicht man nach etwa einer halben Stunde die oberhalb der Ortschaft Ornolac befindliche riesige Höhle, in der sich ein gewaltiger Hohlraum befindet, den man im Volksmund die Kathedrale von Lombrive nennt. Hier befindet sich der Eingang in ein unterirdisches Zauberreich, bei dem Tropfsteine aus weißem Kalk und glitzernde Kristalle den Weg in die Tiefen des Berges weisen.
Ein etwa 80 Meter hoher Grottensaal war die eigentliche Kathedrale der Häretiker. Für die Katharer stellte dieses Felsgewölbe einen Triumph gegen die Kräfte Luzifers dar, da die Erde, ein Machwerk des Satans, ihnen diesen schönen Raum übergab, damit sie Schönheit vorausahnen konnten, die ihnen der wahre Schöpfer jenseits der Sterne schuf. In der Höhle von Lombrive haben die Katharer die dualistischen Symbole des Heiligen Grals, die Sonne und die Mondsichel, in den Stein geritzt.
Das gigantische Labyrinth mit seinen Gewölben und Gängen hat eine Verbindung mit der prähistorischen Grotte von Niaux und soll der Überlieferung nach Schauplatz einer der letzten Tragödien der

Katharer gewesen sein. Im Jahre 1328 sollen hier etwa 500 der letzten Katharer, die unter die Erde flohen, lebendig von den christlichen Kreuzrittern eingemauert worden sein. In einer Überlieferung soll Heinrich IV., der Nachkomme des Grafen von Foix, einige Jahre später die Grotte aufgebrochen und eine beeindruckende Anzahl von menschlichen Knochen vorgefunden haben, die auf Wunsch des Königs in geweihter Erde beigesetzt wurden.
Einige Kilometer von der Höhle von Lombrive befindet sich eine Malerei in einer Felsengrotte der Ordensritterburg Montréalp-de-Sos bei Vicdessos. Der königliche Berg Montréalp über dem Land Sos war schon in der Frühzeit der Hauptsitz des iberischen Stammes der Sotiaten, der ersten asiatischen Einwanderer in dieser Gegend. Danach folgten die Römer, welche die strategische Bedeutung der befestigten Plätze erkannten und so die Mithrasmysterien durch ihre Kaufleute und Soldaten in die Grotten der Region brachten.
Im Mittelalter stand das Tal des Sos unter Oberlehensherrschaft des Königs von Aragonien und infolgedessen unter dem unmittelbaren Einfluss der Tempelherren, denen gegenüber König Alfons so weit gegangen war, dass er ihnen sein ganzes Königreich überließ, eine Handlung, die später widerrufen wurde. Diese Lage sicherte den Niederlassungen und Burgen des Tempelordens Junac und Montréal-des-Sos im Norden Aragoniens die volle Unabhängigkeit gegenüber den anderen Adeligen und der römischen Kirche; weder Kreuzzüge noch die Inquisition rührten daran.
Die spärlichen Reste der Burg liegen auf einem von allen vier Seiten steil emporragenden schroffen Felsen oberhalb der südfranzösischen Ortschaft Vicdessos in den Pyrenäen, dessen Plateau man nur durch ein Höhlensystem erreichen kann. Der Aufstieg ist nicht ungefährlich, und Schwindelfreiheit ist eine Voraussetzung.
Wenn man das Plateau des ehemaligen Burgbereichs erreicht hat, muss man einen schmalen Steig, der sich unter einem Turmrest um den Felsen windet, folgen und erreicht schließlich einen Grottenbereich, in dem sich auch die zuvor erwähnte Höhle und die im Bildteil abgebildete Malerei befinden.
Man erkennt auf der linken Seite von oben nach unten fünf lateinische Kreuze von braun-roter Farbe, die senkrecht angeordnet

sind. Rechts von diesen Kreuzen findet man ein sechstes lateinisches Kreuz auf der Höhe des obersten Kreuzes. Im Mittelpunkt der Felsmalerei sieht man eine weißgraue Scheibe, von der schwarze Strahlen ausgehen. Rechts von der Krone findet man ein dunkelrotes Schwert. Weiter oberhalb auf derselben Seite ist eng in diese Gruppe ein schwarz und weißlich-grau gemaltes Rechteck einbezogen. Obwohl die rechte Seite der Malerei von Wassergüssen ausgewaschen ist, kann man mehrere Vierecke und ein Kreuz in *X*-Form erkennen.

Dieses Kreuz stellt die christliche Abwandlung des griechischen *Chi* dar. Bei genauer Betrachtung der Malerei findet man acht *Chi* und zehn lateinische Kreuze. In einem kleinen Quadrat erkennt man griechische Kreuze und Blutstropfen oder kleine Flammen, die in einem rotbraunen Ton gehalten wurden.

Der französische Forscher *Déodant Roché* besuchte die Grotte der Burg in den 40er Jahren und meinte zu erkennen, dass die Malerei auf einem mithrischen Relief aufgetragen und zum Teil mit diesem kombiniert wurde. Beim genauen Hinschauen soll man auch einen Stier, einen Raben, einen Hund, eine Schlange und einen Mithraspriester mit einer phrygischen Mütze erkennen, der mit seiner rechten Hand ein Schwert in den Rachen eines Drachens zu stoßen scheint, dessen Körper sich nach unten ringelt. Diese Zeichnung weist eine große Ähnlichkeit mit dem Erzengel Michael als Drachentöter auf, der so wie *Mithras* den Kampf und den Sieg gegen die Finsternis repräsentiert.

Auch hier scheint es zu einer Vermischung von christlichen Symbolen mit dem Kult des persisch-römischen Sonnengottes *Mithras* gekommen zu sein. Das Schwert war die Kampfwaffe der Mithrasanhänger, und die Strahlen- oder Sonnenkrone war die Belohnung für ihren Mut. So wie der mithrische Rabe im Gegensatz zur himmlisch-christlichen Taube die Finsternis und den Tod repräsentiert, kann man in der mithrisch-christlichen Symbolik das Opfer des Stieres als Vorspiel zum Opfer Jesu und mit der Sonnenkrone *Mithras'* die Dornenkrone Jesu erkennen. Das griechische *Chi* und das *X*-förmige Andreaskreuz stehen für Christus.

Wenn es mit einem gleichseitigen Kreuz verschmolzen wird, erhält man das achtstrahlige Sonnen- oder Weltenrad, das auch im Mithraskult eine wichtige Bedeutung hatte und sich aus der Swastika, dem Symbol vom Feuermachen der alten Perser herleitet. Die Blutstropfen stellen das Mysterium des göttlichen Blutes in der Gralsmystik dar.
Diese mithrische Blutsymbolik wurde in der christlichen Übergangsphase übernommen und dem sich selbst opfernden Erlöser Jesus Christus das Zeichen des Lammes gegeben, welches das *Chi* das Kreuz in *X*-Form auf einem Stab trägt. Der Kelch des Abendmahls nimmt im Wein das göttliche Blut auf, während das Brot den Leib seiner Sonnenkräfte in der Form der scheibenförmigen Hostie spendet, die mit dem gleichschenkeligen Mithraskreuz gezeichnet ist.
Wie man sieht, benutzten gerade die Tempelherren die aus dem Mithraskult hervorgegangenen und ins Christentum eingebrachten Symboliken wie das Lamm Gottes in fast allen von ihnen verwalteten sakralen Gebäuden. Im spanischen Teil der Pyrenäen liegt am Monte Pano das ehemalige Höhlenkloster San Juan de la Pena. Es ist kein Zufall, dass dieser abgelegene Ort hoch im Gebirge im Mittelalter ein großes geistiges Zentrum war, in dem man, so wie auf der französischen Seite, der Gralsmystik huldigte.
Das Höhlenkloster ist völlig von einem Wald umgeben und liegt eng angeschmiegt an einer rötlichen Felswand. In diesem Kloster sollen die Mönche den Kelch, mit dem das Blut Christi aufgefangen wurde, vom 8. bis zum 9. Jahrhundert verborgen und verehrt haben, bevor er 1063 in die Kathedrale von Jaca, Spanien, gebracht wurde.
Nach der Kreuzigung Jesu soll der Kelch nach Rom gekommen sein, wo er sich im Besitz der Päpste befand. Während der Zeit der Christenverfolgung soll der mit der Gnosis sympathisierende Papst Sixtus II. im Jahre 258 den Kelch seinem Diakon Laurentius anvertraut haben. Der heilige Laurentius schaffte ihn in seine spanische Heimat nach Huesca.
Als die Stadt 716 von den Arabern bedroht wurde, brachte man die Reliquie in das Höhlenkloster von San Juan de la Pena, wo

Mönche und Ritter sie bewachten. Heute kann man das Gefäß in der Kathedrale von Valencia bewundern. Ende der fünfziger Jahre ergaben kunsthistorische Untersuchungen, dass ein Teil des Kelches zwischen 400 v. Chr. und dem 1. Jahrhundert n. Chr. im Nahen Osten hergestellt wurde. Das Gefäß ist mit Perlen, Smaragden und Rubinen verziert und ruht auf einem flachen halbkugeligen Fuß aus Onyx. Dieser Fuß war früher eine kleine ägyptische Schale. Im 10. Jahrhundert nach Christus wurde der Fuß an der Außenseite angebracht.
Der Forscher *Franjo Terhard* entdeckte in der Kathedrale von Jaca auf einem Kapitell das Martyrium des Papstes Sixtus II. und des heiligen Laurentius. Da in dieser Kathedrale beide abgebildet wurden, scheint der einstige Bischofssitz wirklich mit dem Kelch in Verbindung gestanden zu sein. Der heilige Laurentius nahm beim Tempelorden eine wichtige Rolle ein, da die Tempelritter in ihren Niederlassungen den 10. August, den Tag des heiligen Laurentius, besonders verehrten und in ihre Geheimlehre mit einbezogen.
So geht in der zuvor beschriebenen österreichischen Templerburg Lockenhaus am Laurentiustag, dem 10. August, die Sonne exakt in der Kapellenachse auf. Die Sternschnuppen, die im August recht häufig fallen, nannte man die Tränen des heiligen Laurentius. Deshalb versteht es sich von selbst, dass sich der Tempelorden auch im spanischen Höhlenkloster niederließ.
Im Höhlenkloster findet man auch die Grabstätten der Gralshüter, deren Grabinschriften mit hermetischen Symbolen verziert wurden. Unter diesen Symbolen befinden sich auch das zuvor beschriebene *Chi* und das *X*-förmige Christuszeichen, in Verbindung mit dem *$*-ähnlichen Symbol des allmächtigen Sonnengottes *Sol Invictus*, der gekreuzigten Schlange, die niemand anderes als der alte persische Gott *Mithras* ist. Andere steinerne Symbole entsprechen dem *Tau*- und dem Rosenkreuz.
Bei den Gnostikern stand das *Tau*-Kreuz in Verbindung mit der Feuertaufe, durch welche die Seele des Initianten mit Gott vereinigt wird. Es ist deshalb durchaus möglich, dass die Hüter des Kelches von San Juan den Mythos der Gralsritter hervorriefen und aus ihnen die Johannisritter und die späteren Tempelritter hervorgingen.

Obwohl Höhlenburgen, Grotten und Höhlenklöster in den Pyrenäen relativ häufig errichtet wurden, sind sie im restlichen Europa eher selten anzutreffen. In Frankreich gibt es noch bei Perigord das mittelalterliche Fort Troglodytique La Madeleine mit seiner schönen gotischen Höhlenkapelle und die weitläufige Höhlenburg Fort Troglodytique La Roque de St.-Christope.
Umso interessanter ist es, dass sich im oberen Murtal in der Steiermark, im Drautal in Kärnten und bei Postojna im heutigen Slowenien Höhlenburgen befinden, die den französischen und spanischen Burgen um nichts nachstehen.
Im hinteren Teil der so genannten Drachenhöhle bei Mixnitz in der Steiermark findet man etwa 127 Inschriften und heraldische Symbole aus fünf Jahrhunderten, die ausschließlich von steirischen Adeligen und ritterlichen Kreisen stammen. Namen und Wappen alter steirischer Adelsgeschlechter, wie die der Herbersteiner, Stubenberger, Herbersdorfer, Verber, Glojacher und Rattmannsdorfer, oder habsburgischer Prinzen sind ebenso an den Höhlenwänden zu finden, wie auch Wappen von Elsässern, Schwaben und Schweizern. Die Gründe für die Besuche der Adeligen und Ritter sind unbekannt. Wurden in dieser Höhle, so wie in den Grotten der Pyrenäen, ähnliche Einweihungsrituale für Mitglieder bestimmter Ritterorden abgehalten?
Alte Überlieferungen berichten, dass Kaiser Karl der Große im Jahre 776 die heidnischen Sachsen mit dem Schwert christianisierte und Tausende sächsische Krieger hinrichtete. In der Folge wurden viele Familien aus ihrer Heimat vertrieben. Laut Sage soll der französische Ritter Chalot von Chalons mit einer Tochter eines gefallenen Sachsenfürsten ins obere Murtal geflüchtet sein und in einer Höhle der Puxer Wand eine uneinnehmbare Höhlenburg errichtet haben.
Das ist die Gründungssage der steirischen Höhlenburg Schallaun, die auch Schallun oder Schalle genannt wird. Es ist interessant, dass die Sage über die Burg auf einen französischen Erbauer hinweist. Sowohl von Schallaun als auch von der weitaus größeren und wahrscheinlich später erbauten Höhlenburg Puxer Lueg existieren relativ wenige Aufzeichnungen.

1181 wird ein Marchwardus de Schallun urkundlich erwähnt; danach war die Höhlenburg im Besitz des Geschlechtes Saurau, bzw. Lichtenstein. Man vermutet, dass die größere Höhlenburg Puxer Lueg von den Lueggern, einem alten steirischen Adelsgeschlecht, im 12. Jahrhundert erbaut wurde.

Einige Erzählungen erwähnen lederne Hängebrücken oder Holzstege, welche die beiden Höhlenburgen miteinander verbunden hätten. Obwohl man noch einige Balkenlöcher in der Felswand erkennen kann, erinnert heute nichts mehr an diesen angeblichen Verbindungsweg. Beim Besuch der größeren Höhlenburg Puxer Lueg muss man die Überreste eines über drei Meter hohen Zwingers mit einer Leiter überwinden. Danach blickt man in ein riesiges Höhlenportal, das früher wie bei den Katharerburgen mit einem Mauerwerk abgemauert war.

Am äußeren Bereich der Höhle sind noch mehrere verschüttete Gebäudereste und Gänge zu erkennen, die einem das einstige Ausmaß dieser Höhlenburg vermitteln. Am Ende des Höhlenportals setzt sich ein kleiner künstlich veränderter Stollen ins Berginnere fort. Nach etwa 60 Metern trifft man auf in den Stein gemeißelte Stufen, die in einen mit Wasser gefüllten Tümpel einmünden. Ob dieser Tümpel eine Zisterne darstellte, bleibt dahingestellt.

Von dieser Stelle führt ein kleiner Durchbruch im Gestein weiter in den Berg hinein. Die dahinter liegenden, teilweise künstlich behauenen Höhlengewölbe sollen vor allem als Lager gedient haben. Wenn man die Parallelen mit den Höhlenburgen in den Pyrenäen zieht, ist es durchaus möglich, dass der eine oder andere Ort in der Tiefe des Berges auch für sakrale Zwecke benutzt wurde.

Die ältere Höhlenburg Schallaun kann man nur mit einer Bergsteigerausrüstung erreichen. Sie ist im wahrsten Sinne unzugänglich. Legenden berichten, dass es früher eine unterirdische Verbindung zwischen beiden Burgen gab. Diese Gänge sind aber heute verschüttet.

Wie zuvor erwähnt, befindet sich eine dritte Höhlenburg im heutigen Slowenien bei Postojna. Im Gegensatz zu den zuvor besprochenen Burgen ist die slowenische Burg Jama, Luegg oder Predamski Grad noch vollständig erhalten. Die Burganlage wurde in einer Höhle mit etwa 130 Meter hohen Felswänden errichtet. Das Mauerwerk füllt den ganzen Höhlenbereich aus und wird von einem davor stehenden Turm flankiert.

Ähnlich wie im oberen Murtal scheint das steirische Adelsgeschlecht der Luegger als frühe Besitzer dieser Burg auf. Predamski Grad wurde auch in einer Höhle errichtet, die schon seit der Frühzeit von Menschen bewohnt wurde. Die Burg scheint, so wie die anderen Höhlenburgen, im 13. Jahrhundert ausgebaut worden zu sein.

In der slowenischen Höhlenburg kann man noch heute die so genannte Erasmushöhle, einen Saal im Inneren des Karstfelsens, besuchen. Ein Holzsteg führt über einen tiefen Schlund in das Berginnere, dessen Eingang mit einem gotischen Spitzbogenportal versperrt ist. Rechts und links dieses Portals befinden sich Lichtschlitze. In einem dahinter liegenden Saal befinden sich auch ein Brunnen und ein heute zugemauerter Geheimausgang. Im Zusammenhang mit dieser Burganlage sollte noch eine nahe gelegene Höhle erwähnt werden, deren vorderer Teil den Namen Konjski hlev, was nichts anderes als Pferdestall bedeutet, trägt.

In der nahe gelegenen Adelsberger Grotte befindet sich sogar eine alte Inschrift aus dem Jahr 1213, die das Doppelkreuz vom Patriachen von Aquileia und die Buchstaben C. M. aufweist. Eine Verbindung zu Höhlen und dem Patriarchen von Aquileia sollte keine Überraschung darstellen, da dieser im Drautal bei Kärnten ebenfalls eine Höhlenburg bewohnte.

In Deutschland bilden die Burg- und Klosterruinen Regenstein und Oybin sakrale Einheiten mit den darunter liegenden Felsmassiven. Der leicht zu behandelnde und auffallende Sandsteinfelsen, auf dem sich die Burgruine Regenstein befindet, war schon in vorgeschichtlicher Zeit besiedelt und diente als Platz für religiöse heidnische Rituale der Kelten. Die mittelalterliche Burganlage stammt aus der Zeit der Kreuzzüge und wurde im 12. Jahrhundert von Kaiser Friedrich Barbarossa eingenommen und zerstört. Bei dieser einmaligen Anlage hat man den Felsen künstlich ausgehöhlt und mehrere Gänge und Räume in den Berg gemeißelt.

Der Oybin in der Nähe von Zittau in der Oberlausitz besitzt ähnliche in den Felsen gemeißelte Räume und Gewölbe. Die Burg wurde von Karl IV. erobert und zu einem Zölestinerkloster ausgebaut. Diese eigenartige Verbindung zwischen Burganlage und Klosterruine gibt dem sagenumwobenen Felsen mit seinen Höhlen ein besonderes sakrales Aussehen.
Diese Beispiele zeigen uns, dass natürlich oder künstlich angelegte Höhlen, Grotten oder Tempelanlagen auch im Mittelalter nicht nur für Verteidigungszwecke verwendet worden sind. Es hat durchaus den Anschein, dass sie auch als Orte der Ruhe und Meditation gedient haben, mit deren Hilfe ihre Bewohner im Schoße der *Mutter Erde* göttliche Mysterien erfahren wollten.

Der Sternenkult von Montsaunés

Die Baumeistergilde der »Kinder von Meister Jacques« hinterließ in der Hauptkommandostelle des Tempelordens von Haute-Gargonne Montsaunés ihre Spuren in der Form von astronomischen Zeichen, wie das Sternbild Sirius, das Sternbild des Schützen und die sieben Schüler des heiligen Jakobus verbunden mit den sieben Planeten.

Im Inneren der französischen Kirche von Montsaunés kann man am romanischen Gewölbe mehrere Sterne sowie die Sonne und den Mond erkennen. Im Zentrum dieses Motivs befindet sich in roter Farbe ein gleichschenkeliges Kreuzmotiv des Tempelordens, welches im Jahre 1146 dem Ritterorden von Papst Eugen III. zugeschrieben wurde. Außerdem findet man am Gewölbe der Kirche Zeichen und Symbole einer mittelalterlichen Baumeistergilde mit der Bezeichnung *Kinder von Meister Jacques*.
Diese Symbole sind eine sechsblättrige Rose und Lilienblüten. Die Lilie als Symbolzeichen lässt sich weit über 2000 Jahre zurückverfolgen und wurde später in die Herrschaftssymbolik des Mittelalters übernommen. Die herkömmliche christliche Bedeu-

tung der Lilie in Verbindung mit dem Kreuz stellte die Überwindung des Todes durch Jesus Christus und die in dem Erlösungswerk Christi begründete Hoffnung auf die Auferstehung dar.

Der Grund, wieso dieselbe Symbolik auch bei den Häretikern benützt wurde, ist wieder auf die gnostische Auslegung der Lilie zurückzuführen. Bei den gnostischen Glaubensgemeinschaften wie den Manichäern stellte die Lilie eine stilisierte Lotusblume dar. Diese Pflanze wird auch als Licht- oder Lebenspflanze bezeichnet und repräsentiert noch heute im asiatischen Kulturraum die Flamme des Lebens und des Lichtes. In diesem Zusammenhang wird die Lilie, so wie das gleichschenkelige Kreuz, mit dem *androgynen* Prinzip in Verbindung gebracht.

Auf einer uigurischen Kirchenfahne aus der Zeit von Bugug Khan, der um das Jahr 762 das manichäische Christentum als Staatsreligion der türkischen Uiguren einführte, ist ein Priester abgebildet, dessen charakteristische lilienförmige Kopfbedeckung einen *Electus*, einen *Erleuchteten*, kennzeichnet.

Die Lotusblume war auch das Emblem der ägyptischen Göttin *Isis*, eine der Vorläuferinnen der *Schwarzen Madonnen*. Beim ägyptischen Vorläufer der Lilie waren die beiden vom zentralen Blatt links und rechts wegstehenden Ausleger schlangenförmig dargestellt. Diese Ausleger symbolisierten die zum gnostischen Lichtreich weisenden Schlangenkräfte.

Auf vielen Steinen der christlich-gnostischen Sekte der Bogomilen kann man sogar vermenschlichte Formen des Liliensymbols erkennen. Ein äußerst erstaunliches Motiv in Brotnice, Bosnien, zeigt eine menschliche Gestalt, die beide Arme in einer empfangenden Geste in die Höhe hebt. Über dem Haupt entfaltet sich eine eigenartige Form. Es ist, als würde sich der Kopf in die darüber liegende Sphäre öffnen. Oberhalb befindet sich das dualistische *Gralsymbol* – eine große Sonne und ein Mond in Sichelform.

In Zusammenhang mit den mittelalterlichen Baumeisterschulen ist eine Lilienbezeichnung aus dem *Alten Testament* interessant. Darin wird die Lilie auch als Schmuck auf den Leuchtern der Stiftshütten erwähnt. Es wird auch immer wieder erwähnt, dass

die ehernen Säulen des *salomonischen Tempels* mit dem Zeichen der Lilie geschmückt waren.
An der westlichen Mauer von Montsaunés kann man Buchstaben finden, die ebenfalls mit der vorher erwähnten Baumeistergilde in Verbindung stehen. Diese Buchstaben sind *IAXO*, welche der Schule der *Kinder von Meister Jacques* zugeordnet werden. Wenn man vor diesen Buchstaben steht, erhält man in Verbindung mit dem gleichschenkeligen Templerkreuz die Richtungen der aufgehenden Sonne zum Zeitpunkt der Frühlings- und Herbst-Tagundnachtgleichen, den *Äquinoktien*, übermittelt. Außerdem befinden sich an dieser Mauer ein Motiv eines Hundes und jenes eines Schützen, welche als Symbole des Sternes *Sirius* im Sternbild *Hund* und dem Sternbild *Schütze* gelten. Diese Symbole wurden von der Schule der *Kinder von Meister Jacques* als Wächter der Milchstraße bezeichnet.
Der Schütze von Montsaunés schießt einen Pfeil mit einem Bogen auf eine Gazelle ab, welche in der griechisch-byzantinischen Symbolik Tagundnachtgleichen, die *Äquinoktien*, darstellten. In der vorchristlichen Zeit befand sich das Sternbild der *Gazelle* nahe am Sternbild *Skorpion* und repräsentierte die Herbst-Tagundnachtgleiche. Falls dieses Motiv nicht eine Gazelle darstellt, kann es das Sternzeichen *Steinbock* darstellen, welches die Wintersonnenwende symbolisiert.
Der Stern *Sirius* ist nahe der Konstellation *Zwilling* und dem Sternzeichen *Zentaur*, welches in der antiken Mythologie den Zentauren *Chiron* darstellt. Beide Symbole stehen in enger Verbindung mit der Symbolik der christlichen Ritterorden. *Chiron* war in der Mythologie der beste göttliche Lehrer. Es war *Chiron*, welcher *Äskalup* die Anwendung der Medizin, *Jason*, *Castor* und *Pollux* die Navigation lehrte und *Aristee* in die Mysterien einführte.
Für die Schule der *Kinder von Meister Jacques* standen alle diese Helden mit dem Symbol des Hundes in Verbindung. Der Schütze *Chiron* war ein Experte in allen Künsten. Der Künstler, welcher die Motive in Montsaunés malte, repräsentierte *Chiron* über ein Rechteck, das zusätzlich durch geometrische Linien unterteilt

wurde, so dass die Anzahl der Linien unter Einbeziehung der Numerologie *Gold* symbolisiert.

Wer waren diese *Kinder von Meister Jacques*? Diese Frage sollte man sich stellen, da sie in einer christlichen Kirche eindeutig und bewusst astrologisches, gnostisches Gedankengut einbrachten. Außer der Schule der *Kinder von Meister Jacques* gab es zu Anfang des 12. Jahrhunderts noch die Schule der *Kinder Salomons*. Manche Historiker sind der Meinung, dass es sich bei beiden Baumeisterschulen um ein und dieselbe Bruderschaft handelte.

Man begründete das damit, dass sich die *Kinder Salomons* in Nordspanien als die *Kinder von Meister Jacques*, womit eigentlich der Apostel Jakobus gemeint wurde, bezeichnet hätten. Es steht allerdings fest, dass beide Schulen in Zusammenhang mit der Errichtung von Bauwerken des Tempelordens in Verbindung standen.

Die Tempelritter, auch bekannt unter dem Namen *Arme Ritter vom salomonischen Tempel*, traten von Anfang an als die Beschützer der *Kinder Salomons* auf. Die *Kinder Salomons* und die *Kinder von Meister Jacques* verfolgten Lehren, die sich auf die jüdische Kabbala, esoterische islamische Lehren und die Gnosis gleichermaßen bezogen. Der Forscher des Tempelordens *Franjo Terhart* meint, dass man meinen könnte, dass die beiden Bauhütten einen inneren hermetischen Kreis im Tempelorden bildeten und ihr okkultes Wissen nur mündlich an ihre Nachfolger weitergaben.

Nach außen hin zeigten sich die *Kinder Salomons* und die *Kinder von Meister Jacques* weltoffen, unpolitisch, unreligiös und standen jedem offen, der bei ihnen eintreten mochte, ob Christ, Jude, Moslem oder Anhänger eines anderen Glaubens. Die Grundlage dieser Bauhütten war die Freiheit des Individuums. Ihr höchstes Ziel als selbst ernannte *Gesellen der Freiheit* war die Vollendung des salomonischen Tempels als Gipfel allen Strebens und Perfektion. Dieses Vorhaben versuchten sie, wie wir im folgenden Kapitel aufzeigen werden, beim Bau der großen gotischen Kathedralen zu verwirklichen.

3 Der astronomisch-astrologische Symbolgehalt gotischer Kathedralen

Die Astronomie des Tierkreises

Der Tierkreis ist eine Zone beiderseits der Ekliptik von etwa 24 Grad Breite, innerhalb der sich Sonne, Mond und Planeten in ihren scheinbaren Bahnen am Himmel bewegen.

Besonders bedeutende mitteleuropäische Bauwerke, bei denen die Baumeister der romanischen und gotischen Zeit ihre wissenschaftlichen, philosophischen und astrologischen Glaubensvorstellungen geschickt in die Konstruktion und die Auswahl der Skulpturenmotive einbrachten, sind unter anderem die Münster von Basel, Freiburg, Straßburg, Worms und Aachen. Stellvertretend für viele andere gotische Meisterwerke wollen wir im Anschluss anhand des Freiburger Münsters den astronomisch-astrologischen Symbolgehalt von Skulpturenzyklen untersuchen und Vergleiche mit anderen mittelalterlichen europäischen Bauwerken aufzeigen.

Das Freiburger Münster ist wie viele mittelalterliche Sakralbauten von Osten nach Westen ausgerichtet. Die Turmvorhalle mit ihren besonders interessanten Skulpturenzyklen befindet sich im westlichen Teil des Münsters und kann sehr wahrscheinlich in die Zeit von 1250 bis 1270 datiert werden. Der Baubeginn am Freiburger Münster wird allgemein 50 Jahre zuvor, um 1200 unter der Beteiligung der Bauhütte, welche das Münster von Basel errichtete, angesetzt.

Als Stifter des Freiburger Münsters scheint Herzog Berthold von Zähringen, der sich die Pfarrkirche der Stadt als Grabgelege be-

stimmte, auf. Von seinem Gründungsbau sind noch die Vierung, Querhausflügel und die unteren Teile der so genannten Hahnentürme erhalten. Das Langhaus war als dreischiffige gewölbte Emporenanlage nach der Vorlage des Münsters zu Basel geplant.
Nachdem die beiden Langhausjoche errichtet wurden, scheint um 1240 ein neuer Baumeister seine Arbeit aufgenommen zu haben. Seine Handschrift ist der des Straßburger Münsters sehr ähnlich. Die Verwandtschaft mit dem Münster zu Straßburg kommt vor allem in den Bauformen, der Ornamentik und der Wahl einer Einturmfassade zur Geltung. Besonders fällt auf, dass die Baumeister des Münsters eine Zahlenmystik, in der die Zahlen sieben und zwölf eine wichtige Rolle darstellen, in den Bau einbrachten.
Die Wahl der Motive und die geschickte Anordnung der Skulpturen am Münster scheinen mit den zwölf Tierkreiszeichen und den 28 Positionen des Mondes, innerhalb eines Monats, in eigenartiger Weise übereinzustimmen. Ein Unterschied besteht jedoch darin, dass die Skulpturen in einem umgekehrten Verhältnis zum astronomischen Tierkreis am Himmel stehen. Diese Anomalie kann man sich erklären, wenn man davon ausgeht, dass die Baumeister oder deren Auftraggeber astronomische Kenntnisse besaßen, diese aber für astrologische Zwecke einsetzten. In der mittelalterlichen Astrologie hatte die Theorie der kosmischen Harmonie eine große Bedeutung. Da die katholische Kirche in Rom die Astrologie als heidnisch verurteilte und sie bekämpfte, mussten die Erbauer der Kathedralen die astronomische Symbolik geschickt vor den Augen der Uneingeweihten verbergen.
Wie wir zuvor bei der romanischen Kirche von Montsaunés aufgezeigt haben, spielte auch dort der Tierkreis mit seiner Symbolik eine wichtige Rolle. Bevor wir genauer auf die Symbolik und Anordnung der Skulpturen am Freiburger Münster eingehen, wollen wir uns mit den astronomischen Grundlagen und dem Ursprung der zwölf Symbole des Tierkreises auseinander setzen.
Für die mittelalterlichen Gelehrten bestand die Astronomie aus einem theoretischen und einem praktischen Teil. Theoretisch beschäftigte man sich mit der Berechnung der Planetenbewegungen und deren Veränderungen am Himmel zueinander. Man verstand

unter diesen äußerlichen Bewegungen astrologische Effekte im Weltraum, die nicht nur im Makrokosmos, sondern auch im Mikrokosmos, welcher den Menschen darstellte, ihre Einflüsse geltend machen sollen.
Ein Teil der mittelalterlichen Astronomie beschäftigte sich mit der Berechnung der Sternläufe, der Planetenkonstellationen als auch mit dem Lauf der Sonne und des Mondes zur Zeit der Geburt eines Menschen. Hier sieht man eindeutig, dass die moderne Astronomie aus einer frühen Kombination zwischen Astrologie und Astronomie hervorging. Wie wir später aufzeigen werden, drückten die mittelalterlichen Steinmetzen in der Wahl und Anordnung ihrer Skulpturen die Abhängigkeit des menschlichen Körpers und seiner Seele vom Sternenhimmel aus.
Die Baumeister dachten, dass sich im Wechsel von Sonne, Mond und Planeten das unsichtbare Geschehen in den sichtbaren Erscheinungen der Welt äußere. Man stellte sich vor, dass die sieben Grundstoffe der materiellen Welt, der Urstoff *causa prima*, der *Verstand*, die *Luft*, die *Materie*, die *Gestaltgebung*, der *Himmel* und die Grundstoffe, die sich in ihrem Zentrum verdichteten, die Erde mit ihren Lebewesen bildeten. In diesem Sinne verstand man die damals bekannten sieben Himmelskörper als Träger dieser sieben Substanzen, die sich als himmlische Kräfte, als die damals bekannten fünf Planeten, die Sonne und der Mond in ihren Bahnen am Himmel bewegten.
Unter dem Tierkreis dachte man sich einen imaginären Streifen am Himmelsgewölbe, in dem die Planeten ihre Bahnen um die Sonne ziehen. Die Planetenbahnen weichen um etwa 24 Grad von der Ebene des Himmelsäquators ab, da sie sich in der Sonnenebene bewegen. Die Neigung des Tierkreises entspricht aus diesem Grund der *Ekliptik*, welche die scheinbare Sonnenbahn am Himmelsgewölbe darstellt.
Der Tierkreis erhielt seinen Namen von erdachten Zeichen und Symbolen, denen man die Sternzeichen, durch welche sich die Planeten und scheinbar die Sonne bewegten, zuordnete. Die frühen Kulturen gaben sich mit einer Bandbreite des Tierkreises von etwa zwölf Grad zufrieden, damit die Umlaufbahn des Planeten

Merkur im heliozentrischen System erhalten blieb. Diese Vereinbarung wurde getroffen, da die Merkurbahn um sieben Grad und acht Sekunden von der Ekliptik geneigt ist.
Die meisten Historiker vertreten die Ansicht, dass der Tierkreis in der ägyptischen Hochkultur seinen Ursprung hat. Später übernahmen griechische Astronomen und Astrologen die astronomischen Beobachtungen und die astrologischen Glaubensinhalte von den Chaldäern.
In Ägypten hingegen nahmen helle Sterne wie der *Sirius*, *Regulus* oder die sieben hellen Sterne im Sternhaufen der *Plejaden* einen wichtigeren Rang ein als die Planeten, welche auf der so genannten *Straße der ruhelosen Sterne*, dem Tierkreis, ihre Bahnen zogen. Die griechischen Gelehrten hingegen bezeichneten das ägyptische System als barbarisch und konzentrierten sich hauptsächlich auf die Planetenbewegungen im Tierkreis.
Den wichtigsten Punkt, an dem man bei der Studie des Tierkreises interessiert war, stellte seine Neigung zum Himmelsäquator dar. Die griechischen Mathematiker studierten lange die scheinbare tägliche Umdrehung des Himmelsgewölbes um den Himmelsnordpol, welche einer nach links oszillierenden Bewegung am Himmel entspricht.
Die Unterteilung durch zwei Pole in derselben Hemisphäre wurde ebenfalls durch die chaldäischen Astronomen eingeführt. Die griechischen Gelehrten waren sich einig, dass die chaldäischen und ägyptischen Astronomen keine Fehler begingen. Woher die Studie über die Schrägheit der *Ekliptik* stammte, konnten aber auch sie nicht mehr nachvollziehen.
Der Kreis der *Ekliptik* schneidet jenen des Himmelsäquators in zwei entgegengesetzte Punkte. Folglich entsprechen diese beiden Punkte, an denen sich die beiden Ebenen schneiden, dem *Frühlings-* und *Herbstäquinoktium*. Die *Äquinoktien* werden auch als die *Kardinalpunkte* des Tierkreises bezeichnet und stellen den Frühlings- und Herbstbeginn eines Jahres dar. Senkrecht zu den *Äquinoktien* befinden sich die Wendepunkte der Sonne.
Wenn man vom nördlichen Sonnenwendepunkt und vom südlichen Sonnenwendepunkt eine zum Himmelsäquator parallele

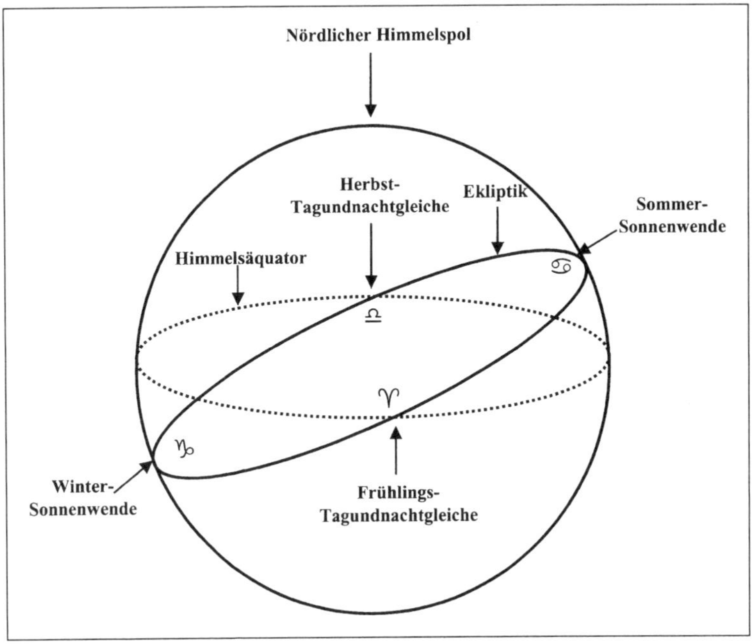

Abb. 3: Schematische Darstellung des Himmelsäquators mit der Ekliptik, den Tagundnachtgleichen (Äquinoktien) und den Sonnenwendepunkten (Kardinalpunkte).

Linie zieht, erhält man den nördlichen und den südlichen Wendekreis.

Durch diese astronomischen Entdeckungen konnte man als Ausgangspunkt für den Tierkreis einen Punkt der *Äquinoktien* oder der Sonnenwendepunkte nehmen. Die Mehrheit der griechischen Zeitpläne bestätigten, dass nach den griechisch-ägyptischen Traditionen das Jahr und folglich die Einteilung des Tierkreises an der Sommersonnenwende begann. Um die Zeit des griechischen Astronomen Hipparch wurde das *Frühlingsäquinoktium* im Sternzeichen *Widder* als Beginn im Tierkreis festgelegt.

Bei den Ägyptern begann das Jahr hingegen mit dem Aufgang des hellen Sterns *Sirius* oder *Sothis*, welcher nach dem Sternzeichen *Krebs* am Himmelsgewölbe erscheint. Der Stern *Sirius* wurde bei den Ägyptern über das Sternbild *Löwe* im so genannten *Denderah-Tierkreis* gestellt. Eine genaue Recherche ergibt aber, dass in Alexandria für die Erstellung eines Kalenders so genannte *Dekane* einführt wurden, die man dem älteren Tierkreis übertrug. Die *Dekane* teilten bei den Ägyptern den Tag in 24 Stunden ein.

Man kann aber davon ausgehen, dass der Tierkreis erst von Astronomen und Astrologen der Chaldäer eingeführt wurde, da sich die chaldäischen Gelehrten sehr mit dem Verlauf der Planetenbahnen beschäftigten.

Es steht fest, dass die griechischen Gelehrten vor Hipparch für die Einteilung des Tierkreises kein festgelegtes System benutzten. Das Modell des Gelehrten Eudoxe begann mit dem Sternbild des *Löwen*, jenes von Abattus von Callipe und jenes von Diocles mit dem Sternzeichen *Krebs* oder *Steinbock*. Ab Posidonius nimmt das *Frühlingsäquinoktium* im Sternzeichen *Widder* definitiv den ersten Platz für die Bestimmung des Anfangspunktes im Tierkreis ein.

Es ist interessant, dass dieses System jedoch wieder einen Bezug zu den Ägyptern herstellt. Man fand Abbildungen des ägyptischen Fruchtbarkeitsgottes *Amun*, auf denen er Widderhörner trägt. Da die Fruchtbarkeitsrituale mit dem Erblühen der Pflanzen zu Frühlingsbeginn stattfanden, ist diese Verbindung sehr logisch.

Nachdem die Griechen den Beginn des Tierkreises und den Jahresanfang im Sternzeichen *Widder* festlegten, begann man sich Gedanken zu machen, wie man die vier Himmelsrichtungen Osten, Süden, Westen und Norden in den Tierkreis übertragen kann. Hipparch setzte Osten mit dem Beginn des Tierkreissystems im Sternzeichen *Widder* gleich. Süden, Westen und Norden entsprechen in seinem System *Krebs*, *Waage* und *Steinbock*.

Der griechische Astronom Eudoxe wählte ein System, bei dem er Osten in die Mitte der ersten 30 Tage nach dem *Frühlingsäquinoktium* ansetzte. Die Astronomen Manilius und Manethon hingegen wählten Osten im 8. Grad des *Widder-Krebs-Waage-Steinbock*-Systems.

1 Christusskulptur am Portal des Jüngsten Gerichtes der Notre Dame in Paris. Christus tritt mit seinen Füßen auf Jaldabaoth, den Schöpfer der Materie, der wie in den gnostischen Schriften mit einem Löwenkopf und einem Drachenschwanz dargestellt wurde.

1

2 Portal der Pfarrkirche St. Margareten zu Lieding, Kärnten. Die heilige Margarete erhebt sich über den Löwen Jaldabaoth und den Drachen Ophiomorphus.

2

3-5 Jaldabaoth im Benediktinerstift Admont, Steiermark, und am Portal der ungarischen Geschlechterkirche Ják, wie er symbolischerweise menschliche Seelen beim Entfliehen aus der Materie behindert. Skulpturen von Jaldabaoth und Ophiomorphus an der Außenseite der Tempelritterkirche St. Ägyd im Steinfeld, Niederösterreich. Beide Skulpturen versuchen menschliche Seelen – symbolisiert durch Köpfe – in die Materie zu drücken.

3

4

5

6

7

6, 7 Die Fotos zeigen Hundedarstellungen in Ják, Ungarn. Hunde bekämpften mit ihren Herrn in der Symbolik der gnostischen Lehre Jaldabaoth, unter dem Symbol des Löwen und Drachen. Im unteren linken Bildteil eine gnostische Drachendarstellung und ein Kopf mit gespaltenem Bart. Köpfe und Idole mit gespaltenen Bärten sollen im Baphometkult der Templer eine bedeutende Rolle eingenommen haben.

8

8, 9 Hundedarstellungen am Hauptportal von Millstatt, Kärnten, und an der Außenmauer der romanischen Kirche von Schöngrabern, Niederösterreich.

9

10

11

10-13 Diente das buddhistisch-tibetische Lebensrad Sipä Khorlo als Vorbild für Darstellungen des Jüngsten Gerichts und menschenspeiender Monster im europäischen Mittelalter? Das Rad symbolisiert die Zeit, aus der alles hervorgeht, die jedoch auch alles verschlingt und somit Werden und Vergehen in einem ewigen Kreislauf gefangen hält. Die Fotos zeigen ein Monster und ein Radfenster mit Menschenskulpturen am Baseler Münster sowie eine Radplastik mit einem doppelköpfigen Wesen in Schöngrabern, Niederösterreich.

12

13

4

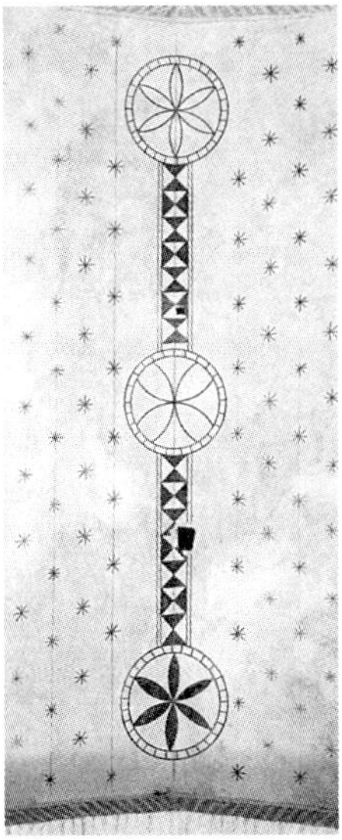

15

16

14-16 Templerkirche in Montsaunés, Frankreich. Im Inneren der Kirche befinden sich initiatorische gnostische Symbole mit einer astronomischen Bedeutung.

17 Die Rosslyn-Kapelle südlich von Edinburgh.

18 Sinclair Castle an der Nordspitze von Schottland.

17

18

19

19 Meistersäule im Inneren der Rosslyn-Kapelle in Schottland.

20

20 Templergrabsteine in Kilmartin, Halbinsel Argyll, Schottland.

1

23

2

24

21-24 Gnostische Christusdarstellung mit übergroßen Handflächen auf einem Kreuz in Knapdale, Schottland. In der Mitte, Gnostiker mit übergroßer Hand auf einem Bogomilenstein in Radimlja bei Stolac, Herzegowina. Rechts oben, eine Plastik mit übergroßer Hand am Portal der ungarischen Kirche von Felsöörs am Plattensee. Rechts unten, gnostische Plastik mit Sonne und Mond im Kreuzgang von Béziers, Frankreich.

25-27 Plastiken von Sonne und Mond am Hauptportal der Kathedrale von Metz, Frankreich. Dualistische Symbole von Sonne und Mond am Portal der Stiftskirche von Millstatt, Kärnten.

5

26

27

28

29

30

28-30 Skulpturen mit gnostischem Bezug an den Außenmauern der Kirche von Schöngrabern, Niederösterreich.

31 Gnostische Christusdarstellung der Katharer in Les Casses, Frankreich. Man beachte die Ähnlichkeit mit der Skulptur von Schöngrabern.

Andere Astronomen versuchten, diese konventionellen Positionen durch eine genaue Position zu ersetzen, da man seit Hipparch wusste, dass sich die *Kardinalpunkte* um 50 Bogensekunden pro Jahr am Himmelsgewölbe verschieben. Der Grund dieser Veränderung, der man den Namen *Präzession* gab, ergibt sich aus einer Taumelbewegung in der Drehung der Erde um ihre eigene Achse.

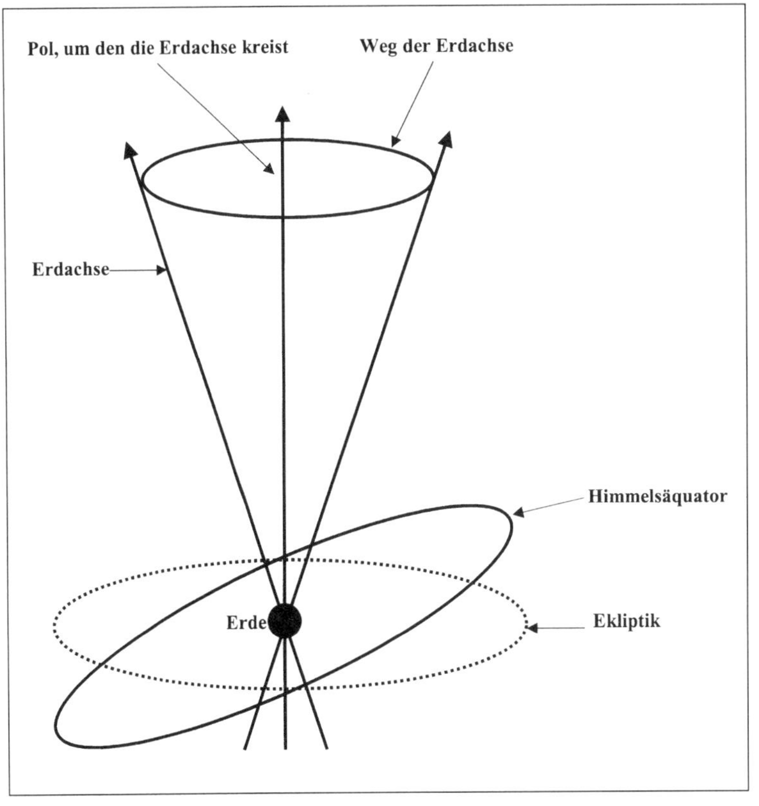

Abb. 4: Illustration der Präzession der Tagundnachtgleichen.
Die Präzession wird durch einen Taumel in der Drehung der Erde um die eigene Achse verursacht, woraus sich eine langsame progressive Änderung der Erdorientierung im Raum ergibt. Zum Beispiel weist der Nordpol nicht immer auf den gleichen Stern am Himmel. Obwohl er heute in Richtung Polarstern zeigt, markierte vor einigen Tausend Jahren ein anderer Stern den Himmelspol.

Infolge dieser Taumelbewegung der Erde ergibt sich eine Änderung der Erdorientierung im Raum.
Die Änderung bewirkt eine relative Änderung des Äquators und in Folge eine entsprechende Verschiebung der Stellung des Himmelsäquators. Die Verschiebung zeigt ihre Wirkung auf die Positionen der beiden *Kardinalpunkte*, so dass diese sich langsam rückwärts durch den Tierkreis bewegen. Dabei benötigen die *Kardinalpunkte* 2160 Jahre, um ein Tierkreiszeichen und zwölf Mal 2160 oder 25920 Jahre, um den kompletten Tierkreis zu durchwandern. Aus diesen astronomischen Gegebenheiten ergibt sich, dass sich das *Frühlingsäquinoktium* astronomisch gesehen im Sternzeichen der *Fische* befindet und sich in einigen hundert Jahren in das Sternzeichen *Wassermann* bewegen wird.
Der bekannte griechische Gelehrte Ptolemäus meinte aus diesem Grund, dass es schlauer wäre, wenn man den Tierkreis gesondert betrachtet. Er errechnete, dass sich in diesem System das *Frühlings-* und *Herbstäquinoktium* astronomisch gesehen schon fast im Sternbild der *Fische* befand. Ptolemäus meinte, dass durch diese Verschiebung der Position der *Äquinoktien* oder *Kardinalpunkte* auch die Astrologie des Tierkreises gestört wird.
Es ist interessant, dass Ptolemäus seine Erkenntnisse nicht an die große Glocke hing, da er Angst hatte, dass ihm viele Gelehrte seiner Zeit große Probleme bereiten würden, da ihr astrologisches Weltbild nicht mehr mit dem herkömmlichen astronomischen Wissen ihrer Zeit vereinbar war. Bei einer Veröffentlichung seiner Forschungen hätte die Möglichkeit bestanden, dass durch die Erkenntnis von Ptolemäus die Basis der griechischen Astrologie des Tierkreises ruiniert worden wäre.
Deshalb beschränkte sich Ptolemäus darauf zu erklären, dass sich jene Astrologen, die keine wirklichen *Äquinoktien* und Sonnenwendepunkte am Anfang ihrer Symbolik stellen, in ihren Aussagen täuschen würden, da sich die Distanzen zu den Kardinalpunkten im Kosmos durch die Präzession verändern.

Die Symbole des Tierkreises

Die Zusammenstellung von Fixsternen zu Sternbildern reicht in die Frühzeit der menschlichen Beobachtung des nächtlichen Himmels zurück. Umrisslinien wurden in die am Himmel verstreuten Sterne hineingezeichnet, so dass die Tierkreiszeichen entstanden, um die sich Sagen und Mythen bildeten, um ihren Platz am Himmel zu begründen.

Die Symbole, welche die Gelehrten des Altertums für die zwölf Tierkreiszeichen auswählten, stammen von wirklichen Lebewesen ab. Das erste Sternzeichen im Tierkreis stellt den *Widder* dar.
Für dieses Symbol wurde der *Widder* als Oberhaupt der Schafherde gewählt. Ägyptologen fanden Hinweise, dass dieses Symbol auch bei ägyptischen Kultisten, die den gehörnten Fruchtbarkeitsgott *Amun* verehrten, seine Verwendung fand. Der ägyptische Gott *Amun* ist älter als der später verehrte Gott *Osiris* und kann als Vorläufer des ägyptischen Gottes *Mendes*, des griechischen Gottes *Pan*, des keltischen Naturgottes *Cernunnos* und des römischen Waldgottes *Silvanus* sowie des christlichen *Teufels* gelten.
Amun wurde mit dem *Widder* in Verbindung gebracht, da man Zeichnungen fand, die ihn sehr oft mit einem gefiederten Kopfschmuck und Widderhörnern zeigen.
Für den griechischen Astronomen und Astrologen Ptolemäus symbolisierte der *Widder* nicht den männlichen Anführer einer Schafherde, sondern die zwischenmenschlichen Gefühle, die Fruchtbarkeit und die sexuellen Kräfte, welche im Frühling erwachen. In diesem Sinne steht der *Widder* mit der *Materie* und der *Zeugung* in Verbindung.
Im Tierkreis wurde das Symbol des *Widders* im Ruhezustand abgebildet, wobei der Kopf in den Okzident blickt, so dass seine Hörner besonders zur Geltung kommen. Nach dem Sternzeichen *Widder* folgt im Tierkreis der *Stier*.
Das Symbol des *Stiers* ähnelt kaum seinem lebenden Vorbild. Der größte Unterschied stammt von östlichen Traditionen, die den *Stier* ohne Geschlechtsteil und nur teilweise im Tierkreis abbilde-

ten. Der mythologische *Stier* symbolisiert das Fahrzeug einer Mondgottheit, wobei seine Hörner die Sichel des Halbmondes darstellen.
Die Astrologen des Altertums brachten den *Stier* mit dem Planeten Venus in Verbindung. Außerdem meinten sie, dass der Stier während der Tage, in denen der Mond Gutes symbolisiert, auch auf die Menschen seinen Einfluss ausübt.
Die beiden Sternhaufen der *Plejaden* und *Hyaden* bilden in der Konstellation des *Stiers* zwei Gruppen, wobei in der Frühzeit die Plejaden das glänzende, durch den Sternhaufen der Hyaden darstellende Auge des *Stiers* übertrafen. Zu dieser Zeit stand das Tierkreiszeichen *Stier* im *Frühlingsäquinoktium*, wobei der Sternhaufen der Plejaden den Beginn des neuen Jahres ankündigte.
Im Tierkreis wurde das Sternzeichen *Stier* sehr groß, aber nur bis zur Hälfte dargestellt. Das Hinterteil und die genaue Darstellung seines Geschlechtes sollten unter den Fluten des kosmischen Äthers verborgen bleiben. Die Körperstellung des *Stiers* wurde der des *Widders* entgegengesetzt. Eine solche Position erweckt den Anschein, als ob der *Stier* und der *Widder* denselben Körper besaßen und stellt eindeutig eine Anleihe zu den Stieren der persischen Kunst dar.
Aus dieser Stellung ergibt sich ein Absinken des Tierkreiszeichens, während der nächtliche Himmel seine Bewegung durchführt. Interessanterweise gibt es keine Hinweise, dass diese scheinbare sinkende Bewegung am Himmel für die antiken Astrologen einer wesentlichen Bedeutung entsprochen hätte. Nach dem Sternzeichen *Stier* wurde das Sternzeichen *Zwilling* im Tierkreis angeordnet.
Die Chaldäer benützten die mythologischen Zwillinge mit der Bezeichnung *Hypostasen von Nergal* als Vorbild dieses Symbols. Die Griechen nahmen wiederum die aus ihrer Mythologie stammenden Zwillinge *Ephebe* als Vorbilder für dieses Tierkreiszeichen. Die beiden hellsten Sterne in der Konstellation *Zwilling* tragen auch heute noch die Bezeichnung *Kastor* und *Pollux*.
Manche Forscher erkennen in den Zwillingen auch *Apollo* und *Herkules*. Aber im Wesentlichen achteten die antiken Astrologen, dass die chaldäische Tradition, welche ein brüderliches oder

freundliches Paar erforderte, erhalten blieb. Man stellte die Zwillinge im Sternzeichen entweder aufrecht oder gesetzt mit vorwärts gerichteten Füßen dar.
Nach dem griechischen Gelehrten Manilius sind besonders viele Menschen, die in diesem Sternzeichen geboren wurden, musikalisch begabt oder Wissenschafter, die sich in ihrem späteren Leben mit der Sternenkunde und der Mathematik auseinander setzen.
Anhand dieser Aussage kann man schließen, dass der bekannte griechische Mathematiker Pythagoras einen großen Einfluss auf die griechischen Astrologen ausübte. Die Musik steht nämlich mit der Astronomie und der Mathematik durch die von Pythagoras entwickelte Harmonielehre in Verbindung. Nach dem Sternzeichen *Zwilling* reihten die Griechen das Symbol *Krebs*.
Das Sternzeichen *Krebs* bezieht sich in der griechischen Mythologie auf jene Krabbe, welche in den Sümpfen von Lerne dem antiken Helden *Herkules* in den Fuß biss. Auf Grund dieser Leistung wurde die Krabbe in der Mythologie von *Herkules'* Gegnerin *Hera* in den Himmel befördert. Es ist nicht einfach zu verstehen, wieso die Griechen dieses Tierkreissymbol auswählten.
Die wahrscheinlichste Hypothese geht davon aus, dass man ein rückwärts gehendes Tier wählte, da die Sonne in diesem Sternzeichen ihren höchsten Punkt erreicht, den Wendepunkt durchschreitet und danach am Himmel wieder herabsteigt.
Der Held *Herkules* ist deshalb auch ein Sonnenheld und wird in der griechischen Mythologie mit der Sonne in Verbindung gebracht. Aus diesem Grund könnte die gewendete und absteigende Sonne nach dem Wendepunkt im Tierkreiszeichen *Krebs* den von der Krabbe gebissenen und deshalb zurückweichenden *Herkules* symbolisieren.
Es ist durchaus möglich, dass sich zur Zeit, als man die Tierkreiszeichen entwarf, der Sonnenwendepunkt im Sternbild *Krebs* befand. Es ist jedoch unlogisch, wieso man in einem sehr heißen Zeitraum ein Wassertier als Symbol wählte. Im Juni ist Chaldäa sehr trocken. Es wäre aber möglich, dass das Sternbild *Krebs* in Verbindung mit dem Sternbild des *Hundes* in Ägypten die jährliche Nilflut ankündigte.

Die Ägypter begannen ebenfalls jedes neue Jahr unter diesem Tierkreiszeichen. In Gräbern von Pharaonen kann man oft zwischen der Sonne und dem hellen Stern *Sirius*, von den Ägyptern auch *Sothis* genannt, zwei Schildkröten erkennen. In den griechisch-römischen Epochen fand man auch Plastiken mit Löwenfiguren, die einen Krokodilkopf aufweisen. Manchmal werden diese seltsamen Motive von zwei Schildkröten flankiert. Es ist deshalb durchaus möglich, dass die von den Ägyptern stammenden Schildkrötenmotive den Prototyp des Tierkreiszeichens *Krebs* darstellen.

Nach dem Krebs wurde das Symbol des *Löwen* in den Tierkreis gereiht. Das Tierkreissymbol des *Löwen* wird ebenfalls mit der feurigen Sonne in Verbindung gebracht und scheint auch chaldäischen Ursprungs zu sein. Der *Löwe* symbolisierte für die Chaldäer das aktive männliche Prinzip. Für die Griechen war der Löwe das Tier, welches ihr Held *Herkules* zwischen seinen Armen würgte und mit einer Keule betäubte. Der hellste Stern, welcher das Herz im Tierkreiszeichen *Löwe* symbolisiert, ist *Regulus*.

Im Anschluss an dieses Sternzeichen folgt das Symbol der *Jungfrau*. Das Sternzeichen der *Jungfrau* scheint seinen Ursprung im alten Babylon zu haben, da man in babylonischen Schriften einen jungfräulichen Frauentyp mit Engelsflügeln fand. Die Jungfrau hat in dieser Symbolik den Kopf nach vorne gerichtet. Meistens steht sie auf einem kleinen Hügel oder einem Felsen und zeigt mit ihrem Finger auf ein kleines Kind, welches *Telephe* genannt wurde.

In der griechischen Mythologie stellt der Felsen, auf dem sie steht, einen heiligen Ort dar. Ihre reine jungfräuliche Gestalt wird meistens auch mit einer Getreideähre dargestellt, die Glück und Reichtum verheißen soll. Der bedeutendste Stern in diesem Tierkreiszeichen trägt die Bezeichnung *L'epi* und wurde vom griechischen Astronomen Hipparch für die astronomische Berechnung der Präzession der *Äquinoktien* herangezogen.

An das Sternbild der *Jungfrau* schließt sich das Symbol der *Waage*, welche das *Herbstäquinoktium* bildet, an. Die Konstellation der *Waage* befindet sich zwischen der *Jungfrau* und dem *Skorpion*, welcher chaldäischen Ursprungs ist. Etwa 100 vor Christus begann man, die beiden Scheren des *Skorpions* durch zwei Waagschalen zu ersetzen. Der Grund, wieso man die *Waage* als zusätzliches Sternzeichen einführte, war die Entsprechung der Tagundnachtgleiche, des *Herbstäquinoktiums*. Die *Waage* stellt im Tierkreis ein Symbol des Gleichgewichts dar, und manchmal wird auch die *Jungfrau*, ähnlich wie der ägyptische Gott *Anubis* oder später der *Erzengel Michael*, als himmlische Justiz mit den Waagschalen in der Hand dargestellt.

Das zuvor erwähnte Symbol des *Skorpions* ist auf Grund der zur *Waage* umgewandelten Scheren am Himmel kleiner geraten. Das Erscheinen des Sternzeichens *Waage* wurde für die Griechen durch das Verschwinden des Sternbildes *Orion* unter dem Horizont angekündigt.

Nach dem Sternzeichen *Skorpion* reiht sich das Symbol des *Schützen* in den Tierkreis. Der *Schütze* ist ein halb menschliches und halb tierisches Motiv, da er durch einen Zentauren dargestellt wurde. Die griechischen Gelehrten stellten sich vor, dass Menschen, wenn sie in diesem Sternzeichen geboren wurden, sehr gut mit wilden Tieren umgehen konnten. Man fand Hinweise in der mesopotamischen Kosmologie, dass dieses Symbol bei den Babyloniern seinen Ursprung hat.

Wie der *Schütze* stellt auch das Symbol des *Steinbocks* ein halbmenschliches Wesen dar, das man ebenfalls in der babylonischen Kosmologie vorfand. Nach dem *Steinbock* reiht sich das Symbol *Wassermann*, dessen Erscheinen am Himmel in der chaldäischen Mythologie Überschwemmungen während der Wintersonnenwende ankündigte.

Als letztes Sternzeichen im Tierkreis reihen sich die *Fische*. Bei den Griechen fand dieses Symbol wenig Beachtung, was bei einem Volk voller Matrosen und Fischer erstaunlich ist. In den syrischen und chaldäischen Legenden hingegen nahmen die *Fische* eine wichtige Rolle ein, was wiederum für die Herkunft des Symbols aus eben diesem Teil der Erde spricht.

Die Ursprünge der Motive der Sternzeichen

Die babylonische Astrologie und Astronomie hatten einen großen Einfluss auf die griechische Himmelskunde ausgeübt, was sich in den Motiven der Sternzeichen wiederfindet.

Die Motive der Tierkreiszeichen wurden, wie wir zuvor beschrieben haben, durch Zeichnungen, welche bestimmte Sterne am Himmel verbinden, dargestellt und durch Menschen, Tiere und Fabelwesen ausgedrückt. Es gab astrologische Glaubenslehren, bei denen man schlussfolgerte, dass schon eine kleine Änderung in den Motiven Auswirkungen auf die Menschen haben könnte. Vor allem in der medizinischen Astrologie waren diese Ansichten weit verbreitet.

Die Symbole im Tierkreis können durch mehrere Charakteristiken klassifiziert werden. Eine Möglichkeit liegt in der Form der Körper, da es in ihrer Symbolik Menschen, Tiere und Halbmenschen gibt. Diese Motive kann man wieder genauer einteilen, zum Beispiel in Tiere mit vier Füßen und in Tiere, bei denen man nur zwei Füße erkennen kann. Diese Zweifüßler scheinen mit ihren Hinterteilen im Wasser oder dem kosmischen Äther versunken zu sein.

Bei den Ägyptern wurden den Tierkreiszeichen Selbstlaute zugeordnet, da gewisse Tonlagen bei den Ritualen der Tempelpriester eine wichtige Rolle spielten. Diese Ideen wurden auch durch die pythagoreische Harmonielehre in der Geometrie und der Musik gepflegt, da Pythagoras Töne, die Geometrie und die Sphären der Planeten miteinander in Einklang zu bringen versuchte.

Manchen Tierkreissymbolen wurde eine große Fruchtbarkeit zugesprochen, andere Tierkreiszeichen wiederum repräsentierten Unfruchtbarkeit. Der *Krebs* wurde als blind angesehen, da er sich an einem Sonnenwendepunkt befand, nach dem die Tage immer kürzer wurden und die Nächte immer länger dauerten. Der *Skorpion* hat im Tierkreis keine Scheren, da man diese in Waagschalen umwandelte und dem Symbol der *Waage* übertrug.

Manche Tierkreiszeichen sieht man nur von der Seite, wie zum Beispiel den *Schützen* oder den *Steinbock*. Symbole wie die *Zwil-*

linge oder die *Fische* treten zu zweit in Erscheinung. In der Frühzeit der Astrologie waren die Motive und Formen der Tierkreiszeichen sehr wichtig. Durch griechische Gelehrte wie Pythagoras verdrängte die Geometrie die Bedeutung der Symbole immer mehr, obwohl man deren Charaktereigenschaften mit geometrischen Systemen zu verbinden suchte.

Die zweite große Klassifikationskategorie beruhte auf der Art der Körperhaltung der verschiedenen Tierkreiszeichen. Nach Manilius sieht man die *Fische* von der Seite, während der *Krebs* und der *Skorpion* auf dem Bauch liegen. Der griechische Astronom und Astrologe Ptolemäus begann die Symbole nach deren astronomisch wichtigen Positionen zu klassifizieren. In seinem Fall erhielten die Tierkreiszeichen, welche die Tagundnachtgleichen und die Sonnenwendepunkte bezeichneten, eine wichtige Bedeutung.

Ptolemäus begann, so wie den Planeten, auch den Tierkreiszeichen physikalische Eigenschaften zuzuordnen. Diese Eigenschaften kann man in feste Materie und in Wärme oder Temperaturen einteilen. Sternzeichen, die sich zum Beispiel nach dem Sonnenwendepunkt am Ende des Winters befanden, wurden einer höheren Temperatur zugeordnet wie die Tierkreiszeichen des Winters.

Eine andere wichtige Bedeutung wurde dem Geschlecht der Sternzeichen angerechnet. In der Regel wechseln männliche und weibliche Symbole im Tierkreis ab. In der pythagoreischen Schule wurden den Tierkreiszeichen Zahlen übertragen, wobei gerade Zahlen männliche und ungerade Zahlen weibliche Symbole entsprachen. Der *Löwe* repräsentiert in dieser Lehre zum Beispiel ein männliches Tierkreiszeichen, während die *Jungfrau* ein weibliches Symbol darstellt. Der Hauptgrund für diese Einteilung war, dass man die Sympathien und Antipathien zwischen Menschen studieren wollte, die in den diversen Tierkreiszeichen geboren wurden. In diesen Studien räumte man zusätzlich den zugeteilten Charaktereigenschaften der Planeten sowie der Sonne und dem Mond eine große Wichtigkeit ein.

Die Sonne wurde als feuriges, leidenschaftliches, männliches Symbol gedacht. Der Mond hingegen als weibliches ruhiges Symbol.

Wenn nun die Sonne, der Mond oder die Planeten in ein Tierkreiszeichen eintraten, wurde daraus von den Astrologen die energetische Wirkung eines positiven oder negativen Einflusses auf die Menschen herausgelesen oder interpretiert. Bevor wir die astronomisch-astrologischen Beziehungen der Münsterskulpturen aufzeigen, wenden wir uns den Bewegungen der Planeten und deren Stellungen im Tierkreis zu.

Die Relation der Planetenpositionen im Tierkreis

Die im Altertum als Götter angesehenen Planeten spielten in Prophetie und Wahrsagereien schon früh eine Rolle. Den damals sieben bekannten Planeten wurden bestimmte Einflüsse zugeschrieben, die sich einerseits aus ihren Götternamen ergaben, später aus den ihnen zugeschriebenen Temperamenten und Beschaffenheiten.

Da sich die Planeten, aber auch die Sonne und der Mond im Laufe eines Jahres scheinbar entlang des Tierkreises bewegen, wurden den Himmelskörpern auf Grund bestimmter Stellungen am Himmel besondere Rollen zugeordnet. Man sollte aber anmerken, dass nicht alle Tierkreiszeichen genau in der Ekliptikebene liegen, da manche kleiner oder großflächiger als andere sind. Aus diesem Grund entspricht ein Monat auch nicht genau einer Tierkreiskonstellation. Die Gebiete, in denen sich die Planeten in Bezug zu den Tierkreiszeichen befinden, bezeichnet man als Häuser oder Wohnsitze.
Die Planeten wurden in der Frühzeit als göttliche Wesen betrachtet, da sie sich im Gegensatz zu den anderen Sternen am Himmel bewegten. Besonders in Griechenland begann man die Positionen der Planeten im Hinblick auf ihre Bewegungen entlang der Tierkreiszeichen zu bestimmen. Man ordnete ihnen Götternamen zu und brachte auch andere Götter der griechischen Mythologie in Bezug zu den Tierkreiszeichen. Die Gelehrten stellten Theorien

auf, in denen man bestimmte Tierkreiszeichen eine Schirmherrschaft über den Planeten zuordnete. Da die Tierkreiszeichen in Relation zu den Monaten im Kalender stehen, können einige Monatsnamen mit diesem astrologischen Götterglauben in Verbindung gebracht werden.
So stammt der Name Januar vom Namen des doppelköpfigen Gottes *Janus* ab. Der Monat März lässt sich auf den Kriegsgott *Mars* und Juni auf *Juno* zurückführen. Der Planet Venus leitet sich von der Göttin *Aphrodite* ab, die wiederum eine Relation zum Monat April darstellt. Der Namen des Monats Mai stammt von der Göttin *Maia* ab, welche die Mutter von *Hermes* bzw. den Planeten Merkur symbolisierte.
Im Tierkreis wurden die zwölf Tierkreiszeichen paarweise angeordnet und als mächtige Götter betrachtet. Unter diesen Himmelsgöttern war das Sternzeichen *Löwe* der König unter den Göttern, da er mit Reichtum und Macht in Verbindung gebracht wurde und die Vormundschaft über den Planeten Jupiter ausübte. Jupiters Gattin *Juno* befand sich im gegenüberliegenden Tierkreiszeichen *Wassermann*. Das Sternzeichen der *Fische* übte in diesen astrologischen Lehren seine Vormundschaft über den Planeten Neptun aus, dessen Partnerin *Ceres* sich im gegenüberliegenden Sternbild *Jungfrau* befand.
Der griechische Gott *Apollo* wurde dem Sternbild der *Zwillinge* zugeordnet, an der Gegenseite wurde die Jagdgöttin *Diana*, welche dem Sternbild *Schütze* entspricht, angeordnet. Der Planet und die Liebesgöttin *Venus* wurden dem Sternbild *Stier* und der Planet Mars dem kriegerischen *Skorpion* zugeordnet. Die Göttin *Minerva* wiederum repräsentiert in der Mythologie eine Frau, welche aus einer Schafschur Wolle spinnt. Aus diesem Grund ordnete man *Minerva* dem Sternzeichen *Widder* zu. In der Legende erregte sie die Aufmerksamkeit des Gottes *Vulkan*. Das ist der Grund, wieso man den Gott *Vulkan* mit dem dem Sternzeichen *Widder* gegenüberliegenden Sternzeichen *Waage* in Verbindung brachte.
Der Planet Merkur wurde dem Sternbild *Krebs* untergeordnet. In der frühen griechisch-römischen Periode scheint der *Krebs* äqui-

valent mit der *Schildkröte* gewesen zu sein. *Vesta* repräsentiert eine Göttin, welche einen Bezug zur Winterzeit im Sternbild *Steinbock* herstellt.

Es ist interessant, dass der Planet Saturn in diesem ursprünglich astrologischen System vernachlässigt wurde, obwohl die Babylonier den Planeten Saturn in ihren Lehren berücksichtigten. Die frühen Ägypter und die griechisch-römischen Astrologen bezogen diesen Planeten nicht in ihre Systeme ein. Obwohl dieses System im Laufe der Zeit immer wieder Veränderungen ausgesetzt war, wurden die Stellungen und die Symboliken der Planeten Venus und Mars in allen Systemen beibehalten.

Das System der Planetenhäuser erscheint als erstes in einem ägyptischen Papyrus während der Epoche von Antoninus und in den Büchern von Ptolemäus. Dieses System entwickelte sich aus zwei gegenseitigen astrologischen Traditionen. Eine stammt von Ägypten, welche sich hauptsächlich auf die Sterne konzentrierte, und eine zweite chaldäische, welche sich auf die Planeten bezog.

Aus diesem System entwickelte sich das klassische griechische astrologische System, wo sich der Mond im Zentrum des Tierkreises befindet. Die Sonne wurde mit dem Sternzeichen *Löwe*, die Planeten Merkur mit dem Sternzeichen *Jungfrau*, Venus mit dem Sternzeichen *Waage*, Mars mit dem Sternzeichen *Skorpion*, Jupiter mit dem Sternzeichen *Schütze* und Saturn mit dem Sternzeichen *Steinbock* in Verbindung gebracht.

Es scheint, dass der Ursprung dieses Systems auf die Ägypter zurückgeht, da sie ein 12-zahliges System für die Tageszeitmessung und ihren Kalender verwendet haben. Das ägyptische Jahr begann, wenn der helle Stern *Sirius* über dem Horizont auftauchte. *Sirius* erschien genau nach Beginn der zweiten Monatshälfte im Sternbild *Krebs*. Aus diesem Grund setzte man das Tierkreiszeichen in die Mitte des Monats, wobei man sich vorstellte, dass es zu diesem Zeitpunkt den größten Einfluss ausüben konnte. Danach begann man, diese Monatsmittelpunkte nach den Lehren von Pythagoras zu verbinden, so dass man quadratische, dreieckige, hexagonale und oktogonale Systeme erhielt, denen man den Lauf der Planeten zuordnete.

Die Astrologen des Altertums studierten die Umläufe der Planeten und ordneten ihnen ein Haus am Tag und ein Haus in der Nacht zu. Da die Sonne tagsüber zu sehen ist, ordnete man ihr ein Haus in der Nacht zu. Da der Mond in der Nacht sichtbar ist, dachte man, dass er sein Haus am Tag bezog. Bei diesen Gedankengebäuden kann man wieder eindeutig die Einflüsse des Dualismus zwischen *Sonne* und *Mond*, *Tag* und *Nacht* oder *Licht* und *Finsternis* erkennen.
So gab es Planeten, die der Sonne zugeordnet wurden und andere, die unter dem Einfluss des Mondes standen. In diesem System erhält man zehn planetare Häuser, wobei fünf dem Tag und fünf der Nacht zugeordnet wurden. Von den Sternzeichen des *Löwen* bis zum *Steinbock* befinden sich die sechs Häuser des Tages. Die sechs Sternzeichen vom *Krebs* bis zum *Wassermann* wurden der Nacht zugeordnet. Hier kann man deutlich erkennen, dass dieses System nicht mit der Tageszeit übereinstimmt, da diese während des Verlaufes vom *Löwen* zum *Steinbock* abnimmt.
Laut Ptolemäus ist die Position der Planeten in Verbindung zu ihrer Entfernung zur Sonne und des Mondes, wenn beide sich in ihrer höchsten Position am Himmel (Zenit) befinden, normal. In diesem Fall befindet sich der Mond in der höchsten Position im Sternzeichen *Krebs* und die Sonne im Sternzeichen *Löwe*.
Die Astrologen interessierten sich hauptsächlich für die Symbole der Planeten und die Position der Planeten am Himmel, während sie die Monate eines Jahres im Tierkreis durchliefen. In diesem System entsprachen die Tage im Monat je einem Grad, so dass ein Planet ungefähr 30 Grade pro Monat durchlaufen konnte. Die astronomische Höhe des Planeten entspricht der vertikalen Position von der Erdoberfläche. Die Astrologen meinten, dass die Planeten in so einem Fall den größten Einfluss auf die Menschen ausüben, da diese von ihrem höchsten Punkt am Himmel am weitesten strahlen können.
Sie gingen davon aus, dass ein Mensch, der unter einem in voller Höhe strahlenden Planeten geboren wurde, in Charakter und Zukunft von diesem Planeten beeinflusst werden kann. Wenn sich ein Planet in dieser Position befindet, spricht man vom *Apo-*

gäum, was wiederum bedeutet, dass er sehr weit von der Erde entfernt ist.

Die Sonne hatte ihre Position im Tierkreiszeichen *Widder*, wenn sie sich in Richtung Norden bewegte. Wenn sich die Sonne im Sternzeichen der *Waage* befand, bedeutete das, dass sie sich nach Süden bewegte. In der astronomischen Realität bewegt sich die Sonne nicht vom Tierkreiszeichen *Widder* nach Norden, sondern vom Tierkreiszeichen *Steinbock*.

Der kalte Planet Saturn repräsentierte die Antithese zur Sonne, so dass seine astrologisch ausgelegten Positionen die Gegenteile der Sonne darstellen. Diese Ideen entwickelten sich aus folgender Überlegung, da man weiß, dass, wenn ein Gegenstand wärmer wird, die Kälte sinkt und umgekehrt. Der größten Wirksamkeit im astrologischen Sinne gab man die Bezeichnung *Erhöhung* oder *Exaltation*. Die *Exaltation* tritt in diesen Lehren dann auf, wenn ein Planet eines der ihm astrologisch zugeordneten Tierkreiszeichen erreicht.

Die mittlere *Exaltation* des Mondes befindet sich im Tierkreiszeichen *Stier*, da nach der Konjunktion mit der Sonne im Sternbild *Widder* der Mond im *Stier* zunimmt. In dieser Betrachtung ist der *Stier* das erste Tierkreiszeichen im so genannten Mond-Dreieck.

Die *Exaltation* des Planeten Jupiter entspricht auch seiner mittleren *Exaltation*, welche im Tierkreiszeichen *Krebs* stattfindet. Die Astrologen dachten, dass Jupiter die Fähigkeiten besitzt, einen Nordwind hervorzurufen, welcher für die Fruchtbarkeit ausschlaggebend ist. Außerdem befindet sich das Tierkreiszeichen *Krebs* mehr im Norden als andere Sternzeichen.

Der Planet Mars wurde mit der Hitze in Verbindung gebracht, so dass er einen Gegenpol zu Jupiter und seinem Tierkreiszeichen *Krebs* darstellt und sich im Tierkreiszeichen *Steinbock* befindet.

Der Planet Venus wurde als feucht bezeichnet und mit dem Tierkreiszeichen *Fische* zu Frühlingsbeginn in Verbindung gebracht.

Für den Planeten Merkur entspricht die mittlere *Exaltation* ebenfalls der gegensätzlichen mittleren *Exaltation*.

Die Bedeutung der Bezeichnung *fines termini* betrifft die Einteilung der Tierkreiszeichen durch fünf Bereiche des Tierkreises, in denen sich jeweils ein Planet aufhält. In jedem Tierkreiszeichen befinden sich somit fünf Planeten. Die von den Planeten eingenommenen Bereiche haben eine unterschiedliche Länge innerhalb eines Tierkreiszeichens wie auch in den restlichen elf Tierkreiszeichen.

Die Astrologen teilten diese Bereiche, in denen sich die fünf ausgewählten Planeten während eines Tierkreiszeichens aufhielten, so ein, dass die Summe der durchlaufenen Grade 30 Tage oder etwa einen Monat ergab. In diesem Fall ergibt die Summe aller Tierkreiszeichen 360 Tage.

Die Planeten wurden so angeordnet, dass an den Tierkreiszeichen immer unterschiedliche Planeten angrenzten. Für Ptolemäus war dieses System jedoch nicht logisch. Er fand während seiner Studien zwei astrologische Systeme, wobei eines von den Ägyptern und ein zweites von den Chaldäern stammte.

Das System der ägyptischen Astrologen war allgemein bekannter, während das chaldäische System hauptsächlich von der *Alexandrinischen Schule* benützt wurde. In diesen Systemen sind zwei hauptsächliche Prinzipien erwähnenswert:

1. Der Rang eines Planeten.
2. Die Länge des eingeteilten Bereiches im Tierkreiszeichen.

Das Attribut eines Planetenranges wird hauptsächlich durch deren Aufenthalt in den Häusern und den dazugehörigen Dreieckstypen bestimmt.

Bekannte Gelehrte wie Dorothee de Sidon, Firmicus oder Paul von Alexandrien benutzten vor ungefähr 2000 Jahren nur das ägyptische astrologische System, welches später in die klassische Astrologie einging. Ptolemäus fand heraus, dass die zuvor beschriebenen zwei Punkte des astrologischen Konzepts bezüglich der Rangordnung und der Bereichslänge im Tierkreis weder im ägyptischen noch im chaldäischen System eingehalten wurden. Zum Beispiel ist im ägyptischen System Merkur als erster Planet im Tierkreiszeichen *Steinbock* angeordnet, obwohl dieses Sternbild nicht dem Haus und der Exaltation von Merkur entspricht.

Im Falle des chaldäischen Systems fand Ptolemäus im Gegensatz zum ägyptischen System eine zu genaue Gleichförmigkeit. Die chaldäischen Astrologen ordneten den Planeten, welche zu einem

Dreieck gehörten, dieselben Zahlen zu, welche Graden bzw. Tagen entsprachen. Außerdem teilte man dem wichtigsten Planeten im jeweiligen Dreieck die höchsten Zahlen zu. In diesem System bildeten die Planeten Saturn, Merkur, Mars, Jupiter und Venus eine Reihenfolge, die im Gegensatz zum ägyptischen System nicht geändert wurde.

Aus diesen Gründen wollte Ptolemäus das ägyptische System etwas rationaler gestalten. In seinem System berücksichtigte er die Exaltation, die Dreiecke und das Haus der jeweiligen Planeten. In diesem Fall wurden die größeren Zahlen den Planeten zugeordnet, welche in der Exaltation standen. Die niedrigsten Zahlen erhielten Planeten, welche sich nur in einem Haus aufhielten.

Wenn ein Planet sich in Exaltation und in einem Dreieck befand, war seine Wichtigkeit gegenüber einem Planeten, welcher sich nur in Exaltation befand, höher eingestuft. Ptolemäus stufte außerdem denjenigen Planeten, welche positive Einflüsse auf die Menschen ausüben sollten, eine größere Zahl zu.

In seinem System erhielten Jupiter und Venus die Zahl sieben und Saturn und Mars die Zahl fünf. Der doppelgeschlechtliche Planet Merkur erhielt die Zahl sechs, da er gut oder böse sein konnte. Wenn man das ägyptische und das ptolemäische System vergleicht, erhält man die folgende Gradanzahl: Saturn 57° + Jupiter 97° + Mars 66° + Venus 82° + Merkur 76°, welches in Summe die Gradanzahl 360° des Kreises ergibt.

Für das chaldäische System erhält man: Saturn 78° (Tag) und 66° (Nacht) + Jupiter 72° + Mars 69° + Venus 75° + Merkur 66° (Tag) und 78° (Nacht), welches in Summe ebenfalls 360° ergibt. Im chaldäischen System erhalten die negativ beeinflussenden Planeten im Durchschnitt 141° und die positiven drei Planeten 219°. Im ägyptischen und ptolemäischen System erhielten die negativen Planeten 123° und die positiven 237° im Tierkreis.

Der hauptsächliche Unterschied zwischen beiden Systemen liegt beim Planeten Saturn, da er für die Chaldäer der wichtigste Planet am Himmel und für die mittelalterlichen Astrologen der Schöpfer der Materie war.

Von geometrischen Beziehungen im Tierkreis zum Siegel Salomons

Das Hexagramm ist auch als das magische »Siegel Salomons« bekannt, mit dem er den Legenden zufolge die bösen Dämonen gebannt haben soll.

Im klassischen astrologischen Weltbild stehen die einzelnen Sternzeichen im Tierkreis in einer geometrischen Beziehung zueinander und beeinflussen sich gegenseitig. In diesem Gedankengebäude gibt es hauptsächlich zwei Typologien. Beide Typologien beruhen auf Ideen, die zwar geometrische Relationen beinhalten, aber absolut keinen naturwissenschaftlichen logisch nachvollziehbaren Handlungen folgen.

In beiden Fällen werden die Planeten mit der symbolischen Bedeutung der Tierkreiszeichen mit geometrischen Linien in Verbindung gebracht. Im ersten Fall wird die Beziehung zwischen den Symbolen und den Planeten durch parallele Linien und im

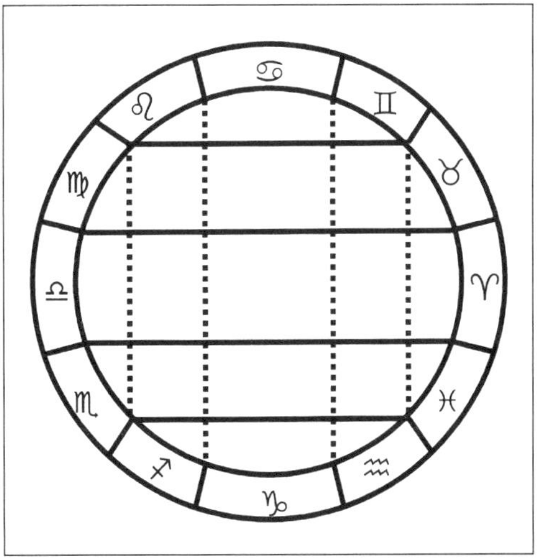

***Abb. 5:** Dieses einfache astrologische System beruht auf der paarweisen Zuordnung von Tierkreiszeichen, welche durch parallele Linien verbunden sind. In dieser Anordnung blicken sich die Tierkreiszeichen gegenseitig an. Zum Beispiel blickt das Zeichen Krebs zu dem ihm gegenüberliegenden Symbol des Steinbocks. Das Problem, das sich in diesem System für die Astrologen der Antike ergab, war, dass die Tierkreiszeichen der Waage und des Widders sich nicht anblicken konnten.*

zweiten Fall durch Vielecke oder polygonale Linienformen hergestellt.

Das System der parallelen Linien wurde schon in der Antike von den Astronomen und den Astrologen benützt. In diesem System werden die Übergangsbereiche zwischen den Tierkreiszeichen mit geraden parallelen Linien verbunden. Die Tagundnachtgleichen und die Sonnenwendepunkte liegen dabei in diesem System in einem Bereich, der von zwei zueinander parallelen Linien erzeugt wird. Wenn alle Bereiche mit den Linien durchzogen sind, ergibt dies ein in dem Tierkreis eingeschriebenes Schachbrettmuster. In diesem System erhält man deshalb Tierkreiszeichen, welche einem Zeitraum zugeordnet sind, bei dem die Tage kürzer sind. In einem anderen Bereich stehen Symbole, bei denen die Nächte kürzer dauern.

Die Gelehrten interpretierten diese astronomische Begebenheit, als ob ein Teil der Tierkreiszeichen auf die anderen herniederblicken würde. Von der Erde aus gesehen, befindet sich der Gegenpart der zwischen zwei Linien befindlichen Tierkreiszeichen immer unter dem Horizont. Die antiken Astrologen ordneten den sich anblickenden, aber gegenüberliegenden Symbolen eine Beziehung zu. So wurden zum Beispiel die Symbole der *Äquinoktialpunkte*, *Waage* und *Widder*, als Paar bezeichnet.

In diesem System haben alle Tierkreiszeichen, bis auf *Krebs* und *Steinbock*, ein unter dem Horizont befindliches gegenüberliegendes Paar. Der Grund für diese Begebenheit liegt darin, dass sich beide Symbole an den Sonnenwendepunkten befinden und sich daher selbst nicht anblicken können. Aus diesem Grund bezeichnete man die beiden Symbole deshalb auch als *blind*.

Seit dem griechischen Astronomen Hipparch wurde das zuvor beschriebene System verändert, indem man die parallelen Linien direkt von den Punkten der Tagundnachtgleichen und den Sonnenwendepunkten wegzuziehen begann. In diesem astrologischen System können sich nun auch die zuvor blinden Symbole *Krebs* und *Steinbock* anblicken. In späteren Systemen wurden die einzelnen Tierkreiszeichen direkt mit geraden Linien verbunden.

Abb. 6: *Die Darstellung zeigt ein gegenüber der Darstellung in Abb. 5 erweitertes astrologisches System, in dem jedes Tierkreiszeichen zu einem Partnersymbol blicken kann. In diesem System kann das Tierkreiszeichen Waage zur Jungfrau blicken. Dasselbe gilt für die Symbole Widder und Fische.*

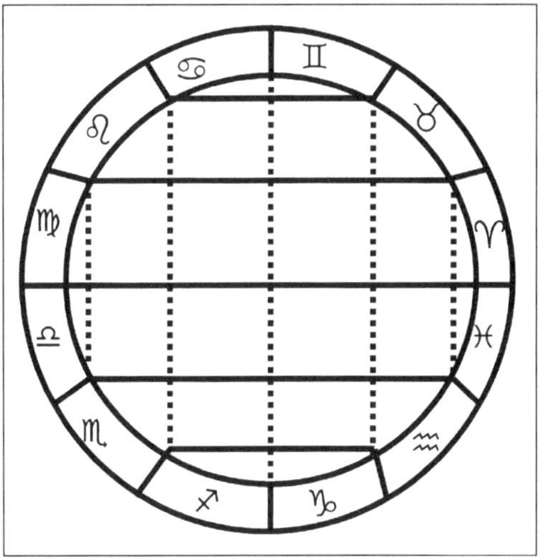

Wenn in einem System die angrenzenden Symbole einmal männlichen und einmal weiblichen Geschlechts dargestellt wurden, wurde das als kein gutes Zeichen ausgelegt. Die Symbole *Löwe* und *Waage* wären so ein Beispiel. Bei diesem Gedankengebäude kam auch die von Pythagoras favorisierte Numerologie zum Tragen, indem man ungerade Zahlen als männlich und gerade Zahlen als weiblich einführte. Wenn ein einem weiblichen Symbol gegenüberliegendes Tierkreiszeichen männlich war, verstand man deren Beziehung als sympathisch.

Für manche Astrologen stellten die Tierkreiszeichen, welche sich in der südlichen Himmelshalbkugel befanden, Sklaven dar, die von den Tierkreiszeichen im nördlichen Teil kommandiert wurden. Tierkreiszeichen, bei denen der Tagesgang kurz war, wurden als *dienend* angesehen.

Diese Ansichten wurden natürlich auf Personen, die in diesen Zeichen geboren wurden, übertragen. Im System nach Firmicus konnten sich nur Tierkreiszeichen, die mit waagrechten parallelen Linien verbunden wurden, anblicken. Aus diesem Grund wurden die korrelierenden Tierkreiszeichen als sympathisch beschrieben. Bei den senkrecht zueinander stehenden Tierkreiszeichen hingegen stellte man sich vor, dass diese sich nur hören können. Aus

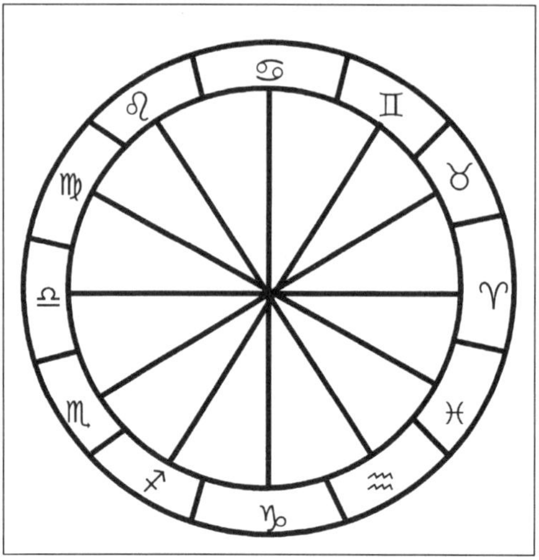

Abb. 7: Die Abbildung zeigt das älteste astrologische System, welches bis zur babylonischen Hochkultur zurückreicht. In manchen astrologischen Auslegungen wurden Menschen, die unter mit den Linien in Verbindung stehenden Symbolen geboren wurden, als Freunde bezeichnet, in anderen Auslegungen hingegen als Feinde.

diesem Grund wurden ihre Beziehungen nur als freundschaftlich bezeichnet.

Die von Pythagoras eingeführte geometrische Form des Dreiecks spielte in diesen astrologischen Systemen eine wichtige Rolle, da man alle anderen geometrischen Motive mit Dreiecken darstellen kann. So kann ein Viereck oder das Quadrat aus zwei Dreiecken zusammengesetzt werden. Wenn man einem Viereck zwei weitere Dreiecke beifügt, erhält man ein Sechseck. In diesem System haben die sich nebeneinander angrenzenden Tierkreiszeichen keine Verbindungen zueinander.

Zwei zueinander verschobene im Tierkreis eingeschriebene Hexagone verbinden zum Beispiel alle Zeichen in der Art, dass jedem Hexagon sechs Sternzeichen zugeordnet wurden. In allen astrologischen Systemen wurde die Geometrie mit der Psychologie und den Eigenschaften der Tierkreiszeichen in Verbindung gebracht, indem man eine gewisse Ordnung in die jeweiligen Systeme zu bringen versuchte.

Der älteste Aspekt der astrologischen Interpretationen bezieht sich auf diametrale Aspekte. Die Chaldäer und Babylonier bemerkten bei ihren Himmelsbeobachtungen, dass manche Sterne hinter dem Horizont aufstiegen und andere untergingen. Andere

Abb. 8: Dieses System wurde im Laufe der Zeit von den Astrologen als grundlegendes System entwickelt. Die mit den Dreiecken verbundenen Symbole entsprechen demselben Geschlecht. Zum Beispiel wurden der Widder, der Löwe und der Schütze als männlich bezeichnet.

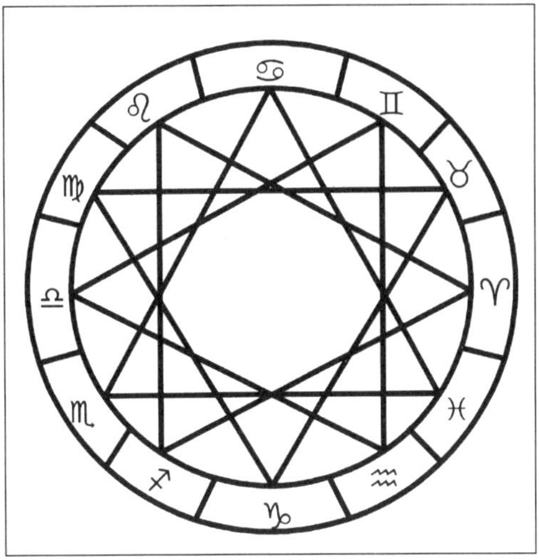

Sterne, die Planeten, bewegten sich in diesem System und trafen hin und wieder mit den scheinbar fix am Himmel stehenden Sternen zusammen. Man fand auch heraus, dass manche Sterne anderen gegenüberstehen. Die Bewegungen und scheinbare Zusammentreffen mancher Himmelskörper und deren Stellung am Himmel führte zu der Frage, ob sich diese Vorgänge harmonisch oder störend auf die Menschen auswirken.

Bei den Chaldäern übten die Sterne einen freundlichen Einfluss auf die Menschen aus, wenn sie sich gegenüberstanden. Bei den Griechen übten die gegenüberstehenden Sterne hingegen einen störenden Einfluss auf die Menschen aus. Bei diesen Unstimmigkeiten zwischen den alten Kulturen spiegeln sich die Probleme wider, auf welche die mittelalterlichen Astrologen stießen, wenn sie die Psychologie in ihre Systeme einfließen ließen.

Im Gegensatz zum diametralen System stimmten die Astrologen überein, dass das Dreieck ein besseres Motiv darstellt, da es drei Symbole miteinander in Beziehung bringen kann. Das Dreieck setzt sich aus der kleinsten ungeraden und der kleinsten geraden Zahl zusammen und kann als Basis aller polygonalen geometrischen Systeme angesehen werden.

Die Zahl drei nahm bei den Lehren der Antike eine besondere Stellung ein, da sie in der pythagoreischen Numerologie Frau und Mann verkörperte. In dieser Lehre repräsentiert die ungerade Zahl eins die Frau und die gerade Zahl zwei den Mann. In den Religionen spiegelt sich die Zahl drei in der Trinität zwischen *Vater*, *Mutter* und *Sohn* oder dem *Vater*, dem *Sohn* und dem *Heiligen Geist* wider. Dass solche Darstellungen *astrologisch-gnostischen* Ursprungs sind, waren sich auch die Vertreter der römischen Staatskirche im Mittelalter bewusst, so dass sie diese Darstellungen vielfach verboten haben. Noch im Jahre 1745 verbot Papst Benedikt XIV. dreiköpfige Darstellungen, da diese häretisch seien. Wir sind bei unseren Recherchen zu diesem Buch immer wieder auf Skulpturen an christlichen Sakralbauten gestoßen, welche die *Trinität* der gnostischen Lehren beschreiben.
So kann man zum Beispiel an der Außenseite des Mailänder Doms viele dreiköpfige Motive aus der gnostischen Lehre erkennen. Diese dreiköpfigen Skulpturen sind manchmal mit Kronen versehen und oft miteinander verschmolzen, so dass ihre Augenpaare je nach Ansicht ein menschliches Gesicht erkennen lassen. Bei den meisten Skulpturen kann man sogar zwei männliche, *Vater* und *Sohn*, und ein weibliches, der gnostischen *Sophia* entsprechendes Gesicht erkennen.
Ein anderes Beispiel, welches die *Trinität* der gnostischen Lehre wiedergibt, befindet sich in der St.-Peter-Kirche in Basel. Auf einem sehr schönen Fresko aus dem frühen 14. Jahrhundert kann man die Darstellung des dreieinigen Gottes erkennen. In diesem Bild sind, so wie am Mailänder Dom, die Augenpaare der Gesichter verschmolzen. Man kann bei einer genauen Betrachtung ebenfalls zwei männliche und ein weibliches Gesicht erkennen. Gerade solche Kopfmotive wurden den Rittern des Tempelordens bei den Prozessen der Inquisition im 14. Jahrhundert zum Verhängnis, da sie beschuldigt wurden, zwei- oder dreiköpfige Idole zu verehren.
Auch der Tierkreis kann in vier Dreiecke aufgeteilt werden. Jedem dieser Dreiecke wurde eine individuelle Charakteristik zugeordnet. Die Symbole in einem Dreieck können zum Beispiel

dasselbe Geschlecht aufweisen. Wenn das der Fall ist, spricht man von einem menschlichen Dreieck. Da die Astrologen eine Verbindung zwischen Zeichen und Planeten finden wollten, führten sie diese in das System der Dreiecke ein. Danach bestimmten sie die Charakteristik des Dreiecks in Abhängigkeit der Charakteristik der darin befindlichen Planeten.

Es war wichtig in diesem System, dass man Dreiecke fand, die eine spezielle Auslegung haben, auch wenn man heute nicht weiß warum, da diese Dreiecke den Tierkreis an drei Positionen berühren. Wieso sollen manche Positionen eine herausragendere Bedeutung haben als andere?

Nach dem Gelehrten Geminus wurde die Auslegung der zodiakalen Dreiecke durch die Windrichtung, wenn der Mond eines der Symbole im Dreieck besetzt, bestimmt. Die Entstehung dieser Theorien geht eindeutig auf frühe meteorologische Beobachtungen zurück.

Das erste zodiakale Dreieck verbindet die Tierkreiszeichen *Widder*, *Löwe* und *Schütze* und ist nach Norden orientiert, da sich der Mond ebenfalls in einem dieser Zeichen befindet. In diesem Fall wurde vorausgesagt, dass der Nordwind über eine längere Zeit blies.

Dasselbe gilt für den meridionalen südlichen Wind, wenn der Mond eines der meridionalen Dreieckssymbole von *Stier*, *Jungfrau* und *Steinbock* einnimmt. Für das westliche Dreieck, welches die Symbole der *Zwillinge*, *Waage* und des *Wassermanns* verbindet, galt ebenfalls dasselbe Gedankengebäude in Verbindung mit dem Westwind. Das östliche orientalische Dreieck, welches die Symbole *Krebs*, *Skorpion* und *Fische* verbindet, wurde mit dem Ostwind in Verbindung gebracht.

Diese meteorologisch-astrologischen Lehren finden sich in vielen mittelalterlichen Kunstwerken wieder, da man bestimmte Symbole in bestimmten Himmelsrichtungen positionierte. Als Beispiel sollen hier Fresken aus dem 13. Jahrhundert, die sich in einer Wehrkirche im kleinen malerischen obersteirischen Gebirgsort Pürgg befinden, dienen. So kann man an der Nordwand der Turmläutkammer die heilige Margareta von Antiochia, die durch ihre spirituelle Reinheit laut Legende den Teufel besiegte, reitend auf einem Drachen erkennen. Im zuvor beschriebenen Zusammenhang ist besonders interessant, dass die heilige Margareta im Mittelalter auch als Schutzheilige für schlechtes Wetter galt, was wiederum ein Grund war, dass man sie auf die Nordseite der Turmläutkammer malte.

Die Philosophen stimmten mit den Astrologen überein, dass die Relativbewegung der Planeten auch die Bewegung der vier Elemente und im Besonderen die Luft beeinflussen. Durch Beobachtungen kam man zur Übereinstimmung, dass die Winde einen Einfluss auf die Bestimmung des Geschlechtes der Menschen, wenn sie geboren werden, ausüben.

Wenn der Nordwind verantwortlich ist für männliche und der Südwind für weibliche Kinder, wurde angenommen, dass der Nordwind durch die Oberhäupter der maskulinen Planeten, welche die Sonne oder Jupiter repräsentierten, erzeugt wurde. In diesem Fall würde der Südwind durch den Mond oder einen Planeten nahe des Mondes, in diesem Fall von Venus repräsentiert, hervorgerufen.

Es ist interessant, dass die Orientierung der Planeten eine große Bedeutung im Sternenglauben der Ägypter hatte, da sie glaubten, dass die Planeten ebenfalls Sterne waren. Die Ägypter gaben den Planeten Namen wie Süd-, Ost-, West- und Nordsterne. In diesem Fall wurde Jupiter als Südstern, Saturn als West- und Oststern bezeichnet. Im Allgemeinen wurde der Planet Merkur nicht berücksichtigt. Später wurden die vier anderen Planeten mit den vier Kardinalpunkten in Verbindung gebracht, wobei Jupiter den nördlichen, Venus den südlichen, Saturn den östlichen und Mars den westlichen Kardinalpunkt besetzten. In den folgenden Absätzen wollen wir die vier Dreieckstypen beschreiben. Eine Besonderheit kann für alle vier Dreiecke angewendet werden. Jedes von ihnen wird tagsüber von einem oder zwei Planeten und in der Nacht von je einem kontrolliert.

Das nördliche Dreieck: Dieses Dreieck besteht nur aus maskulinen Symbolen. Es besitzt drei Häuser. Im Tierkreiszeichen *Löwe* für die Sonne, im Sternbild *Schütze* für Jupiter und das Zeichen

Widder für den Planeten Mars. Das nördliche Dreieck wird während des Tages von Sonne und Mars dominiert, obwohl dieser gewöhnlicherweise in der Nacht platziert sein sollte. Die Astrologen legten in ihren Lehren aus, dass Jupiter die Nacht beeinflusst. Die Orientierung des Dreieckes wird durch Mars und Jupiter bestimmt und nicht von der Sonne. Die Basis des Dreiecks befand sich zwischen dem Norden (Jupiter) und dem Westen (Mars). Nach Ptolemäus war dieses Dreieck schiefwinkelig zwischen den Kardinalpunkten, da es zu den vier Erdteilen gehörte.

Das südliche Dreieck: Dieses Dreieck besteht nur aus femininen Symbolen. In diesem Dreieck befindet sich nur ein Haus, in dem sich Venus und Mond aufhalten können. In diesem Fall beeinflusst der Mond das Dreieck in der Nacht und der Planet Venus am Tag. Die dritte Position nimmt entweder der Planet Saturn ein, welcher sein Haus im Tierkreiszeichen *Steinbock* besitzt, oder Merkur, dessen Haus sich im Sternzeichen *Jungfrau* befindet. In dem System von Ptolemäus wurde der Planet Saturn ausgewählt. Nach Ptolemäus ist die Orientierung des Dreiecks südlich für Venus und östlich für Saturn.

Das westliche Dreieck: Dieses Dreieck besitzt nur maskuline und menschliche Symbole. Im Dreieck findet sich das Haus und die Exaltation von Saturn, wobei sich das Haus im Sternzeichen *Wassermann* und die Exaltation im Sternzeichen *Waage* befindet. In diesem Fall beeinflusst Saturn den Tag und der Planet Merkur die Nacht. Das Sternzeichen *Waage* stellt das Haus des Planeten Venus dar, aber die astrologische *Moral* verbot es, ein feminines Symbol im maskulinen Dreieck zu haben. Ptolemäus wollte ebenfalls einen Planeten im System, der nach Norden orientiert war. Er beschloss deshalb, Jupiter auszuwählen, da sich dieser auch näher bei Saturn befindet.

Das östliche Dreieck: Dieses Dreieck besteht nur aus femininen Symbolen. In diesem Fall besitzt Venus ihre Exaltation im Sternbild *Fische*, der Mond hat sein Haus im Sternbild *Krebs* und Jupiter seine Exaltation im *Krebs* und sein Haus im Sternbild *Fische*. In diesem Fall wählte Ptolemäus als beeinflussende Himmelskörper den Planeten Venus für den Tag und den Mond für die Nacht.

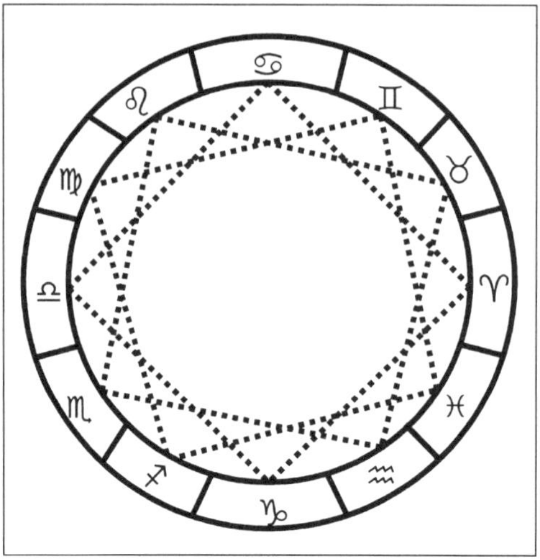

***Abb. 9:** System, bei dem man dem Tierkreis Quadrate einschrieb. Den mit den Linien in Verbindung stehenden Symbolen wurde eine Antipathie zugeordnet. Das ist auch der Grund, wieso man fast keine quadratischen Kulträume bei frühen Kulturen vorfindet. In diesem Fall kann man diese quadratische Ideologie bis zur Zeit der babylonischen Hochkultur und jener der Chaldäer zurückführen.*

Der dritte Teil dieses Dreiecks wurde mit dem Planeten Mars in Verbindung gebracht.

Im Laufe der Zeit erweiterte man diese Systeme auf geometrische Anordnungen, welche aus Dreiecken zusammengesetzt werden konnten. Ein sehr gutes Beispiel stellt das Quadrat dar, das gedreht werden kann, so dass es einen Kreis beschreibt. Die Astrologen der Antike assoziierten mit der Form des Quadrates im Allgemeinen unsympathische Gesichtspunkte. In deren Systemen beschreiben zwei der vier Eckpunkte des Quadrates weibliche und die restlichen zwei Eckpunkte männliche Symbole. Wenn man das Quadrat im Tierkreis entsprechend auswählt, kann man mit den vier Eckpunkten die Tag- und Nachtgleichen und die Sonnenwendepunkte markieren.

Nach quadratischen Anordnungen benützte man sechseckige hexagonale Systeme, welche auch den jüdischen *Davidstern* oder das so genannte *Siegel Salomons* darstellen. Das Hexagon beschreibt eine astrologische Verbindung zwischen gleichgeschlechtlichen Symbolen. Wie wir schon zuvor angedeutet haben, spielt auch beim Hexagon die Dreiecksform von Pythagoras eine bedeutende Rolle.

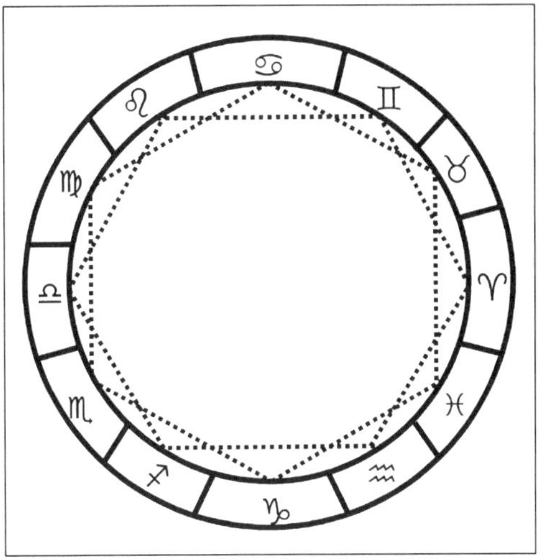

***Abb. 10:** Beim hexagonalen System werden wie bei den trigonalen Systemen Tierkreiszeichen mit den gleichen Geschlechtern verbunden. Zum Beispiel gehören hier die Symbole Stier, Krebs, Jungfrau, Skorpion, Steinbock und Fische zu den femininen Symbolen und der Widder, die Zwillinge, der Löwe, die Waage, der Schütze und der Wassermann zu den maskulinen Symbolen.*

In diesem System waren die rechten, dem Westen zugeordneten Symbole höher klassifiziert als die im Tierkreis links oder östlich befindlichen Sternzeichen. In Griechenland bildeten sich zwei Schulen heraus, bei der sich die erste mehr auf die Bedeutung der Symbole konzentrierte und die zweite auf die Geometrie. Für den Astrologen Manilius besaßen wiederum die Winkel zwischen den geometrischen Eckpunkten der diversen geometrischen Systeme eine wichtige Bedeutung.

Die Winkel zwischen den verbundenen Tierkreiszeichen entsprechen je nach System im Diametralen 180 Grad, im Dreieck 120 Grad, im Quadrat oder Viereck 90 Grad und im Hexagon oder Sechseck 60 Grad. Es steht auch fest, dass die Einführung der polygonalen Systeme in das astrologische Weltbild nicht von den Chaldäern oder den Ägyptern abstammt.

Man kann davon ausgehen, dass die Griechen auf Grund der pythagoreischen Harmonienlehre die neuen geometrischen Aspekte in die älteren astrologischen Systeme einbrachten. Die Astrologen versuchten auch hier, eine Verbindung zwischen dem Seelenleben der Menschen und der Geometrie zu finden. Eine Lehrmeinung

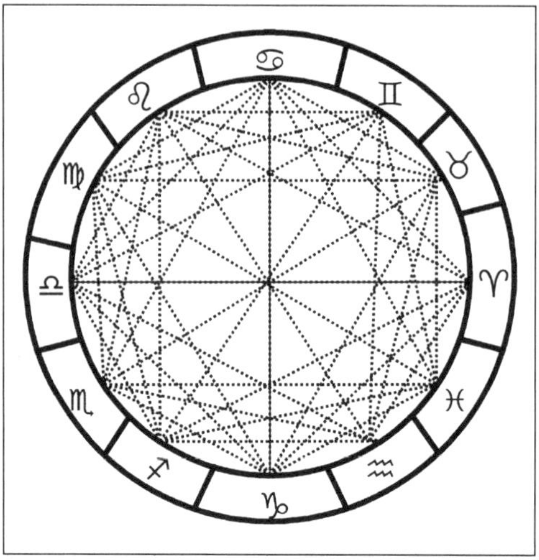

***Abb. 11:** In diesem System repräsentiert das Zentrum die Erde. Dieses komplexe System beruht auf einer Zusammenfassung aller früheren astrologischen Aspekte. Die Dreiecke erzeugen das Quadrat, welches bei vielen Kulturen mit der Entstehung der Erde in Verbindung gebracht wurde.*

beschrieb, dass die den Menschen beeinflussenden kosmischen Energien mit dem Durchmesser des im Tierkreis eingeschriebenen Sechsecks abnehmen.

In diesem Gedankengebäude wäre der Einfluss der himmlischen Energien auf die Menschen zum Zeitpunkt der Tagundnachtgleichen am stärksten. Dieser Fall würde die Verbindung zwischen den Tierkreiszeichen *Waage* und *Widder* darstellen, da eine Verbindungslinie zwischen diesen Symbolen dem im Tierkreis eingeschriebenen Hexagon am längsten ist. Wenn man eine Linie von einem dieser Punkte zu einem angrenzenden Tierkreiszeichen zieht, ist diese kürzer und nach der Lehre der Astrologen auch der Einfluss der kosmischen Energien.

Bei einer genauen Studie der Skulpturenzyklen an den großen gotischen Kathedralen erkennt man eine gnostische Anleitung zur Erlösung der menschlichen Seelen, die nur von eingeweihten Personen verstanden wurde. Alle nicht eingeweihten Menschen und kirchlichen Würdenträger sehen in den vielen Darstellungen biblische und heilige Motive, ohne deren Hintergründe näher zu verstehen.

Die mittelalterlichen Baumeister der Straßburger, Freiburger und Baseler Münster haben diese Symbolausliegung auch im *Sie-*

gel Salomons an den Bauwerken zum Ausdruck gebracht. Wie wir zuvor beschrieben haben, wird der hexagonale Stern aus zwei gegenseitig gerichteten gleichschenkeligen Dreiecken gebildet. Das Dreieck, dessen Spitze nach oben zeigt, symbolisiert den zuvor beschriebenen Aufstieg der Seele, die dem *Demiurgen* und schließlich der Materie in himmlische Sphären entronnen ist.

Das Dreieck, dessen Spitze nach unten zeigt, symbolisiert den Abstieg der Seele in die Materie bzw. das Scheitern an der Materie, um von neuem den Erdenlauf zur Entwicklung und Vermehrung seiner geistigen Gaben und Kräfte zu beginnen. Das zuletzt genannte Dreieck symbolisiert somit die von den Gnostikern gelehrte Reinkarnation der niederen Seelen.

Am Basler Münster hat sich am südlichen Querhausarm eines der ältesten großen Kreisfenster, in dem das *Siegel Salomons* eingearbeitet wurde, erhalten. Es hat im Gegensatz zum Kreisfenster der Nordseite sein hochromanisches Gewände vollständig bewahrt. Die Fensterverglasung zeigt *Christus* als Weltenrichter und wurde 1857 wie im Mittelalter von den Zünften und Gesellschaften gestiftet. Beim Straßburger Münster wird das *Siegel Salomons* durch Lichteffekte über der Apsis auf das Gewölbe projiziert.

Das *Siegel Salomons* trägt auch noch den Namen *Schild Davids* oder *Davidstern*, da Jesus Christus aus dem jüdischen Hause *David* stammte, und nur er das Buch mit den sieben Siegeln öffnen konnte. David wird nicht nur als Stellvertreter Christi gesehen, sondern auch als sein Ahnherr. Sein Sieg über Goliath, den man als Vorausbild des Sieges Christi über den Satan verstand, hat viele Darstellungen gefunden. Das Buch, das die Skulptur von *Christus* als Weltenrichter in seiner linken Hand hält, enthält gewissermaßen die Erkenntnis über die sieben Siegel der Apokalypse.

Nach diesem kurzen Ausflug in die Geschichte der Astronomie, Astrologie und des Tierkreises wenden wir uns nun den Skulpturenmotiven und deren Anordnung an den zuvor besprochenen mittelalterlichen gotischen Sakralbauten zu.

Die Skulpturenmotive des Freiburger Münsters

»Die mittelalterlichen Kathedralen bringen uns in Verlegenheit: Unübersehbar faszinieren sie uns und sperren zugleich unser Verständnis.«

Das von der Turmvorhalle direkt in das Münster führende Portal hat ein in fünf Zonen eingeteiltes Tympanon, das das Leben Jesu zeigt. Die erste Zone beschreibt von rechts nach links: die Verkündigung an die Hirten, die Geburt, die Stäubung, die Gefangennahme und den Selbstmord von Judas. Die zweite Zone beschreibt: die Auferstehung und eine Disposition zwischen dem Erzengel Michael und Satan. Die dritte Zone stellt vor: Selige und Verdammte und in der Mitte die Kreuzigung Jesus Christi. In der vierten Zone kann man die zwölf Apostel als Beisitzer des Gerichtes und etwas über der Mitte einen Pelikan erkennen. Auf der fünften Zone schließlich sieht man den Weltenrichter mit Maria und Johannes dem Täufer zu seinen Füßen und in Posaunen blasende und andere Engel.

Im ersten inneren Bogenlauf sind links sechs Engel mit Kronen und rechts sechs weitere Engel mit Rauchfässern und Weihrauchschiffchen zu sehen. Als Scheitelfigur thront eine Jungfrau, welche mit der Sonne bekleidet ist und wie am Eingang des Kölner Domes die Sichel des Mondes zu ihren Füßen hat. Im zweiten Bogenlauf kann man einige Propheten erkennen. Als Scheitelfigur dieser Gruppe kann man Jona, der aus dem Rachen eines Walfisches gespuckt wird, sehen.

Im dritten Bogenlauf sind die Könige von Judäa und als Scheitelfigur eine löwenbärtige Gestalt, die sowohl in der linken als auch in der rechten Hand ein Schwert trägt, dargestellt. Im vierten Bogenlauf befinden sich Adam rechts und Eva links von einer als Scheitelfigur thronenden Christusgestalt mit einer dreifachen Gloriole, die rechte Hand zum Segen erhoben und in der linken Hand ein Buch.

Am Mittelpfosten und am Gewände der Bogenlaibung kann man Maria-, Apostel-, Königs-, Märtyrer- und Engelsfiguren bestaunen. Die Reihe der Standbilder setzt sich an der Südwand mit dem Motiv der fünf törichten Jungfrauen fort, von denen alle ein Öllämpchen zum Boden zeigend in ihren Händen halten. Dann folgen sechs von den sieben freien Künsten repräsentierenden Skulpturen. An der Westwand des Münsters kann man die sieben freien Künste, die heilige Margareta mit Kranz und Lilie und die heilige Katharina mit einer Palme und einem in vier Teilen geteilten Rad erkennen.

An der anderen Seite derselben Westwand befindet sich der so genannte *Fürst der Welt* in einer eleganten Tracht. Auf seinem gelockten Haupt befinden sich sieben Rosen. In der rechten Hand hält er eine einzelne achte Rose. Alle Rosen bilden zusammen 21 Blätter, die sich aus dreifachen Kränzen zu je sieben Blättern zusammensetzen. In seiner linken Hand hält er ein paar Handschuhe. Obwohl er so fein gekleidet ist, kriechen drei Kröten von seiner Achsel abwärts. Vom unteren Teil der Skulptur kriechen zwei Schlangen heraus, die eine der von oben herabkriechenden Kröten mit ihren Mäulern auffangen.

Auf seinen Schenkeln kann man außerdem noch zwei Eidechsen erkennen. Die beiden Echsen kriechen symbolisch auf seinem nackten Fleisch, da seine steinerne Strumpfhose entblößt ist. Die beiden zuvor genannten Schlangen sind auf dem Leibe der Skulptur in der Form eines Herolds- oder Merkurstabes angeordnet.

Es ist interessant, dass man an den nahe gelegenen Münstern zu Straßburg und Basel ebenfalls Skulpturen finden kann, welche den *Fürsten der Welt* repräsentieren. Am Basler Münster kann man im Gegensatz zum Straßburger und Freiburger Herrn eine am Rücken heraufzüngelnde Flamme erkennen. Die Flammen stehen in diesem Fall mit der sexualmagischen Kraft, welche die Bezeichnung *Kundalinifeuer* trägt, in Verbindung, welche im asiatischen Kulturkreis im Zusammenhang mit der Schlange als Zeichen für die Erleuchtung stehen kann. Diese Symbolik ist sehr interessant, da sie gnostisches Gedankengut entlarvt.

Am Freiburger Münster steht unterhalb dieser Skulptur eine Dominikanerfigur und als Gegenpart die *Frau der Welt*, nackt, mit einem übergeworfenen Bocksfell, welches die fleischliche Begierde und die sexuelle Ausschweifung symbolisiert. An der Nordwand kann man Skulpturen aus der Bibel und Johannes den Täufer, der auf ein Lamm zeigt, erkennen. Danach folgen Maria Magdalena mit einer Salbenbüchse und die fünf klugen Jungfrauen, welche alle hocherhobene Öllämpchen in ihren Händen halten. Anhand dieser Anordnung kann man sofort die dualistischen Auffassungen von *Licht* und *Finsternis* wieder erkennen.

Den Abschluss des Skulpturenzyklus stellt Christus mit einem Buch in seiner linken Hand haltend dar. Außerdem hat er drei Finger der rechten Hand erhoben, mit denen er vielleicht andeutet, dass man ihm folgen soll. An den Architekturgliedern des Bauwerkes befinden sich allerlei pflanzenartige Ornamente in Verbindung mit unterschiedlichen Tierfiguren.

Bei einer genauen Analyse der zuvor beschriebenen Motive erkennt man, dass die Skulpturen des Erzengels Gabriel, der Maria, Marias Heimsuchung usw. eine Art Einleitung zu den restlichen 29 Skulpturen darstellen. Die 29 Figuren werden durch zweimal sechs Engeln des inneren Bogenlaufs und vier Scheitelfiguren ergänzt. Mit dem Motiv der fünf törichten Jungfrauen beginnt die eigentliche Reihenfolge des Bildkreises.

Motivforscher wie *Christian Louis Herre* fanden beim Studium dieser Skulpturen schon um 1920 heraus, dass der innere Bilderkreis das symbolische Feld der menschlichen Seele auf der Suche nach dem Weg zur Vereinigung mit dem wahren Gott der Gnosis darstellt. Somit verbergen sich hinter den Motiven der Skulpturen initiatorische Schritte bzw. eine alchimistische, astrologische Geschichte, die sich nur in den frühen Mysterienkulten des Altertums und den Lehren der Gnosis und deren bemächtigten Eingeweihten wiederfinden.

Im Vorspiel zu den 29 Skulpturen spiegelt sich die zeugende Kraft der Materie wider, welche durch die bereits auf der Erde angekommene Seele in der Heimsuchung Marias angedeutet wird. Durch den Mutterleib erhält die aus den metaphysischen Sphären des Himmels herabgestiegene Seele den von den Gnostikern verdammten, vom *Demiurgen* mit Fleisch, Nerven und Blut belebten Organismus.

Die Geburt der Seele wird in diesem Fall als ein Fall in die *Involution*, die Entfernung vom wahren Gott, angesehen. In den folgenden 29 beziehungsweise 21 Figurenmotiven wird der Aufstieg der Seele in Form einer *Evolution*, einer initiatorischen astrologischen Wiederannäherung und schließlich in einer Vereinigung mit dem wahren Gott symbolisch dargestellt.

Die Entwicklung und der Aufstieg der Seele werden durch unterschiedliche Gestiken und Gesichtsausdrücke mit den Skulpturen wiedergegeben. So stellen die fünf törichten Jungfrauen zu Beginn des Skulpturenzyklus den Menschen mit den teilweise noch nicht entwickelten, latenten Seelenkräften, wie zum Beispiel der intellektuellen Kraft, dar. Jede Figur repräsentiert eine der in den mittelalterlichen arkanen Schulen gelehrten fünf Seelenkräfte.

Die *vegetative* Seelenkraft steht für die ernährenden, vermehrenden, zeugenden und äußeren Sinne. Die *sensitive* Seelenkraft repräsentiert die inneren Sinne. Die *appetitive* Seelenkraft die Wahlfreiheit und das Wahlvermögen. Die *ortbeweglichen* Seelenkräfte nehmen an den beiden zuvor erwähnten Seelenkräften teil und gehören somit zur sensitiven Seele. Die *intellektuellen* Seelenkräfte rufen den praktischen Intellekt und das vernünftige Denken hervor.

Die symbolische Auslegung der zweiten bis achten Skulptur spiegelt die intellektuellen Seelenkräfte wie die Grammatik, die Dialektik, die Rhetorik, die Geometrie, die Arithmetik, die Musik und die Astronomie wider. Die Darstellung der sieben freien Künste hat ihren Ursprung in den sieben planetaren Einweihungsgraden der Mithrasmysterien und gnostischen Lehren, welche Teile dieser Symbolik im Mittelalter in die frühe Alchemie einfließen ließen. Da die sieben freien Künste auch die *Weisheit* darstellen, werden die Jungfrauen, welche sie symbolisch repräsentieren, auch als *Sophias* Gehilfinnen bezeichnet.

Die appetitiven Seelenkräfte repräsentieren die neunte bis zwölfte Figur und werden durch die heilige Margareta, die heilige Katharina sowie den *Fürst der Welt* als aktiv-wollendes und die *Frau der Welt* als passiv-begehrliches Prinzip dargestellt. Nach den appetitiven Seelenkräften folgen die erweiterten intellektuellen Seelenzustände, die bis in den übernatürlichen Bereich reichen und mit Christus als Nummer 20 und dem Jüngsten Gericht mit der Nummer 21 enden.

Der Fürst und die Frau der Welt

Durch Anwendung von Verstand, Vernunft und Wollen wird laut mittelalterlichem Gedankengebäude dieses niedere materielle Begehren in ein höheres, geistiges Begehren umgewandelt, indem die Gefühle der Lust und Unlust beherrscht werden und geistiges Begehren nach höheren geistigen Tugenden wie Ethik, Moral usw. an die Stelle des niederen, sinnlichen Begehrens mit all seiner Fantasie oder rein sinnlichen Auffassung tritt.

Einen wichtigen Beitrag in der Symbolik solcher Skulpturenzyklen drücken die appetitiven Seelenkräfte aus. Das sinnliche Begehren repräsentiert in diesem Fall die motorische Kraft des Gefühlsvermögens der Seele, deren materielles Ziel es ist, das Angenehme, den Genuss der Lust, aktiv-wollend zu erlangen und festzuhalten, während die passiv-begehrliche Kraft des Gefühlsvermögens die Seele darstellt, die durch den Gegensatz des Guten das Schädliche zu überwinden oder besser durch Widerstehen der Lust gegenüber den Unlustgefühlen zu beherrschen sucht.
Im *Fürst der Welt* sahen die Steinmetzen und deren Auftraggeber auch die Überwindung der niederen Neigungen, Triebe und Begierden, um sich danach dem höchsten Ideal der spirituellen Liebe, dem *Christus*, hinwenden zu können. Anhand dieser Auslegung kann man sehr gut die Einflüsse der dualistischen gnostischen Lehren erkennen, auf die wir im Anschluss genauer eingehen werden. Im Freiburger Münster hält der *Fürst der Welt* eine Rose in der rechten Hand. Diese Symbolik ist nicht negativ zu sehen und gibt an, dass er im Begriff ist, sein Bewusstsein einer höheren Stufe zuzuführen.
Aus diesem Grund blickt der Fürst triumphierend zu den fünf törichten Jungfrauen, denen er mit erhobenem Haupt mitteilt,

dass er sich nun endgültig aus dem Reich der Sinne und der animalischen Kräfte erhoben hat. Bei dieser Auslegung macht der *Fürst der Welt* den Eindruck, dass er den Versuchungen der materiellen Welt entronnen ist und nun in ein spirituell höheres Leben eintreten wird. In diesem Fall ist er nun würdig, in den Kreis seiner Vorgängerinnen im Skulpturenzyklus, der heiligen Margareta und der heiligen Katharina, aufgenommen zu werden.

Die mittelalterlichen Baumeister und Ordensritter vertraten die Meinung, dass die niederen Instinkte, wenn man sie veredelt, die Tür oder ein metaphysisches Portal zur Intuition zu einem höheren Bewusstsein öffnet. Wir werden dieser Symbolik im Laufe des Buches in anderen Formen noch mehrmals begegnen. In diesem Zusammenhang stellt die *Frau der Welt* mit ihrem umgehängten Bocksfell das weibliche irdische materielle Motiv dar, bei der nach Überwinden ihrer Triebe alle niederen als Drachen symbolisierten Neigungen ihres Lebens fliehen, da sie sich nicht mehr zu wehren im Stande sehen.

Dieselbe Symbolik findet sich in einem Werk des Konrad von Würzburg aus dem 13. Jahrhundert wieder, in dem er schildert, wie der Adelige Wirent von Grafenberg auf eine Frau trifft, die dem Symbol der *Frau der Welt* entspricht. Da in dieser Geschichte Wirent von Grafenberg in weltliche Sinnesgenüsse verstrickt ist, kann sein Motiv dem *Fürsten der Welt* zugeordnet werden.

In der Geschichte erschien ihm plötzlich eine weibliche Gestalt, die er wie keine Frau zuvor begehrte. Als die Begehrte sich ihm als Frau Welt vorstellte, sah er bei deren Umwenden den Nacken voller Kröten und Schlangen. Von diesem Zeitpunkt an entsagte Wirent von Grafenberg seinen sinnlichen Trieben und Neigungen und griff zum Kreuz, zur Reue und zur Buße.

Konrad von Würzburgs Geschichte könnte auch als Vorbild für den Stifter des Baseler Münsters Kaiser Heinrich II., der mit einer Miniaturausgabe der Kirche und seiner Frau Kunigunde mit einem Andreaskreuz dargestellt ist, gedient haben. Am Baseler Münster befinden sich nämlich die Skulpturen des Königspaares auf der exakt gegenüberliegenden Seite des *Fürsten* und der *Frau der Welt*.

Beide Statuen verkörpern in diesem Falle Braut und Bräutigam sowie *Ecclesia* und *Christus*. Die Skulpturen sollen aufzeigen, dass das Königspaar die Versuchungen und die vom *Fürst* und der *Frau der Welt* dargestellten niederen, irdischen, materiellen, tierischen Eigenschaften hinter sich gelassen und überwunden haben. Konrad von Würzburg ist als Dichter und Baseler Bürger 1287 gestorben und wurde im Kreuzgang des Münsters begraben.
Ähnlich wie das weltliche Fürstenpaar vertreten die vielen an die Kathedrale gemeißelten menschlichen Mischwesen zwischen Pferde-, Esels-, Stier-, Vögel-, Fisch- und Schlangengestalten eine Zweiteilung zwischen Instinkt und Verstand. Der aus der griechischen Mythologie stammende Gott, welcher in dieses Schema passt, ist der bocksfüßige gehörnte Gott *Pan*. Im astronomischen Zyklus repräsentiert *Pan* das Sternzeichen des *Steinbocks* mit Bezug auf seine Abstammung vom Göttervater *Zeus*.
Dieselbe Figur ist, wie wir bei der Beschreibung des Tierkreises aufzeigten, auch unter dem Namen des ägyptischen Fruchtbarkeitsgottes *Amun* bekannt und wurde von den Ägyptern als zeugender Naturgott unter dem Sinnbild eines gehörnten Gottes verehrt. Zusätzlich wurde ihm ebenso wie dem persischen Lichtgott als Sonnengott gehuldigt. Als Folge gnostischer Lehren erscheint der Vorgänger vom *Fürst der Welt*, *Pan*, auf einer Onyxgemme als Personifikation des Weltalls, als Allgott inmitten des Tierkreises und seiner zwölf Sternzeichen auf einer Flöte blasend vor einem brennenden Altar, über dem ein Stern sichtbar wird.
An den Münstern zu Basel, Freiburg und Straßburg haben die mittelalterlichen Steinmetzen die Symbolik des heidnischen Naturgottes *Pan* und dessen Doppelgeschlechtlichkeit im Motiv vom *Fürst der Welt* und der *Frau der Welt* dargestellt. Bei den meisten christlich-gnostischen Lehren führt die Liebe zur höheren Wahrheit und Tugenden zunächst durch den Weg der animalischen Triebe, um schließlich in der reinen geistigen Liebe zu enden. In Basel, Freiburg und Straßburg sowie in anderen Kathedralen stellen die Skulpturen vom *Fürst* und der *Frau der Welt* diese alchemistische spirituelle Transformation in eine höhere Bewusstseinsform dar.

Die mittelalterlichen Baumeister haben in dieser Weise das Motiv der Doppelgeschlechtlichkeit, der Doppelgestaltigkeit, die alchemistisch-gnostische *Androgynität*, den dualistischen mann-fraulichen Aspekt der Sensualität in der künstlerischen Auffassung vom *Fürst* und der *Frau der Welt* dargestellt. Die Liebe zur höheren Weisheit und den Tugenden führt nach dieser Ansicht zunächst durch die vulgäre Liebe. Somit kann angenommen werden, dass im Motiv vom *Fürst* und der *Frau der Welt* sich allegorischerweise die alchemistische Umwandlung vom *Amor naturalis* in den *Amor divinus* bereits vollzogen hat.
Die Symbolik ist eindeutig gnostischen Ursprungs, und die *Frau der Welt* geht in ihrer ursprünglichen Form auf die biblische *Lilith* zurück. In den alten Legenden wird *Lilith* als Frau beschrieben, die zur Zeit Adams in die Wüste ging und sich sexuell mit Dämonen einließ. Im Mittelalter wurde ihr Motiv hauptsächlich bei gnostischen Gruppen auch als *die femme aux serpents* und bei den Katholiken als *Luxuria* bekannt. Wie wir im ersten Kapitel aufgezeigt haben, entspricht die *femme aux serpents* bei den Gnostikern dem irdischen Teil der himmlischen Weisheit *Sophia*, *Achamoth* oder der Erde *Terra*.

Das Rad der Zeit

Die Welt der Sterne bestimmt den Rhythmus des Lebens:
Tag und Nacht, die Phasen des Mondes, der Wechsel
der Jahreszeiten und der Kreislauf der Monate des Jahres
sind die Festpunkte im Ablauf des irdischen Geschehens.

Das Rad, welches als Symbol vieler Märtyrer wie der heiligen Katharina zugeschrieben wird, symbolisiert die menschliche Seele durch ihren zeitlichen Lebenslauf auf Erden, das Erwachen und den Aufstieg ihres spirituellen Bewusstseins aus den irdischen, materiellen, sinnlichen Bewusstseinssphären in höhere Bewusstseinszustände bis hin zur Gottähnlichkeit. Anhand dieser Beschreibung ergibt sich wieder ein Zusammenhang zwischen den Lehren der Planetensphären und dem *Rad* des Tierkreises. Der astronomisch-astrologische Aspekt der Symbolik des Rades findet sich auch durch den Wechsel der vier Jahreszeiten Frühling, Sommer, Herbst und Winter wieder.

Am Nordquerhaus des Baseler Münsters findet sich ein Radfenster in der Symbolik eines Weltenrads aus dem Ende des 12. Jahrhunderts. 16 Speichen verbinden hier einen inneren Kreis mit der runden Fenstereinfassung. Am Rand des Rades befindet sich eine Folge von zehn Figuren, welche ein Kind, einen Adeligen, einen Handwerker, einen Greis und andere nicht erkennbare Motive darstellen. Diese Figuren halten sich am Rad fest und symbolisieren ebenfalls den Lauf der menschlichen Seele.

Im Zenit thront ein König, der einen Menschen symbolisiert, der im Laufe seines Lebens die niederen sinnlichen Bewusstseinszustände überwunden hat und in einen höheren Bewusstseinszustand aufgestiegen ist. Ursprünglich war dieses auch als Glücksrad bezeichnete Fenster eine Holzkonstruktion, dessen Reste sich heute im Baseler Museum *Kleines Klingental* befinden. Außer am Baseler Münster gibt es ein solches Radfenster noch an den Kathedralen von Beauvais und Amiens, in S. Zeno in Verona und am Dom von Trient.

Ein gnostischer Bezug zu dieser Radsymbolik ergibt sich aus der Tatsache, dass eine Karte im mittelalterlichen Tarot dasselbe Symbol zeigt. Das *Brambilla*-Tarot aus dem Jahr 1443 zeigt auf seiner zehnten Karte ebenfalls ein solches Radmotiv, an dem Menschen hängen und mehrere Bewusstseinszustände in ihrem Leben durchlaufen.

Bei genauer Betrachtung dieser Glaubensinhalte ergeben sich unweigerlich Ähnlichkeiten zum Buddhismus und dessen Symbolik. Im tibetischen Lebensrad *Sipä Khorlo* werden zum Beispiel die Grundbedingungen menschlicher Existenz bildlich dargestellt. Das tibetische *Rad des Werdens* veranschaulicht symbolisch die altindische Vorstellung vom ewigen Kreislauf, dem *Samsara*, dem Wirken von *Karma* und die ewige Abfolge von Leben, Tod und Wiedergeburt.

Dämonische Monster halten in diesen Darstellungen das Lebensrad in ihren Klauen. Das Rad symbolisiert die Zeit, aus der alles hervorgeht, die jedoch auch alles verschlingt und somit Werden und Vergehen in einem ewigen Kreislauf gefangen hält. Im Zentrum des Rades symbolisieren Hahn, Schlange und Schwein die stärksten Triebfedern der Menschen. Gier, Hass und Neid.

Solange es dem Menschen nicht gelingt, diese drei Geistesgifte zu überwinden, wird er aus dem Strudel der Wiedergeburten nicht herausgerissen. In diesem Glaubensbild wird es allein durch die Vernichtung und die Auflösung dieser Triebkräfte möglich, dem Kreislauf der Wiedergeburten zu entkommen und endgültig ins *Nirwana* einzugehen. Zwischen den Speichen des tibetischen Lebensrades befinden sich sechs Welten oder Existenzformen, in denen nach buddhistischem Verständnis die Menschen wiedergeboren werden können. Die oberen Bereiche dieser sechs Reiche stellen das Reich der Freuden, die Welt des Kampfes und den Bereich des lernenden und tätigen Menschen dar.

In der unteren Hälfte des Rades werden die schlechten Wiedergeburten gezeigt. Diese Reiche stellen die Welt des Leidens, das Reich der unbefriedigten Begierden und die Welt der Qualen dar. Diese Darstellungen entsprechen eindeutig der Symbolik der Apokalypsendarstellungen der großen gotischen Kathedralen.

Es findet sich das dualistische Motiv von *Himmel* und *Hölle* auf den indischen Lebensraddarstellungen sowie den Hauptportalen der gotischen Kathedralen oder apokalyptischen Fresken wieder. Auf manchen tibetischen und indischen Lebensrädern kann man sogar die Motive von *Höllenrachen* und Drachen finden, welche Menschen wie bei den Lehren der Gnostiker verschlingen oder in den zeitlichen Kreislauf der Wiedergeburten ausspucken.

Menschliche Wesen mit einer Seelenwaage, von Monstern gefolterte Menschen im Fegefeuer und nackte Frauen mit Kindern, die an ihren Brüsten saugen, finden sich ebenfalls an den *Sipä Khorlo*-Darstellungen vertreten. In den Lehren der gnostischen Christen wurde das Wort *Karma* durch die Anhäufung von Sünden und das *Nirwana* durch das Lichtreich des wahren Gottes ersetzt.

Anhand des Radbeispieles sieht man sehr gut den Einfluss asiatischer Glaubenslehren in das Weltbild der mittelalterlichen Lehren und deren Reinkarnationsvorstellungen. Da laut gnostischer Lehren die menschliche Seele vom Schöpfer der Materie gehindert wird, zum Urlicht des wahren Gottes zurückzukehren und sie von ihm nach jedem Sterben in einen neuen Körper verpflanzt wird, ist dieser ein Kerker. Den Zwang zum Aufenthalt in diesem Körper begründen die christlichen Gnostiker und die Anhänger der gnostischen Schlangenkulte jedoch unterschiedlich.

Christliche Gnostiker wie die Bogomilen oder die Katharer führten ein asketisches Leben und entsagten aller Materie, damit sie dem *Rad der Zeit* entkommen konnten. Für Sekten wie die der Materie huldigenden thrakischen Euchiten, aus denen die Luziferianer hervorgingen, oder Kulturen, welche die Magie der Sexualkraft und die Triebhaftigkeit der Naturgötter verehrten, stellte das Ausleben der animalischen Triebe das höchste Empfinden dar, so dass man versuchte, die spirituelle Entwicklung in einer Vorstufe vom *Fürst der Welt* zu halten, damit das Tier im Menschen erweckt werden konnte.

Bei manchen gnostischen Lehren gab es Ansichten, dass man sich im irdischen Leben allen Gelüsten der Lust hingeben und möglichst viele Sünden vollbringen soll. Die Anhänger dieser Lehren meinten, nur durch die sexuelle Ekstase zum wahren Gott gelangen zu können. Eine zusätzliche Ansicht war, dass eine sündige Seele nach einem ausschweifenden Leben vom *Demiurgen* nicht mehr in einem physikalischen Körper gesendet werden kann, da sie seinen Geboten zuwider gehandelt hat.

Nach diesen gnostischen Lehren gaben nicht die begangenen, sondern die unterlassenen Sünden den bösen Engeln des *Demiurgen* die Macht, die menschlichen Seelen wieder in neue Körper zu verpflanzen. Aus diesen Gedankengebäuden ergab sich zwangsläufig, dass Sünde im Sinne dieser Welt den wahren Verdienst im Jenseits darstellt.

Die Verbindung mit den zuvor beschriebenen Skulpturen zu dieser Lehre ergibt sich dadurch, dass die sinnlichen Gnostiker

meinten, dass eine jede Seele ein bestimmtes Maß an Sünden in ihrem irdischen Leben erwerben muss, damit sie würdig wird, ins Jenseits eingehen zu können.
Von dieser Glaubensanschauung stammt das satanische Gebot: »Sündige nach allen Kräften, vielleicht kommst du schon in diesem Leben mit deinem Pensum ans Ende! Gib allen Verlockungen nach, vielleicht wirst du schon in diesem Leben befriedigt werden!«

Der Sieg des Geistes über die Materie

Zu uralten Vorstellungen der Menschheit zählt die Idee der Harmonie des Weltalls, die Konzeption vom Einklang der himmlischen Sphären und der Bedeutung von Zahl und Rhythmus im astralen Bereich.

Das Symbol der freien Wahl haben die Baumeister den Motiven der heiligen Margareta und der heiligen Katharina zugeordnet, wobei man sich deren legendenhaftes Leben zum Vorbild nahm. Das Leben der heiligen Margareta zeigt auf, dass sie unbeeinflussbar von ihrem einmal erkannten Ziel abzuweichen und nur *Christus* als einzig echten Bräutigam zu folgen bereit war.
Der Drache unter ihren Füßen zeigt, dass es ihr gelungen ist, der sinnlichen Begierde, der Triebe und Leidenschaften Herr zu werden. Das Kreuz in ihrer linken Hand symbolisiert, dass sie den Lastern abgeschworen hat, um ein Leben der Demut, der christlichen Nächstenliebe und des Gehorsams zu wählen.
Das Leben der heiligen Katharina zeigt auf, dass sie das dem praktischen Intellekt innewohnende Wissen bereits durch ihr Handeln und Wollen in sich selbst und gegen andere bestätigte, weil sie durch freie Wahl ihren Willen dazu benützte, die Stufen des Intellektes durch eigenes Nachdenken zu erleben und in eine

harmonische Beziehung zu dem sinnlichen und begehrenden Vermögen und mit sich selbst zu bringen. In ihrem Fall erlangte sie infolge aktiver Willensbetätigung auf Erden die Intelligenz zu einem Leben, in dem sie Anteil am göttlichen Intellekt hatte und deshalb mit Leichtigkeit, wie die Legenden schreiben, 50 Gelehrte des Altertums überzeugen konnte, sich zu ihrem Glauben zu bekehren.

In unserem Skulpturenzyklus würden die heilige Margareta und die heilige Katharina die nächste Stufe nach dem *Fürsten der Welt* und der *Frau der Welt* einnehmen, da sie den niederen Trieben des materiellen Körpers entsagten und so einen Weg zum Göttlichen fanden.

Nach den zuvor beschriebenen Skulpturen repräsentieren Engel und die biblischen Personen Abraham, Sara sowie Aaron das Gewissen der Seele. Eine dritte wichtige weibliche Skulptur am Freiburger Münster stellt Maria Magdalena dar. In ihrem Fall ist sie eine Vertreterin der Liebe und das Vorbild der fünf klugen Jungfrauen.

Ihr Motiv symbolisiert den Weg einer Sünderin, welche aus dem Glauben fortgeschritten ist zu einer intuitiven, höheren göttlichen Erkenntnis. Maria Magdalena hat bei dieser Auslegung ebenfalls die Stufe, welche die *Frau von Welt* symbolisiert, hinter sich gelassen. Dieses Abwerfen der Sünden brachte sie nur mit Hilfe von *Christus* zustande und fühlte es als ihre Pflicht, ihm daraufhin zu folgen. Anders ausgedrückt haben Maria Magdalena und die fünf klugen Jungfrauen die Machenschaften der Finsternis abgelegt und die Waffen des Lichtes übergezogen.

Als zwanzigste Skulptur kann man *Christus* selbst betrachten, der in der okkulten Symbolik alle zuvor beschriebenen Motive in einem geistigen Leib vereint, wobei er das Oberhaupt darstellt. Der Spezialist für okkulte Symbolik und Motivforschung des 13. Jahrhunderts – *Christian Louis Herre* – meinte, dass man diese Auslegung mit dem geistigen Minnedienst gleichsetzen kann. Aus dieser geistigen Vereinigung entspringen die Gnadengaben der Apostel, Propheten, Lehrer, der Wunder, die Gaben der Heilung, der Verwandlungen usw.

Die Symbolik von *Christus* gegen Ende des Skulpturenzyklus stellt schließlich einen geistig vollkommenen Menschen dar, der das höhere Leben des Geistes führt, die Kenntnis der Gnosis erlangt hat, im Besitz der geläuterten vegetativen Seelenkräfte ist und sie ausübt. Zusätzlich ist dieser Mensch im Besitz der Geheimnisse des Universums und der Wissenschaften.

Das Ziel, gleich wie *Christus* zu werden, war auch das Bestreben der in die gnostischen Geheimlehren eingeweihten Auftraggeber und Baumeister der großen gotischen Kathedralen. So scheint es ziemlich klar zu sein, dass diese Gruppen die Errichtung eines geistigen Tempels, den salomonischen Tempel oder das himmlische Jerusalem, im Menschenleibe planten. So wird die Heimfindung der menschlichen Seele zum wahren Gott durch die Hochzeit mit Christus symbolisiert und als Lamm besiegelt.

Nach dieser Auffassung führt die symbolische Hochzeit des Lammes in das himmlische Reich *Christus*. Dieses Reich ist in dem Leib des himmlischen Adam, dem aus dem Urlicht der Gnostiker herausgetretenen zweiten Menschen, dem *Adam-Kadmon* der jüdischen *Kabbala* gleichzusetzen, der sich mit dem in jedem Menschen zurückgebliebenen Seelenanteil der *Sophia-Achamoth* vereinigt. Der irdische Leib Adams hingegen besteht nach dieser Glaubenslehre aus den dualistischen Gegensätzen von *warm* und *kalt*, *feucht* und *trocken*, hat psychisch betrachtet Gehirn, Herz und Leber und ist wie jede Materie auf der Erde vergänglich. Genau dieser vergängliche Leib ist es, der nach den Gnostikern vom *Demiurgen* erschaffen wurde.

Es sollte mittlerweile jedem Leser klar geworden sein, dass die großen europäischen Kathedralen ein irdisches Abbild des Himmels darstellen sollten und die geschickte Auswahl der Skulpturenmotive einen initiatorischen Weg zur Erlangung eines höheren Bewusstseins darstellt.

Die Spielereien zwischen *Licht* und *Finsternis* sowie die geschickte Auswahl von Skulpturenmotiven mit dualistischer Symbolik weisen eindeutig darauf hin, dass die Baumeistergilden und ihre Auftraggeber Anhänger von christlich-gnostischen Lehren waren.

Das astronomisch-astrologische Weltbild der mittelalterlichen Dombauhütten

Die enge Verflechtung von Astronomie und Astrologie dokumentiert die Verbindung mythologischer Wurzeln der Wissenschaft mit rationaler Denkweise. Noch in spätmittelalterlichen Planetenbüchern ist die Vorstellung lebendig, dass die unter der Herrschaft eines Planeten geborenen Kinder die Eigenschaften und Fähigkeiten eines antiken Gottes erhalten, die auf den Planeten übergegangen sind.

Bei genauem Studium der Skulpturen in Freiburg erkennt man, dass deren Anordnung ein astronomisch-astrologisches Thema darstellt, welches die Geburt *Christus* im Menschen zum Ausdruck bringen soll und zugleich mit den Prinzipien der Natur im Einklang steht. Im mittelalterlich-astrologischen Weltbild entsprachen die zunehmenden Mondknoten der Zunahme der geistigen Kräfte, die abnehmenden Mondknoten hingegen der Zunahme und dem Wachstum der materiellen Kräfte. Zusätzlich berücksichtigten sie noch den zu- und abnehmenden Mondlauf.

Aus diesem Grund sind die Sternzeichen *Widder* nach Osten, *Waage* nach Westen, der *Steinbock* nach Süden und der *Krebs* nach Norden orientiert. Im Skulpturenzyklus am Freiburger Münster könnte man meinen, dass die mittelalterlichen Baumeister durch den Aufstieg der Sonne durch die ersten sechs Sternbilder ausdrücken wollten, dass die Jungfrau Maria während dieses Zyklus durch die Werke der Tugenden dem wahren Throne Salomons gleichkommt. Diese Symbolik repräsentiert wiederum das Aufsteigen des menschlichen Bewusstseins zu Gott.

Im Gegensatz zu Maria als empfangendes passives Prinzip symbolisiert der kleine *Christus*, den sie mit seinem Reichsapfel auf ihrem Arm hält, die Sonne. Die Symbolik der Maria und des Christuskindes weist, wie schon angedeutet, einen astronomisch-astrologischen Bezug auf.

Der Abstand zwischen den *Äquinoktien Widder-Waage* teilt die Skulpturen in zwei Hälften. In der rechten Hälfte, dem abnehmenden Mond, aber aufsteigenden Mondknoten, erkennt man die Symbole, welche mit der *Involution* in die Materie in Verbindung stehen. Im linken Teil, dem zunehmenden Mond, aber den absteigenden Mondknoten, präsentieren sich die an *Christus*, dem vollkommenen Menschen, annähernden Motive.

Die beiden Läufe symbolisieren den *Merkurstab*, der in Form von zwei verschlungenen Schlangen am Rücken des *Fürsten der Welt* sichtbar gemacht wurde. Die zweite zodiakale Verbindung, *Krebs-Steinbock*, ergibt mit der Verbindung von *Widder-Waage* ein gleichseitiges Kreuz.

Teilt man nun die vier Quadranten in je drei Teile, entstehen zwölf scheinbar gleich große Teile, die in eine Art Weltenhoroskop einmünden, nach dem die Geburt des *Christusmenschen* vor sich geht. In dieser Anordnung stehen alle Himmelskörper in ihren astrologisch zugedachten Häusern. Der Mond im Haus des *Löwen*, der Merkur im Haus der *Jungfrau*, die Venus im Haus der *Waage*, der Mars im Haus des *Skorpions*, der Jupiter im Haus des *Schützen* und der Saturn im Haus des *Wassermanns*.

Da der Mond sich schneller als die Planeten bewegt, kann er sie immer wieder überholen und nach den Astrologen des Mittelalters deren Einflüsse und Strahlungen empfangen. Durch diese makrokosmisch-mikrokosmische Betrachtungsweise stellte man sich vor, dass die Triebe, die Kräfte, welche das Leben hervorbringen, die physischen, geistigen, moralischen und seelischen Beziehungen zu den Menschen durch die Universal-Intelligenz der *prima Causa* beeinflusst werden.

Symbolisch wurde dieser astrologische Glaube im Bewusstsein und Leben der Welt durch das Rad der Katharina von Alexandria dargestellt. Die Symbolik vom Welten- oder Katharinenrad, bzw. das Radkreuz, stellte für die in die mittelalterlichen Geheimlehren eingeweihten Personen den gesetzmäßigen Wechsel der Zeit und das Weltall, in dem sich alle Elemente und Seelenvermögen immer in einem stetigen Wechsel bewegen, dar.

In diesem Weltenrad wirkt der Mond durch seinen Lauf durch die 28 Mondstationen. Der Sonnenlauf wurde in Freiburg durch die

Symbolik Marias mit dem Christuskind beschrieben und wirkt durch die Bewegung im Tierkreis der Sterne. Das Katharinenrad symbolisiert nicht nur den Ablauf des Weltgeschehens in vier Quadranten im Sonnenlauf durch die vier Jahreszeiten, in den Elementen usw., sondern stellt auch den gleichen Ablauf des Mondes in den schon in Babylonien bekannten Stationen des Mondes dar. Das Katharinenrad repräsentiert dann die vier Viertel des Mondlaufes durch die 28 Mondstationen, wie sie schon aus alter Zeit bekannt waren.

In dieser mittelalterlichen Glaubensvorstellung bewirkt der Mondlauf in den 28 Stationen die Übermittlung und den Einfluss der zwölf Sonnenkräfte im Laufe eines Monats, was sonst nur der Sonnenlauf in einem Jahr zu bewirken im Stande ist.

Mittelalterliche Universalgelehrte wie Albertus Magnus gingen davon aus, dass nicht nur der Sonnenlauf Einflüsse auf die Menschen ausübt, sondern auch der Mondlauf hemmende und fördernde Wirkungen besitzt. Astronomisch gesehen hat die Sonne eine zunehmende und eine abnehmende Jahreshälfte und der Mond eine zunehmende und abnehmende Monatshälfte.

Wenn das im Katharinenrad verborgene griechische Kreuz schief steht, entsteht das bekannte *X*-förmige *Andreaskreuz*, das ebenso vier Viertel aufweist. In den Lehren der Gnostiker zeigt das *Andreaskreuz* den Wechsel der Elemente an. Laut den von den Baumeistern hinterlassenen Skulpturenmotiven sollen die mit diesem Kreuz dargestellten Mondvierteln korrelierbar aufzeigen, dass die Entwicklung der höheren Geisteskräfte im Menschen polarisch in Übereinstimmung mit den Seelenkräften und in progressiver Reihenfolge vollzogen werden, sobald sie dem Christusimpuls stattgeben.

Die Geburt des geistig erwachenden Menschen wird in diesen Lehren durch die Mitternachtsstunde des 25. Dezembers erreicht. An diesem Datum befindet sich der Augenblick, wo in Übereinstimmung mit dem göttlichen Leben von *Christus* bzw. eines jeden spirituell erwachten Menschen mit der Zunahme des Sonnenlichtes auch das Licht des Geistes und der Seele eine Zunahme und weitere Entwicklung erfahren soll.

Das *Frühlingsäquinoktium* stellt nach diesen Lehren die Zeit dar, wo *Christus* nach 33 Jahren in den Himmel zurückgekehrt ist. Die Zahl 33 symbolisiert deshalb die geistige Entwicklung des Menschen und ergibt sich aus den vier Elementen, plus den fünf Sinnen, plus den zwölf Tierkreiszeichen des Mondlaufes und den zwölf Tierkreiszeichen im Sonnenlauf. Im Skulpturenzyklus wurden in der Anordnung der Skulpturen diese Zeitpunkte astrologisch festgelegt.
Der Ostpunkt entspricht dem *Aszendenten* und wird im Skulpturenzyklus zur Himmelshöhe, der Westpunkt entspricht dem *Deszendenten* und wird zur Himmelstiefe. Der erste Punkt entspricht dem Aufstieg zum wahren Reich Gottes, der andere dem Abstieg in die Finsternis, dem Rückfall ins tierische Bewusstsein, bzw. der Vernichtung der Individualität. Das Sternbild *Krebs* wird so zum *Aszendenten* und das Sternzeichen *Steinbock* zum *Deszendenten*, wodurch die astrologische Symbolik im Skulpturenzyklus wiederhergestellt ist.
Die Baumeister des Skulpturenzyklus deuteten mit dem Überschreiten des der Himmelstiefe entsprechenden Punktes den zur Weisheit strebenden Menschen an, der wie Christus die Vereinigung mit dem wahren Gott sucht und findet. Zu diesem Zeitpunkt gewinnt die Sonne am Himmel die Herrschaft des Lichtes und entspricht dem *Erzengel Michael*, der den geflügelten Drachen überwindet bzw. tötet. Der *Erzengel Michael* ersetzt in dieser Auslegung den persischen Sonnengott *Mithras* bzw. den zum geistigen Bewusstsein erwachenden Menschen, der seine geistige Wiedergeburt zu erlangen im Begriffe ist. Im Freiburger Skulpturenzyklus wird er durch den *Fürsten der Welt* vertreten.
Der *Fürst der Welt* steht in diesem Horoskopschema im Sternzeichen der Waage, da der Michaelstag dem 29. September entspricht. Am Tag des Vollmondes im Sternzeichen Widder kehrt er wieder zu seinem Vater zurück, nachdem er wie Christus zur vollendeten geistigen Wiedergeburt gelangt ist. Im Skulpturenzyklus zeigt der *Fürst der Welt* Maria mit dem Jesuskind eine 3 × 7-blättrige Rose, welche dem Symbol von Körper, Geist

und Seele entspricht, als wollte er wie die vor- und frühchristlichen Sonnenhelden seinen Sieg über die finsteren Mächte, die niederen Leidenschaften und die animalischen Triebe andeuten.

Die mittelalterlichen Astrologen gaben eine Beziehung zwischen *Fürst der Welt* und den fünf törichten Jungfrauen, die dem Stern-

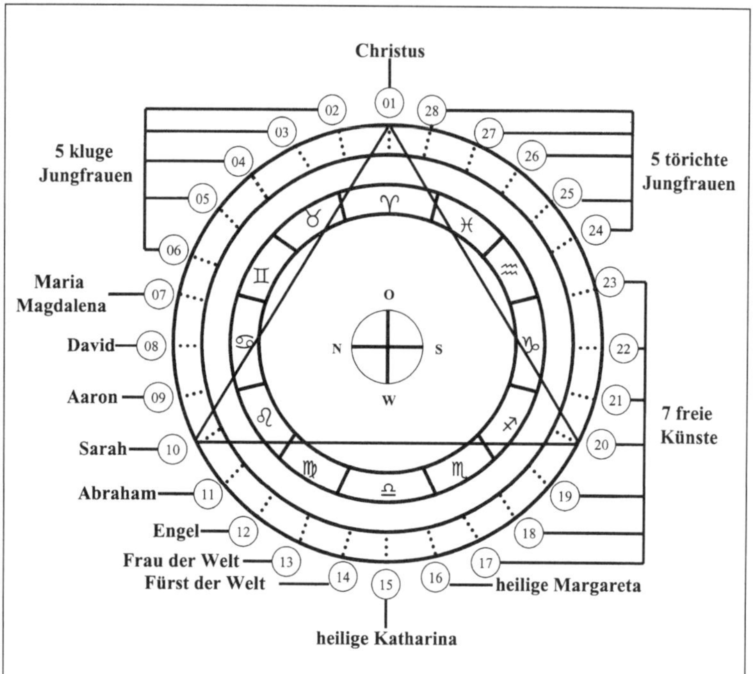

Abb. 12: Schematische Darstellung der Skulpturenzyklen am Freiburger Münster in Verbindung zum Tierkreis. Zweck und Seelenvermögen stimmen mit den Tierkreiszeichen und den Mondstationen in seltsamer Weise mit einem umgekehrten polaren Verhältnis zum astronomischen Tierkreis am Himmel überein. Die ausführenden Baumeister brachten mit dem absteigenden Mondknoten die Zunahme der geistigen Kräfte und mit dem aufsteigenden Mondknoten die materiellen Kräfte zur Wirkung. Demzufolge ist die Reihenfolge der Tierkreiszeichen beginnend mit dem Widder rückläufig nach rechts durch die Zeichen des Tierkreises orientiert.

bild Wassermann zugeordnet sind, an. In der Antike schufen die griechischen Astrologen zwischen den Sternbildern der *Jungfrau* und des *Skorpions* das Ausgleichszeichen des Sternbildes der *Waage*. Die *Waage* wird als Wendepunkt der vorangehenden aufsteigenden Zeichen gegenüber den folgenden sechs absteigenden Zeichen des Tierkreisrades verstanden. Die *Waage* bezeichnet somit einen Wendepunkt. Man wollte damit andeuten, dass vorher *Jungfrau-Skorpion* eine Art Einheitszeichen war, das eigentlich der *Waage* entsprach.
Die Zahl der Tierkreiszeichen war daher in diesem System zehn und nicht zwölf. Das Waagezeichen findet nun in der mittelalterlichen Astrologie seine Entsprechung in dem Planeten Saturn, während sein eigentliches Haus der *Wassermann* mit den fünf Jungfrauen ist, auf dem Saturn seine größte Stärke ausübt. In den anderen Zeichen ist sein Einfluss gehemmt. Wie wir zuvor aufgezeigt haben, entsprach der Planet Saturn auch dem gnostischen Satan bzw. dem Gott des *Alten Testaments*, dem Schöpfer der Materie, dem *Demiurgen* oder *Jaldabaoth*, der versucht, die Menschen für die Materie zu begeistern, um sie fortlaufend körperlichen Wiedergeburten zuzuführen.
In diesem mittelalterlichen Glaubensbild sind es die Sternzeichen *Wassermann* und *Waage*, die durch geistig-energetische Schwingungen dem Mikrokosmos darstellenden Menschen den *Christusimpuls* für einen Aufstieg in eine höhere Bewusstseinsebene vermitteln.
Am Straßburger Münster kann man diese Verbindung zwischen *Fürst der Welt* und dem Sternbild *Wassermann* bildlich erkennen. In diesem Fall steht der *Fürst der Welt* triumphierend auf einem Sockel, auf dem die mittelalterlichen Steinmetzen das Sternbild Wassermann verewigten. Nun erkennt man auch aus dem astronomisch-astrologischen Zusammenhang dieser Skulpturen, dass der *Fürst der Welt* beim Kampf mit den dem *Demiurgen* zugeordneten negativen Attributen als Sieger hervorging und sich nun dem Licht zuwendet.
Der Triumph über die dunkle Seite der Seele kommt in den dem Fürsten folgenden Skulpturen der heiligen Margareta und der hei-

ligen Katharina voll zur Geltung, da sie ihren Sieg über die Materie endgültig feiern. Eine Fortführung findet diese astronomisch-astrologische Darstellung in den vier Scheitelfiguren an den vier Bogenreihen. Sie münden wie bei vielen Kathedralen in eine dem *Christus* ähnliche Gestalt ein, die in einer Hand ein Buch hält und die andere zum Segen erhoben hat.

Hier versinnbildlicht sich der Kampf der erwachenden Seele, die sich zu einem höheren Bewusstsein emporarbeitet, mit dem Kampf zwischen den niederen Instinkten und der erwachenden Intelligenz.

Den Einfluss des persisch-römischen Mithraskultes in dieser astrologischen Symbolik erkennt man daran, dass sich in diesem Weltenhoroskop im Sternbild *Stier* das Seelenvermögen zur Weisheit und Erkenntnis äußert und der Mensch schließlich *Christus* gleich wird. In diesem Fall steht *Christus* im Zyklus stellvertretend für den Sonnengott und Stierbezwinger *Mithras*.

Ähnlich wie die beiden Fackelträger im Mithraskult stehen links und rechts von *Mithras-Christus* die fünf klugen Jungfrauen mit erhobenen Lampen und die fünf törichten Jungfrauen mit den nach unten gerichteten Lampen. Im Sternbild *Widder* findet im astrologischen Denkgebäude der mittelalterlichen Baumeister eine Erhöhung der Sonne statt, da sie aus dem Dunkel der Wintermonate hervortritt, obwohl sie ihr eigentliches Haus im Sternbild *Löwe* hat. In diesem Fall kommt die Abstammung von *Christus* im irdischen Leben ins Spiel, da er aus dem *Haus Juda* kommt. Das *Haus Juda* hatte als Symbol den Löwen.

Die Scheitelfigur des dritten Bogenlaufes im Zyklus stellt diese Symbolik dar. Sie hat ein löwenähnliches Aussehen und hält in beiden Händen jeweils ein Schwert, welches die beiden Hörner des Widders andeuten soll. Die Skulptur des Abraham wendet ihren Blick zweifellos zum Löwen aus dem Stamme Juda, welcher die sieben Siegel gebrochen und durch die beiden Schwerter symbolisch die Widdergestalt angenommen hat.

In diesem Knotenpunkt des Tierkreises befindet sich astrologisch ausgedrückt der Eingang ins Himmelsreich. An diesem Ort findet

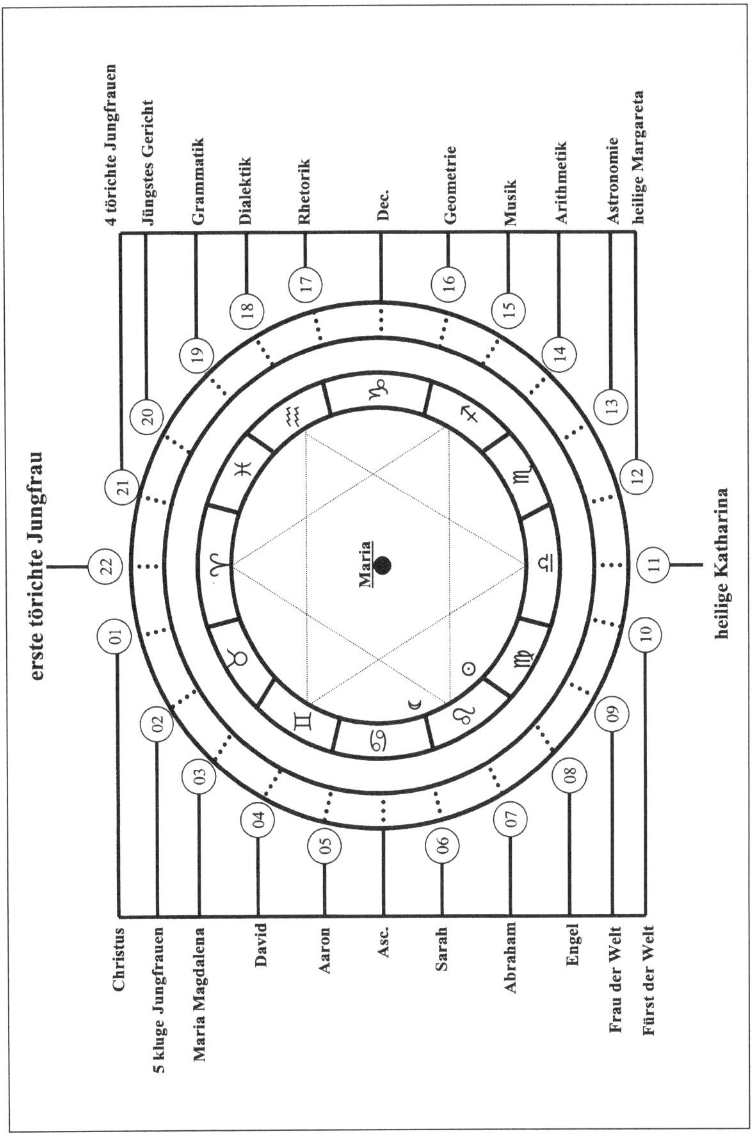

Abb. 13: Wie im Text beschrieben, stellen die Skulpturenzyklen ein mittelalterliches Weltenhoroskop dar, das die Geburt des Christus-Impulses im Menschen zum Ausdruck bringen soll und das zugleich mit den aufbauenden, lebenserhaltenden und konstruktiven Prinzipien in der Natur im Einklang steht.

das Jüngste Gericht statt, bei dem die Seelen entweder ins himmlische Jerusalem aufsteigen oder erneut in die Materie verdammt werden. An diesem Ort findet die Apokalypse des Johannes statt, und die Skulpturen der Teufel übernehmen die unvollkommenen Menschen. Es ist der Scheidepunkt zwischen denen, die das Leben im Geiste suchen und denen, die der Materie gehorchen. An diesem Platz thront der Weltenrichter, dessen Angesicht leuchtet und aus dessen Mund ein zweischneidiges Schwert ragt.

Diejenigen, welche den Sieg gegen die Finsternis hinweggetragen haben, werden durch ein Symbol dargestellt, das uns später noch an vielen den Gnostikern zugeordneten Bauwerken unterkommen wird. Es sind dies den *Ophiomorphus* symbolisierende Schlangen, Drachen oder Monster, die Menschen aus ihren Rachen speien oder schlucken.

Im Freiburger und Straßburger Münster wird dieser Sieg der Seele durch eine Figur dargestellt, die aus dem Rachen eines Walfisches hervorkommt. Hier ist das Motiv sehr wahrscheinlich der aus der Bibel stammende Jona, der die aus dem Kampf mit den niederen Elementen siegreich hervorgegangene Seele symbolisiert. Die Darstellung der Jona-Geschichte war vor allem in der frühchristlichen Zeit weit verbreitet und hat ihren Ursprung ebenfalls im Tierkreis.

So befinden sich in den Petrus-, Callist-, Priscilla- und Marcellinus-Katakomben in Rom Darstellungen dieser Art. Das Repertorium der christlich-antiken Sarkophage führt allein in Rom 90 erhaltene Beispiele mit so genannten Jona-Darstellungen an. Im Vatikan befindet sich ein Sarkophag, dessen gesamte Schauseite dem Jona-Zyklus gewidmet ist.

Man kann das Motiv bis zu den vorchristlichen Glaubensvorstellungen der Kelten und der griechischen Mythologie zurückverfolgen. Die Merkmale dieser menschenspeienden Fabeltiere sind ein Leib mit geschwellter Brust und kleinen seitlich anliegenden Flügeln. Außerdem ein langer schlangenförmiger Unterleib mit einem abschließenden Dreiblatt und den an ein Raubtier erinnernden Kopf, mit einer aufgeworfenen Schnauze, spitzen Ohren und einem verhornten Bart.

In der griechischen Mythologie wurde ein solches Fabeltier Ketos genannt. Der Historiker *Walther Matthes* und der Mathematiker und Physiker *Rolf Speker* fanden in zahlreichen karolingischen Handschriften Skizzen, welche die Sternbilder der Antike nachbilden. Einige gingen im Auftrag Karls des Großen ins Jahr 809 zurück. Diese Handschriften erhalten auch zahlreiche Sternbilder, darunter den *Ketos*, heute *Walfisch* genannt. Die karolingischen Handschriften lehnen sich meistens an spätrömische Bearbeitungen aus dem 4. Jahrhundert nach Christus an.

Da das Frühchristentum am Anfang seines Bestehens sehr von den gnostischen Lehren beeinflusst wurde, wurden gnostische Symbole sehr oft übernommen. In den Erlebnissen von Jona, welcher drei Tage und drei Nächte im Bauch des Ketos gebetet haben soll, sah das Urchristentum eine Vorform für den Tod und die Auferstehung Christi.

Ähnliche Darstellungen findet man sogar bei Relikten der Wikinger in Skandinavien. Zum Christentum bekehrte Wikinger interpretieren die Geschichte etwas anders. Im isländischen Nationalmuseum befinden sich ein paar Fragmente geschnitzter Wandverkleidungen mit Heiligendarstellungen, die zur Kathedrale von Hólar gehörten. Auf einer dieser Holztafeln kann man einen schlangenförmigen Drachen erkennen, der ähnlich wie im Jona-Motiv einen Menschen aus seinem Maul speit. Die christianisierten Nordmänner sahen in diesem Motiv, wie die Schlangen des Antichristen ihre Beute zur Verurteilung abliefern.

Anhand dieser Interpretation kommen die Gedankengebäude der gnostischen Lehre wieder zum Vorschein, da der aus dem teuflischen Monster *Ophiomorphus* ausgespuckte Mensch zur göttlichen Erlösung gelangt. Wird der Mensch verschluckt, muss er wieder reinkarnieren. So kann man auf dem Konsolenfries des Baseler Münsters ein zu dieser Lehre passendes Monster erkennen, das einen Menschen ausspeit.

Im Baseler Chorkapitell kann man eine Szene aus der Sage des Dietrich von Bern besichtigen, bei der ein Ritter durch Dietrich

von Bern aus dem Schlund eines geflügelten Drachens gezogen wird. Wir werden im Laufe des Buches noch mehrmals auf ähnliche, bei den valentinischen Gnostikern und den Ophiten beliebte Motive stoßen.
In hermetischen Manuskripten aus dem 12. und 13. Jahrhundert findet man, wie wir zuvor aufzeigten, bildliche Darstellungen solcher Szenarien, die Christus als Weltenrichter außerhalb der Sphären der von den Planeten und dem Tierkreis symbolisierenden Weltenschlange *Ourobouros* sitzend zeigen. Ähnlich muss man sich die Skulpturen-Symbolik am Freiburger Münster und anderen Kathedralen vorstellen. In dieser Auslegung kann nur die Seele eines der Gnosis erfahrenen Eingeweihten der bösen geflügelten Drachenschlange entkommen, sich über den Tierkreis erheben und zum Bewusstsein der in der vierten Scheitelfigur symbolisierten christusähnlichen Gestalt aufsteigen, um zum wahren Gott des Lichtes zu gelangen.
Nach den Ansichten der Gnostiker hat dieser Mensch dann das Geheimnis des Buches mit den *sieben Siegeln* geöffnet. Die sieben Siegel stellen hier die Überwindung durch die sieben Himmelssphären, welche vom Mond, der Sonne und den fünf damals bekannten Planeten dargestellt wurden, dar. Die letzten Geheimnisse haben sich dem Eingeweihten aufgetan.
Ein anderes bei den großen Kathedralen oftmals auftretendes Skulpturenmotiv stellt die *Ecclesia* und *Synagoge* dar. Diese Skulpturen finden sich ebenfalls in den zuvor beschriebenen Zyklen von Freiburg und Straßburg. Die herkömmliche Deutung dieser Skulpturen wird als die Personifizierung der siegreichen christlichen Kirche gegen das überwundene Judentum ausgelegt. Wie so oft scheinen auch diese beiden Skulpturen eine Doppelbedeutung zu besitzen, da deren Auslegung sehr gut in die gnostische Lehre passt und sogar Gegenstände trägt, die meistens mit den gnostischen Lehren nicht abgeneigter Ritter des Tempelordens in Verbindung standen.
Die *Ecclesia* trägt in der Hand den Kelch mit dem Blut Christi – ein Gralsmotiv –, in der anderen Hand hält sie als weiteres Attribut ein bei den Templern beliebtes Motiv, die Kreu-

zesfahne als Symbol des Triumphes. Die Skulptur der *Synagoge* verkörpert das Judentum und hat die Augen verbunden. Die Lanze der *Synagoge* ist mehrfach gebrochen, in der linken Hand hält sie die Gesetzestafeln Mose gesenkt. Diese Symbolik findet sich 1:1 in den mittelalterlichen gnostischen Lehren wieder. In diesem Fall stellt die *Ecclesia* den Sieg der Gnosis über das Juden- und das römisch-katholische Christentum bzw. deren Gott, dem *Demiurgen*, dar, da die Gnostiker die Gesetze, welche Mose von Gott erhalten haben soll, nicht anerkannten.

Die Skulpturenzyklen an den gotischen Kathedralen bestehen zum Großteil aus biblischen und christlichen Figuren, in denen sich jedoch die okkulten Gedankengebäude ihrer Baumeister bzw. deren Auftraggeber widerspiegeln. Wenn man mit der gnostischen Lehre nicht vertraut ist, übersieht man sehr einfach die doppelte Bedeutung dieser Symbolik.

Im ältesten Teil des Münsters wie der um 1200 erbauten Nikolauskapelle findet man weitere gnostische Symbole, wie eine Sirenenfamilie mit Fischschwänzen, Einhörner oder den Kampf eines Mannes mit einem Greif und den Kampf zwischen zwei Kentauren. Der Greif stammt aus dem Orient und ist ein Fabeltier mit einem Körper und der Stärke eines Löwen und den Flügeln, Schnabel und durchdringenden Augen eines Adlers. Dieses Motiv taucht schon auf Reliefs von Nimrud auf sowie auf indischen Balustraden und griechischen Tempelgiebeln. Für die Hebräer war der Greif das Symbol Persiens und des von dort stammenden magischen Wissens. Ebenso findet man Samson, den Löwenkämpfer, neben Widderköpfen, die von der Wand starren.

Wir werden etwas später auf die Symbolik der Löwenkämpfer genauer eingehen, da diese Helden eine besondere Bedeutung im Glaubensgebäude der Baumeister mittelalterlicher Sakralbauten einnahmen.

Im Anschluss wenden wir uns einem weiteren initiatorischen Symbol zu, welches die Erbauer der großen mittelalterlichen Kathedralen benutzten, um den Eingeweihten den richtigen Weg durchs Labyrinth des Lebens weisen zu können.

Das Labyrinth

Die Labyrinthe in den Fußböden der gotischen Kathedralen stellten ein alchemistisches Symbol und keine Irrwege dar. Sie symbolisieren den einen Weg, der nach vielen Umwegen und Kehren schließlich ins Zentrum führt.

Wenn man die Kathedrale von Chartres betritt, ist es unmöglich, dass man das mit Steinen in den Boden eingelegte Labyrinth übersieht. Dieses rätselhafte mittelalterliche Kunstwerk besitzt einen Durchmesser von exakt 12,885 Meter. Das Labyrinth von Chartres ist das heute noch einzig erhaltene mittelalterliche Labyrinth in einer gotischen Kathedrale. Im 12. und 13. Jahrhundert hatten die Kathedralen von Sens, Amiens, Arras, Auxerre und Reims ähnliche Labyrinthe wie Chartres.

Manche Kathedralen hatten kleinere Labyrinthe, wie das Labyrinth von Bayeux mit seinem Durchmesser von nur vier Meter. Andere wieder befanden sich nicht vor dem Haupteingang, sondern im Norden oder am Westportal wie bei der italienischen Kathedrale von Lucca. Das älteste Labyrinth in einer christlichen Kirche befindet sich in der Basilika von Reparatus in Algerien. Dieses Labyrinth wird in das Jahr 328 nach Christus datiert.

Das älteste europäische Labyrinth in einer christlichen Kirche befindet sich in San Vitale in Ravenna, Italien, und stammt aus dem 6. Jahrhundert. In Deutschland befinden sich in den beiden Kölner Kirchen St. Severin und St. Gereon Labyrinthe. Die ältesten Steinzeichnungen, welche Labyrinthe aufweisen, fand man in Irland und in skandinavischen Kirchen wie in Hablingbo in Schweden, in Telemark und Geringe in Norwegen und in Skive in Dänemark.

Im 17. und 18. Jahrhundert wurden die meisten Labyrinthe vollständig aus den Kathedralen entfernt, da die kirchlichen Würdenträger deren Bedeutung nicht dem Christentum zuordnen konnten.

Aus dieser Zeit stammen auch Aufzeichnungen, die beschreiben, dass die Labyrinthe in ihren Zentren kupferne Platten besaßen, auf denen man einen Ritter, der mit einem *Minotaur* – einem Stiermenschen – kämpft, sah. Heute existiert keine einzige dieser Kupferplatten mehr, da die meisten Platten während der napoleonischen Kriege für die Herstellung von Waffen eingeschmolzen wurden. Es ist sehr wahrscheinlich, dass diese Symbolik auf die so genannte *Theseussage* zurückgeht.

In dieser keineswegs christlichen Sage kämpfte Theseus mit einem *Minotaur* im Zentrum eines Labyrinths. Die Form der verschiedenen Labyrinthe war ebenfalls unterschiedlich. Anhand von alten Aufzeichnungen weiß man, dass es drei Typen gab. Diese Typen hatten runde, achteckige und viereckige Formen. Das viereckige Labyrinth von Reims hatte sogar achteckige Schleifen an seinen vier Ecken. In diesen Formen spiegeln sich eindeutig Zahlenmystik und gnostische Weltanschauungen wider.

Die Form des Kreises gibt die Einheit, die Gesamtheit und die Perfektion an. Der Kreis ist zeitlos, ohne Anfang und Ende. Der Kreis symbolisiert auch die Sonne, den Tierkreis und das Weltenrad. Ein Symbolismus, der sich auch in der *Alchemie* der *Renaissance* wiederfindet. Pythagoras definierte den Kreis als die Psyche des Universums.

Das *Oktogon* mit seinen acht Ecken repräsentiert hingegen die Transformation und die Wiedergeburt. Bei den meisten vorchristlichen Kulten erfuhr man nach sieben Einweihungsstufen das Paradies, welches mit dem Erlangen der achten Stufe gleichgesetzt wurde. Bei den gnostischen Lehren war das Paradies gleichzusetzen mit dem Himmel, dem himmlischen Lichtreich oder dem himmlischen Jerusalem der Johannes-Apokalypse. So erhielten sogar in der römisch-katholischen Kirche die meisten Taufsteine eine achteckige Form, weil sie eine Reinigung und eine Wiedergeburt im spirituellen Sinne symbolisieren.

Viele Labyrinthe führen in einer Links-rechts-Gangart in elf kreisförmigen Spuren oder im Falle eines *Oktogons* in geraden Linien in den Mittelpunkt, dem die Nummer zwölf zugeordnet ist. Die Zahl elf symbolisiert in der Zahlenmystik fast aller Religionen die Sünde, da sie nach Pythagoras der perfekten göttlichen Zahl zehn folgt. Der Eingang in die Labyrinthe erfolgte durch die fünfte Schleife. Die Zahl fünf symbolisiert den Mikrokosmos, den Menschen. Die fünf repräsentiert auch die Dualität und die *Androgynität*, da sie sich aus der maskulinen ungeraden Zahl drei und der femininen geraden Zahl zwei zusammensetzt.

Die Anordnung und Errichtung dieser Labyrinthe erforderte präzise mathematische Berechnungen. Es ist interessant, dass man die Namen der Baumeister der Kathedralen von Amiens und Reims kennt, da man sie in Gravuren, die man in den Labyrinthen fand, entdeckte.

Leider sind diese Gravuren heute nicht mehr zu sehen. Auf künstlerischen Darstellungen aus dem 16. Jahrhundert, die diese Gravuren zeigen, sieht man vier Personen, von denen jede in einer Ecke des Labyrinths von Reims steht und einen Kompass in der Hand hält. Bei der Kathedrale von Amiens fand man die Namen der Baumeister in einer Kupferplatte, die das Zentrum umgab. Die Platte kann heute im Stadtmuseum von Amiens begutachtet werden.

Es ist durchaus möglich, dass die Baumeister die Labyrinthe benutzten, um die Altäre und andere architektonische Leistungen nach den Richtlinien der heiligen Geometrie durchführen zu können. Wie wir aufgezeigt haben, gibt es viele Hinweise, dass numerologische Gedankeninhalte beim Bau dieser Kathedralen eine Rolle spielten. So findet sich der Durchmesser des Labyrinths von Chartres im Durchmesser der westlichen Fensterrose wieder. Die Entfernung vom Westportal ist ebenfalls gleich lang wie die Entfernung zum Zentrum der Fensterrose. Eine imaginäre Linie vom Zentrum des Labyrinths bis zum Zentrum des Fensters formt somit eine Hypotenuse eines exakten Dreieckes, welches aber nicht einen exakten Winkel mit der westlichen Mauer bildet.

Das Zentrum des Labyrinths befindet sich genau zwischen zwei Säulen, die sieben Erker teilen. Da die Zahl sieben in der Zahlenmystik die göttliche Zahl der Planetensphären darstellt, steckt hier ein esoterischer Gedanke der Baumeister dahinter. Durch diese Anordnung werden die Erker in eine Dreier- und eine Vierergruppe eingeteilt. Die Zahl drei symbolisiert den Geist, und die Zahl vier steht immer mit der Materie in Verbin-

dung. Die Zahl sieben kommt in der Architektur von Chartres mehrmals vor.
Bei der Kathedrale von Reims wurde auf eine ebenfalls auf der Zahlenmystik beruhende Bauweise zurückgegriffen. In Reims baut diese Symbolik aber auf die Zahl fünf auf. Allen diesen Gedankengebäuden liegen die Ansichten von Pythagoras zu Grunde. Laut Pythagoras ist die Zahl zehn die perfekte Zahl. Aus diesem Grunde befindet sich das Zentrum des Labyrinths von Reims gegenüber dem dritten Erker des Querschiffes. Diese Anordnung teilt die Zahl zehn in die Zahlen drei und sieben ein.
Somit scheint es kein Zufall gewesen zu sein, dass man die Namen der Baumeister im Labyrinth fand. Labyrinthe wurden auch mit den Pilgerpfaden ins Heilige Land in Verbindung gebracht, da man sich auf dieser Pilgerreise leicht verlaufen konnte. In diesem Zusammenhang gibt es die Bezeichnung *Straßen nach Jerusalem*. Dass das Hauptthema in den großen Kathedralen die Apokalypse darstellt, haben wir schon aufgezeigt.
Aus diesem Grund scheint es logisch zu sein, dass die Baumeister oder deren Auftraggeber in den großen Kathedralen ein Symbol für das in der Johannes-Apokalypse beschriebene himmlische Jerusalem in Form von Labyrinthen setzten. In diesem Fall ist von demselben himmlischen Jerusalem die Rede, wie es die gnostischen Bewegungen der Bogomilen, Katharer oder Ophiten und andere erwarteten.
Der Weg durch das Labyrinth in das verborgene Zentrum wird mit der Zahl zwölf symbolisiert und kann mit der *Gralssuche* gleichgesetzt werden. Der Initiant beginnt wie im mittelalterlichen *Tarot* seine Reise als dem Mikrokosmos entsprechender sündiger Narr und erlangt nach langem Herumirren im Labyrinth schließlich Einsichten, die ihm den Weg ins himmlische Jerusalem, in das Paradies, zeigen. Diese Einsichten können nur erlangt werden, wenn der Initiant nach Erreichen des Mittelpunktes gleich wie *Theseus* den *Minotaur* besiegt.
Der *Minotaur* repräsentiert in diesem Falle die unbezähmbare Wildheit der Natur, den mithrischen Sonnenstier oder den geflügelten Drachen. Da *Theseus* den *Minotaur* besiegt, ist er ein Son-

nenheld oder einem Sonnengott gleichgestellt. Somit ist die *Theseus-Minotaur*-Symbolik eine griechische Abwandlung des persisch-römischen Sonnengottes und Stiertöters *Mithras*. Wie wir später noch aufzeigen werden, repräsentieren vor allem die bei den Ordensrittern und den Zisterziensern verehrten Drachentöter wie der Erzengel Michael oder der heilige Georg dieselbe Symbolik.

Hier übernahm der böse geflügelte Drache oder die Schlange *Ophiomorphus* als Sohn von *Jaldabaoth* die Rolle des griechischen *Minotaurs* oder des persisch-römischen Stiers. Aus diesem Grund erhält man die gnostische Anschauung des Kampfes zwischen dem *Licht* und der *Finsternis*, bei dem der reine tugendhafte Sieger einen Einblick in das himmlische Lichtreich, das Paradies des wahren Gottes, erhält.

Nach diesen Betrachtungen scheint es klar zu sein, dass die Labyrinthe neben ihrer architektonischen und zahlenmystischen Bedeutung für die Erbauer dieser Kathedralen auch eine initiatorische Bedeutung hatten. Nebenbei erkennt man wieder, dass die Symbolik hinter diesen Labyrinthen den gnostischen Lehren entspricht. Somit erhält man einen weiteren Hinweis, dass die Baumeister der großen gotischen Kathedralen Gnostiker waren, die es geschickt verstanden, ihre Glaubensvorstellungen vor der römischen Amtskirche zu verbergen.

In den folgenden Kapiteln werden wir durch die weitere Analyse einiger mittelalterlicher Bauwerke aufzeigen, dass außer den mittelalterlichen Dombauhütten auch einige mächtige Auftraggeber wie die Ritterorden und viele europäische Adelige gnostischen Lehren zugetan waren und die Verbreitung deren Symboliken innerhalb der vom katholischen Christentum abweichenden Lehren förderten.

4 Auf der Suche nach dem himmlischen Jerusalem

Die mysteriöse Kapelle von Roslin

»Seine Gestalt hat unser Kirchengebäude vom Bundeszelt und vom Tempel entliehen«, schrieb um 1290 Bischof Durandus von Mende. Er will damit das christliche Gotteshaus als Vollendung und Ablösung des salomonischen Tempels sehen.

Der kleine schottische Ort Roslin erregte 1996 in den Medien weltweit Aufsehen, da im dortigen *Roslin Institute* die ersten Schafe geklont wurden. Außer dem gentechnischen Institut besitzt das verschlafene Örtchen südlich von Edinburgh eine mittelalterliche gotische Kapelle und eine Burg mit dem ähnlich klingenden Namen Rosslyn als wenig beachtete Besonderheiten. Im 11. Jahrhundert errichtete die Familie St. Clair am College Hill ihre erste Burg, und um 1445 wurde an dieser Stelle von William St. Clair nach mehr als 40 Jahren Bauzeit die zuvor erwähnte Kapelle vollendet.
Die Burg der St. Clair's wurde in dieser Zeit auf einem etwas tiefer gelegenen Bergsporn von William St. Clair ebenfalls neu errichtet. Die Kapelle sieht aus wie eine kleine Kathedrale und ist einer der rätselhaftesten mittelalterlichen Sakralbauten in Europa. William St. Clair ließ für die Errichtung dieses Bauwerkes die besten Steinmetzen und Baumeister Europas nach Schottland kommen, damit diese die Kapelle nach seinen Vorstellungen vollenden konnten.
Man benötigt mehrere Tage und Besuche, damit man die unzählige Vielfalt an Skulpturen und architektonischen Besonderheiten wirklich vollständig ins Bewusstsein aufnehmen kann. In diesem Bauwerk hat jede Skulptur, ob Wasserspeier, Engel, Heilige, Ritter oder

Säule eine Bedeutung. Bevor wir auf einzelne Motive genauer eingehen, beginnen wir mit einem Rundgang durch die Kapelle.
Die Kapelle wird durch das nördliche Tor betreten, von dem rechts und links riesige fürchterlich herniederblickende wasserspeiende Dämonen den Besucher mit ihren Fratzen anstarren. Am Fenster rechts des Tores befinden sich ein Ritter auf einem Pferd und zwei Widder, die sich in den Hörnern liegen. Am linken Fenster sieht man einen Fuchs bei der Jagd nach einer Henne, einen Engel, der auf einem Musikinstrument spielt und einen Mann oder möglicherweise eine flinke Frau in Eile.
Nachdem man durch das Tor getreten ist, wird der Blick vor lauter Staunen auf das Deckengewölbe gerichtet. Auf diesem Gewölbe befinden sich unzählige steinerne Rosen, Lilien, Blümchen und Pentagramme. Die Pentagramme und Rosen waren eine traditionelle Dekoration an babylonischen Tempeln, die der Göttin *Ishtar* und ihrem auferstandenen Sohn *Tammuz* geweiht waren.
An einem Ende des Gewölbes befinden sich zwei steinerne Hände, die das Wappen der St. Clair's halten. Obwohl einige Skulpturen während der Reformation im 16. Jahrhundert zerstört wurden, ist eine sehr große Anzahl in ihrer Originalform erhalten geblieben. Neben den herkömmlichen in jeder christlichen Kathedrale befindlichen Heiligen- und Märtyrerdarstellungen befinden sich in der Kapelle von Roslin viele gnostische Symbole wie die dualistischen Gralszeichen Sonne und Mond, Tierfiguren, Drachen und eine große Anzahl an keltischen grünen Männern.
Wenn man die Anzahl der Skulpturen mit keltischen grünen Männern in der Kapelle von Roslin abzählt, kommt man auf über 100 Stück. Auch wenn man die keltischen Einflüsse auf den christlichen Glauben in Schottland akzeptiert, scheint diese Anzahl für ein christliches Bauwerk übertrieben zu sein. Wenn man bedenkt, dass der grüne Mann oder der gehörnte keltische Gott *Cernunnos* bei den Kelten wie der griechische Gott *Pan* ein Fruchtbarkeitssymbol darstellte, wird seine Anwesenheit in einem christlichen Gotteshaus noch kurioser.
Eine weitere Betrachtung der Skulpturen zeigt den Kopf des großen Magiers *Hermes Trismegistus*, den Begründer der hermetischen

Texte, welche die Grundlagen der griechischen Einweihungsschulen sein sollen. *Hermes Trismegistus* wird auch mit dem griechischen Gott *Merkur* und dem ägyptischen Gott *Toth* gleichgesetzt. *Toth* repräsentierte bei den Ägyptern den Gott des Wissens. *Hermes Trismegistus* gilt als der Patron der Magier und spielt bei allen Geheimgesellschaften und der *Alchemie* eine wichtige Rolle.

Es wird deshalb kein Zufall sein, dass der Name der Ortschaft Roslin in der gälischen Sprache *altes Wissen, welches durch Generationen weitergereicht wird*, bedeutet. In der Kapelle befinden sich dreizehn Säulen, die eine Arkade von zwölf spitz zulaufenden Bögen bilden, welche den Tierkreis darstellen. Die Säule des Maurer-Lehrlings stellt eine Transformation zwischen der vorchristlichen nordischen Mythologie des *Yggdrasil-Baumes*, der *keltischen Weltenesche* und des *christlichen Lebensbaumes* dar.

Der steinernen Baumkrone der Säule entsprechen wieder die zwölf Tierkreiszeichen, und die Wurzeln symbolisieren die Erdkräfte, an denen die Drachen von *Neifelheim* nagen, um dem Baum die Fruchtbarkeit zu nehmen. *Neifelheim* war die Unterwelt der Wikinger und könnte in der Kapelle auf die nordische Abstammung des Geschlechtes der Stifter hindeuten.

So gesehen haben wir es hier mit einer kuriosen Mischung von nordischem, keltischem, ägyptischem, griechischem und christlichem Gedankengut zu tun. Andere Skulpturenzyklen stellen eine der ersten Totentanzszenen, eine Kreuzigungsszene, die sieben Tugenden und die sieben Todsünden dar. Ein auf den Kopf gestellter gefesselter Engel soll den gefallenen Lichtengel *Luzifer* symbolisieren. Es ist interessant, dass die Schnüre links und rechts von der Skulptur ein umgedrehtes *S* ergeben. Es darf spekuliert werden, ob diese Darstellung den als *Lichtbringer* oder *Lichtengel* bezeichneten *Luzifer* mit der Sonne *Sol* in Verbindung bringt.

Andere Skulpturen in der Kapelle stellen amerikanische Aloe, Kakteen und Maispflanzen dar, obwohl sie aus einer Zeit stammen, in der Kolumbus Amerika noch nicht entdeckt hatte. Für einen eingeweihten schottischen Kreis ist es kein Geheimnis, dass William St. Clair's Großvater, Prinz Henry St. Clair, mit dem Wissen seiner Wikingervorfahren lange vor Christoph Kolumbus den amerikanischen Kontinent bereiste. Bei seinen Expeditionen nach Nordamerika soll er auch auf die in der Kapelle in Stein verewigten Pflanzen gestoßen sein. Da die St. Clair's von den Wikingern abstammten und diese vor dem 10. Jahrhundert nachweislich Reisen nach Nordamerika unternahmen, kann diese Geschichte durchaus einen wahren Kern beinhalten.

Unter den Skulpturen der Kathedrale befinden sich auch der schottische Freiheitskämpfer Robert Bruce, William St. Clair und einige Baumeister. Vor der so genannten Lady Chapel kann man die Säule der Baumeister bewundern. Es gibt Gerüchte, wonach diese Säule vom obersten Meister der Baumeister errichtet worden sein soll. Außer Skulpturen, die bekannte Personen zeigen, gibt es eine sehr große Anzahl von Skulpturen, die Symbole in ihren Händen halten. Ein Engel hält zum Beispiel das Herz von Robert Bruce, ein anderer zeigt dem Besucher ein Templerkreuz, andere Skulpturen repräsentieren Symbole der hunderte Jahre später offiziell gegründeten Freimaurer.

Unter diesen Symbolen befinden sich auch solche wie das bei den Freimaurern bedeutende Motiv des Erzgießers Adonhiram. Adonhiram galt als Meister des Metallhandwerks und wurde nach der Legende von drei seiner Assistenten kurz vor der Vollendung von Salomons Tempel ermordet.

Wie in vielen gotischen Kathedralen am Festland spielten die Legenden um König Salomon auch hier eine wichtige Rolle. In dieser Geschichte geht es um zwei von Adonhiram errichtete Tempelsäulen mit der Bezeichnung *Jachin* und *Boaz*, die man in der Rosslyn-Kapelle in den Säulen des Maurer-Lehrlings und des Meisters wiederfindet.

Diese Säulen entsprechen den Torwächtern am Eingang zum Paradies. Bei der Untersuchung der ältesten jüdischen Mystik fand sich, in den so genannten *Hechaloth-Büchern*, seit etwa dem 4. Jahrhundert die alte gnostische Aufstiegsidee der Seele von der Erde zur himmlischen Gottheit wieder. In der Beschreibung einer Wanderung im großen Hechaloth durch die im obersten Himmel befindlichen sieben Paläste soll der Wanderer zu den Torwächtern am Eingang der himmlischen Hallen kommen.

33

34

32-37 Schlangendarstellung am Schottenportal in Regensburg und an der Außenmauer des Großmünsters in Zürich. Links unten, Schlangenstein der Bogomilen, Bosnien. Indische Hinduschlangengötter und magischer Ritualgegenstand der tibetischen Bönmagier.

36

37

50

50, 51 *Die Höhlenburg Puxerloch, Steiermark. Kultraum der Katharerburg Bethlehem bei Ornolac, Frankreich.*

52

52 Pfau mit Lamm in der Unterkirche von Gelard, Armenien. Bei dieser Symbolik kommt es zu einer Vermischung zwischen dem Yezidenkult und christlicher Symbolik.

53

54

53, 54 Mithrische Symbole in den unterirdischen Höhlen der französischen Templerburg Montréalp-de-Sos bei Vicdessos. Das Insert zeigt einen Schlangenaltar des Mithraskultes im Mithräum von San Clemente in Rom.

55, 56 Die schwarze Madonna von Mazamet, Frankreich, und die Unterkirche von Feldebrö, Ungarn.

55

56

57 *Darstellung der Mutter Erde, symbolisiert durch den Fischschwanz in den Katakomben von Rom. Die Pfaue sind eine Symbolik des Hindugottes Murrugan. Als Melek Taus fand der Pfau Einzug in den Kult der Yeziden. Die beiden Pfaue und der Kelch weisen auf eine Verschmelzung zwischen einem Erd-Mutten Kult mit der christlichen Gralsmystik hin.*

57

58, 59 *Schlangenfrauen (Erde, Sophia-Achamoth) an der Außenwand der Filialkirche St. Gotthard in Lansach im Drautal, Kärnten, und der Kirche von Mănăstireni bei Cluj in Rumänien.*

58

Es ist klar, dass die *Hechaloth-Bücher* in einer verschlüsselten Sprache Einweihungsschritte in die gnostische Lehre beschreiben. Eintritt in das Himmelreich erhält nur derjenige, der ein streng geheim gehaltenes magisches Wort kennt. Mit solchen steinernen Wächtern, deren ursprüngliche Bedeutung noch im Bereich der magisch-astralen Ebene des Menschen zu suchen ist, dürften die beiden Säulen am Eingang des salomonischen Tempels und in Folge in der Kapelle identisch gewesen sein.
Bei dieser Betrachtung stellen die von König Salomon am Tempeleingang in Jerusalem errichteten Säulen magische Tempelwächter dar. Daher wird auch die schon früh eingesetzte Verklärung der historischen Gestalt von König Salomon zu einem mächtigen Magier verständlich.
Wenn man verstehen möchte, wieso die Erbauer der Rosslyn-Kapelle Adonhiram und der salomonischen Symbolik eine so große Bedeutung zuwiesen, müssen wir uns mit der so genannten Adonhiram-Legende genauer auseinander setzen. In dieser Legende spielt außer König Salomon auch die Königin von Saba eine bedeutende Rolle. Als nämlich der Ruf von Weisheit in Verbindung mit den Bauwerken von König Salomon in alle Länder drang, hörte auch die Königin von Saba, Balkis, davon und reiste nach Jerusalem, um sich selbst ein Bild von ihm machen zu können.
Als König Salomon die Königin von Saba sah, verliebte er sich in sie und wollte sie auch zur Königin von Israel machen. Als er sie durch den Tempel führte und ihr die neuen Arbeiten am Tempel zeigte, erfuhr Balkis, dass dies alles das Werk eines sonderbaren geheimnisvollen menschenscheuen Mannes mit dem Namen Adonhiram sei. In der Legende über Adonhiram heißt es, dass er die Menschen deshalb meide, weil er nicht von ihnen abstamme.
Diese freimaurerischen Lehren und die in Stein gemeißelten Symbole lassen sich auf einflussreiche ritterliche Mitglieder des Templerordens zurückführen. Hoch oben über dem Triumphbogen der Kapelle befindet sich ein *Agnus Dei*, ein Symbol, das sehr eng mit dem Tempelorden in Verbindung stand, so dass es sogar auch die Bezeichnung Templersiegel erhielt.

Das *Agnus Dei* stellt ein Lamm dar, welches wie die zuvor beschriebene *Ecclesia* eine Fahne hält, an deren Spitze ein gleichseitiges Kreuz, manchmal sogar ein Templerkreuz angebracht ist. Findet man dieses Symbol in einem mittelalterlichen Bauwerk, liegt ein Templereinfluss sehr nahe. Wenn dieses Symbol mit einigen anderen den Templern zugeordneten Symbolen gemeinsam auftritt, ist diese Wahrscheinlichkeit noch viel höher.

Zu diesen zusätzlichen Symbolen gehören Pentagramme, zwei Ritter auf einem Pferd, eine stilisierte Repräsentation des Kopfes Jesu wie auf dem Grabtuch Christi oder dem Schweißtuch Jesu und eine fliegende Taube, die einen Olivenzweig im Schnabel trägt. Da die meisten Zeichen auch Symbole im herkömmlichen Christentum darstellen, ist es nicht immer leicht, sie den Tempelherren zuzuordnen. In der Kapelle von Roslin kommen diese Symbole neben vielen anderen auf die Tempelritter hinweisenden Skulpturen jedoch alle gemeinsam vor.

Um dieses Mysterium und den Templereinfluss beantworten zu können, sollte man wissen, wieso die St. Clair's diese einzigartige Kapelle südlich von Edinburgh errichten ließen. Wie wir im ersten Kapitel des Buches aufzeigten, hatte der europäische Kontinent vor dem Jahr 1000 große Probleme mit plündernden Wikingerbanden aus Norwegen. Manche Wikingerstämme wurden sesshaft und ließen sich in erster Linie in Irland, Großbritannien und der Normandie nieder. Die Normandie selbst stellt ein unmittelbares Ereignis dieser frühen Wikingerüberfälle auf Westeuropa und insbesondere Nordfrankreich dar. Der Anführer dieser Horden nannte sich Hrolf oder Rollo und richtete bei seinen Streifzügen im Tal der Seine große Verwüstungen an.

Es kehrte erst Friede ein, als der westfränkische König Karl der Einfältige Rollo einen Landstreifen um Rouen überließ. Die offizielle Gründung dieses Landstreifens erfolgte im legendären Vertrag von *St. Clair-sur-Epte*. Wie sich nun jeder denken kann, ist der im Vertrag erwähnte Name St. Clair kein Zufall. Die St. Clair's von Roslin können bis zu Røgnvald dem Mächtigen, dem Earl von Möre, an der nordwestlichen Küste von Trondheim in Norwegen zurückverfolgt werden. Røgnvalds zweiter Sohn war der zuvor erwähnte Hrolf oder Rollo, der in der Burg von *St. Clair-sur-Epte* den Vertrag zur Gründung der Normandie unterzeichnete.

Rollo und seine Nachkommen erweiterten durch eine geschickte Heiratspolitik ihre Einflüsse bis nach Chaumont, Gisors, d'Evraux, Blois und bis zu den Grafen der Champagne. William der Eroberer, der 1066 in England den Thron bestieg, war ebenfalls ein direkter Nachfolger von Rollo. Aus dieser Linie stammt auch der erste St. Clair, der nach Schottland ging und sich in Roslin niederließ. Der erste St. Clair, der in Schottland geboren wurde, Henry de St. Clair, begleitete mit elf anderen schottischen Rittern Gottfried von Bouillon 1096 beim ersten Kreuzzug ins Heilige Land.

Wie wir im ersten Kapitel aufzeigten, ließ Gottfried von Bouillon in Folge dieses Kreuzzuges am Berge Sion eine Abtei mit dem Namen *Notre Dame du Mont de Sion* errichten. Die St.-Clair-Familie soll angeblich im 13. und 14. Jahrhundert zweimal Großmeister für die aus dieser Abtei hervorgegangenen *Prieuré de Sion* gestellt haben.

Catherine de St. Clair soll nach einer Geschichte sogar einen der neun führenden Tempelherren, nämlich Hugo von Payens, geheiratet haben. Seit dieser Zeit besteht nachweislich eine sehr nahe Beziehung zum Tempelorden und den St. Clair's im schottischen Roslin. In der Gruft der Rosslyn-Kapelle liegt William St. Clair begraben. Er starb 1330 in Spanien, als er mit anderen Rittern das Herz des schottischen Nationalhelden Robert Bruce ins Heilige Land bringen wollte.

Auf seinem Grabstein findet man typische Templersymbole, ein Schwert und eine Mischung aus Kreuz und Lebensbaum. Es scheint klar zu sein, dass William St. Clair die Rosslyn-Kapelle als eine Art Reiseführer durch die Lehren der Gnosis errichten ließ. Er wusste sehr genau, dass in seiner Zeit nicht nur Bücher, sondern auch deren Autoren von der Inquisition verbrannt wurden.

Sein in Stein geschriebenes Buch, *die Kapelle von Roslin*, überlebte jedenfalls bis in die Gegenwart und stellt einen Beweis dar, dass eingeweihte Ritter des Tempelordens der römisch-katholischen Lehre abschworen und einer gnostischen Lehre anhingen.

Die Löwen, Schlangen und Drachen am Schottenportal in Regensburg

Wie man das Schottenportal der Kirche von St. Jakob auch interpretiert, es liegt einem einheitlichen Gedanken zugrunde, der eine dualistischen Auseinandersetzung zwischen Gut und Böse ausdrückt.

Im 11. Jahrhundert kamen benediktinische Wandermönche aus Irland sogar bis nach Regensburg in Deutschland. Diese Mönche leiteten die zweiten irisch-gälischen Klostergründungen auf dem europäischen Kontinent ein. Marianus, ein Angehöriger des bekannten Clans MacRobartheigh von Donegal, kam als erster Mönch aus Schottland nach Regensburg und ließ sich vor den Mauern der Stadt nieder.

Später wurde von den Mönchen ein Platz vor dem westlichen Stadttor erworben, wobei als Vermittler Burggraf Otto auftrat. Um 1090 wurde der Grundstein für ein neues Kloster in Regensburg gelegt. Da die schottischen Steinmetzen und Mönche ihre Nahrungsmittel und Geld von den reichsten Bürgern der Stadt bekamen, entstand schließlich die Schottenkirche St. Jakob, die als ein klassisches Werk der hochromanischen Baukunst in Bayern gilt. Anhand von geschichtlichen Aufzeichnungen weiß man, dass das Kloster seine Blütezeit in der Mitte des 12. Jahrhunderts hatte.

St. Jakob ist eine dreischiffige Basilika mit drei Apsiden, gewölbtem Chorjoch, Osttürmen und westlichem Querbau, wobei die Baumeister von St. Jakob die Kirche exakt in die Ost-West- Richtung ausrichteten. Auch wenn die komplette Kirche eine Besonderheit in Regensburg darstellt, repräsentiert das so genannte nach Norden blickende Schottenportal den größten Blickfang.

Vom anschaulichen Charakter der auf der Außenwand angebrachten Skulpturen wird eine Fülle von Mächtigem, Festem und Ewigem gezeigt: Adler, ein geschuppter Vogelmensch, ein mit geflochtenem Bart ausgestatteter Tiermensch, ein schweifumschlungener Löwe und schwanzverknotete Krokodile oder Drachenwesen. Vom Pflanzlichen her kann man sehr viele Motive erkennen, wie man sie auch in der Rosslyn-Kapelle findet. Die Beeren, Trauben und die üppigen Rosetten sowie zum Platzen reife Schoten repräsentieren eigentlich vorchristliche, bei den Kelten verehrte Fruchtbarkeits- und Naturgottheiten.

Viele Darstellungen in der Buchmalerei und auf keltischen Kreuzen und Grabsteinen zeigen Reben, welche zu komplizierten Mustern verschlungen sind. Im Christentum verschmolz die Symbolik, welche der Rebe in der keltischen und byzantinischen Kultur zugeschrieben wurde, indem man sie als das Blut Christi deutete. Bei vorchristlichen Religionen stellte man sich vor, dass Pflanzen oder Blumen, die aus dem Blut eines Gottes wuchsen, die Wiedergeburt – die Transformation vom Tod zum Leben – darstellen.

Die christliche Bedeutung des Portals scheint auf dem ersten Blick klar zu sein. Die Zentralfigur im Osten des Portals soll Maria mit dem Jesuskind darstellen, welches das Buch des Lebens emporhält, während Maria den Apfel zeigt. Westlich des Eingangs soll sich der Antichrist, begleitet von aggressiven, feindseligen Tieren, befinden. In den beiden unteren Quaderlagen findet nach katholischer Auslegung eine dialektische Umkehrung statt.

Im Bereich der Maria befinden sich ein löwenverschlingender Drache und eine Sirene als Symbol für die Verführung, und im Bereich des Antichristen ist ein im römisch-katholischen Sinne positiv zu interpretierender Drache zu finden, der eine Kugel verschlingt. Im Christentum kann die Kugel auch einen Igel symbolisieren, der die Eingeweide des Monsters zerstößt. Diese Szene wird in der herkömmlichen Auslegung als Symbol für die Grabesruhe und Auferstehung Christi gedeutet.

Ähnlich wie bei den großen gotischen Kathedralen erscheint am Himmelsbogen Jesus mit den zwölf Aposteln zum *Jüngsten Gericht*. Im Zentrum befindet sich das Tympanon mit Christus, Jakobus und Johannes, vor dem Löwen als Wächter liegen. Andere Skulpturen passen nicht so recht in eine rein römisch-katholische Auslegung. Es ist deshalb durchaus nahe liegend, dass auf Grund des schottischen Einflusses am Schottenportal neben den frühchristlichen Einflüssen auch vorchristliche und gnostische Symbole zum Tragen kamen.

In den gnostischen Lehren der keltischen Druiden gehörten die Pflanzen symbolisch den Kräften des Mondes an, da ihre Wurzeln tief in die Erde reichen. In der St.-Jakob-Kirche stellen außer den reich mit Pflanzen verzierten Säulen und Mauervorsprüngen mächtige Löwenskulpturen einen Blickfang dar. Da der Löwe das Gold oder die strahlende Sonne symbolisiert, sind im Schottenportal die gnostisch-dualistischen Zeichen des Grals, die *Sonne* und der *Mond*, verborgen. Für den Löwen gibt es in der mittelalterlichen Symbolik fünf Möglichkeiten zur Interpretation:

1. Der Löwe kann ein Symbol für Christus darstellen.
2. Der Löwe wird als Teufel interpretiert.
3. Der Löwe symbolisiert bei den Gnostikern den Gott des *Alten Testaments*, den Demiurgen oder den gnostischen Satan *Jaldabaoth*.
4. Der Löwe stellt einen Träger oder Wächter eines Heiligtums dar.
5. Der Löwe in der christlichen Legende.

Da am Schottenportal links und rechts des Eingangs Löwen das Portal bewachen, scheint es sich in Regensburg um den vierten Punkt zu handeln. Der Brauch, Löwen an den Eingängen heiliger Gebäude als Wächter zu stellen, stammt von den Ägyptern, da diese glaubten, dass Löwen mit offenen Augen schlafen. Anhand dieses Motivs kann man einen Zusammenhang mit den Kreuzzügen und Ritterorden herstellen, da die Beschreibung des salomonischen Tempels ebenfalls den Löwenschmuck erwähnt.

Nach der Bibel war der Thron von König Salomon aus dem Gold der arabischen Königin von Saba gearbeitet. Auf den Stufen zum Thron standen auf beiden Seiten die erwähnten sechs Löwen, die nach orientalischen Sagen zu brüllen begannen, wenn sich ein Feind dem Thron näherte. Weiters soll sein Thron auch mit Weinstöcken, goldenen Bäumen, Edelsteinen und singenden Vögeln umgeben gewesen sein.

Das römisch-katholische Christentum akzeptierte die aus der Zauberliteratur Salomons stammende Symbolik dahingehend, dass man die zwölf Löwen einfach als die zwölf Apostel und Salomon als Jesus Christus überführte. Gerade diese Vorgehenswei-

sen machten es Gruppen, welche gnostischen Geheimlehren anhingen, besonders leicht, vorchristliche Symbole unter den Augen der römisch-katholischen Kirche und der *heiligen Inquisition* auf christlichen Bauwerken unterzubringen.
Da gerade die hinter der Erbauung vieler Kirchen und Kathedralen stehenden Ritter des Tempelordens ihr Quartier in den Ställen des salomonischen Tempels aufschlugen, scheint diese Hypothese nicht so weit hergeholt zu sein. So sollen die Stufen des Thrones von König Salomon zwölf Löwen geschmückt haben, die seine Macht und Herrlichkeit ausdrückten. Den Beweis dieser Gerüchte kann man am gotischen Dom in Straßburg finden, welcher an seinem Südportal außer Gott Vater und der Heiligen Jungfrau mit dem Christuskinde auch König Salomon an höchster Stelle thronend zeigt. Das Vorbild der Tempelherren ist am Straßburger Münster wie in der Legende von zwölf Löwen umgeben.
Die Kirche von St. Jakob in Regensburg weist auch nachweislich einen Bezug zu den Tempelrittern in Schottland auf. So existiert in der Chronik der schottischen Adelsfamilie Seton eine Eintragung aus dem Jahre 1560, in der erwähnt wird, dass Sir David Seton Großprior der Templer von Schottland war. Sir David Seton starb 1581 und soll in der Schottenkirche in *Ratisbon*, dem heutigen Regensburg, begraben sein. Anhand dieser Aufzeichnung geht außerdem hervor, dass die Templer zweieinhalb Jahrhunderte nach der offiziellen Auflösung des Ordens in Schottland noch immer aktiv waren. Die Setons waren mit den St. Clair's und mit Robert Bruce bekannt und hatten vierhundert Jahre lang eine herausragende Rolle in der schottischen Politik.
Dass die ursprünglichen Ideengehalte aus der okkulten Symbolik von König Salomon nicht nur bei den Baumeister-Logen des Mittelalters einen wichtigen Stellenwert einnahmen, kann man in einem Konstitutionsbuch der Freimaurer-Großloge von Irland aus dem Jahre 1738 sehen. In diesem ist der Stuhl des Großmeisters identisch mit dem Thron von König Salomon. Wir werden im Buch anhand vieler Beispiele aufzeigen, dass dies kein Einzelfall ist.
Im Allgemeinen wurden die Löwen gewöhnlich in liegender Stellung, ähnlich der ägyptischen Sphinx, entweder vor Basen oder

auf den Deckplatten der Säulen des Portals angebracht. Oft dienen die Löwen auch als Träger der Säulen und stellen deshalb ein böses Prinzip dar. In vielen Fällen ist es schwer zu entscheiden, ob der gedrückte Löwe den Träger eines Heiligtums oder die besiegte Gewalt des Bösen darstellt.

Beim Schottenportal in Regensburg erkennt man bei genauen Betrachten des Einganges eine weitere Besonderheit. Über den Säulen des linken Eingangs thronen fünf weibliche Löwen, während über den rechten Säulen fünf männliche Löwen wachen. In diesem geschickt gewählten Motiv ist abermals die gnostische Lehre der dualistischen Gegensätze zwischen Frau und Mann verbaut.

Wie es scheint, haben die schottischen Steinmetze am Schottenportal, wie bei vielen anderen zu dieser Zeit errichteten Sakralbauten, gnostische Glaubenselemente geschickt hinter Symbolen der römisch-katholischen Kirche verborgen. Außer dieser verborgenen Symbolik gibt es Skulpturenmotive, die in der gnostischen Lehre der Ophiten eine wichtige Rolle spielen. Dies sind gefiederte Drachen oder Schlangen, Menschen oder Wesen, die von Drachen ausgespuckt werden, in sich verschlungene Schlangensymbole, Mischwesen zwischen Menschen und Schlangen oder Fischen, Troubadoure und *die femme aux serpents*, welche eine Frau darstellt, an deren Brüsten Schlangen nach Milch saugen.

Neben der Skulptur, die Maria mit dem Jesuskind darstellen soll, befinden sich links und rechts von ihr sich liebkosende menschliche Figuren, die durch ihre Gewänder den Eindruck erwecken, als ob ihr Unterleib in einen Fisch- oder Schlangenschwanz mündet und sich dabei verknotet. Diese Skulpturen repräsentieren eindeutig gnostische Einflüsse und waren hauptsächlich bei den Sekten der Ophiten (griechisch: Schlange) und den Naassenern (hebräisch: Schlange) verbreitet.

Dass die Schlange in der Symbolik vieler gnostischen Lehren eine wichtige Bedeutung erlangte, hängt mit der vorchristlichen Mythologie und dem antiken Mysterienwesen zusammen, in dem die Schlange auch zum gnostischen Symbol der geschlechtlichen Vereinigung zwischen Gott und Mensch wird.

In der ophitischen Lehre gibt es ein Zwischenreich, das aus Geist und Seele besteht. In diesem Reich befinden sich zwölf väterliche Engel, die halb Mensch, halb Schlange, eine der wichtigsten Symbolfiguren vorchristlicher Mysterien darstellen.
Im alten China der Han-Dynastie symbolisierten zum Beispiel um 200 v. Chr. Nüwa und Fuxi ein Urelternpaar, welches als halb Mensch und halb Schlange dargestellt wurde. Ein Teil symbolisierte die Erde und der zweite den Himmel. In Indien werden noch heute Stelen mit solchen halbmenschlichen Göttern verehrt, wobei die Mädchen der Dörfer kurz vor Sonnenaufgang und zu Mittag an den Schlangenstelen Milch opfern, damit ihre Fruchtbarkeit gesteigert wird.
Eine weitere Besonderheit am Schottenportal, die einen Einfluss der ophitischen Lehren aufzeigt, stellen geflügelte Drachen mit verknoteten Schwänzen und Schlangen dar. Dieses Symbol könnte den vom Gott der Materie gezeugten Sohn *Ophiomorphus* darstellen.
Es erscheint uns als sehr unwahrscheinlich, dass die Erbauer des Schottenportals der herkömmlichen katholischen Lehre nachgingen und auf einigen Quadratmetern unzählige gnostische Symbole, welche der ophitischen Lehre entsprechen, in Stein verewigten. Wir denken, dass die St.-Jakob-Kirche ein sehr gutes Beispiel darstellt, an dem man sehen kann, dass die schottischen Erbauer noch sehr von gnostisch-druidischen Lehren beeinflusst waren.
Dieselben schlangenförmigen Symbole findet man auch auf den Hinterlassenschaften der gnostischen Sekte der Bogomilen in Bosnien. Oberhalb der Bucht von Bristina befinden sich Schlangensteine, welche dieselben Schlangensymbole zeigen, wie man sie am Schottenportal in Regensburg bewundern kann. Bei manchen bosnischen Schlangensteinen wurde in der Mitte eine ringförmige Schale eingraviert. Sie erinnert an die Schalen keltischer Opfersteine, wie man sie zum Beispiel in La Praz in der Westschweiz findet.
Am Grund der Schale des interessantesten Schlangensteins von Bristina ist ein gleichschenkeliges Kreuz eingehauen, an dem von den Schmalseiten des Rechtecks zwei Schlangen zum Kreuz krie-

chen. Anhand dieser Gebärde erkennt man, dass die Schlangen dem Kreuz huldigen und es nicht angreifen. Auch wenn die Schlangen am Schottenportal keinem Kreuz huldigen, geben sie eindeutig dieselbe gnostische Symbolik wieder, da sie sich verknoten. Wenden wir uns nun den geflügelten Drachenskulpturen zu.
Nach der Lehre der Gnosis wird das Prinzip des Werdens von der geflügelten Schlange oder dem geflügelten Drachen dargestellt. Darstellungen, bei den Schlangen oder Drachen die Menschen ausspeien, wurde bei den gnostischen Gruppen wie den Ophiten mit dem Überwinden der Planetensphäre des Saturn durch den Sohn *Jaldabaoths*, des *Ophiomorphus*, gedeutet.
Die Symbolik dieser Darstellungen geht bis zu den keltischen Druiden zurück. In der keltischen Buchmalerei zählen Monster, die einen Menschen verschlucken oder ausspeien, zu den auffallendsten Darstellungen. Ähnliche rätselhafte menschenfressende Ungeheuer fand man auch auf keltischen Kunstwerken und Felsgravierungen. Sie beschwören das Bild der Hölle herauf, indem das Ungeheuer die Sünder verschlingt und die Eingeweihten ausspuckt.
Bei dieser Auslegung muss man sich aber vor Augen halten, dass die keltischen Druiden beim Wort Hölle nicht dieselbe Hölle vor Augen hatten wie die Christen. Bei den Lehren der Druiden symbolisierten diese Ungeheuer ebenfalls die Materie, ein Hindernis, das es zu überwinden galt. Wir werden später im Buch noch aufzeigen, wie diese Lehren nach Irland und Schottland und über die Normandie aufs europäische Festland gelangten.
Der gewöhnliche Mensch konnte die Sphäre der großen Schlange nicht durchdringen. Bei dieser Deutung würde der verknotete Schwanz des Drachenwesens, welches einen Menschen absorbiert, die in den Schwanz beißende Schlange symbolisieren. Es gibt viele Beispiele, welche dieselben geflügelten Drachen oder Schlangen, wie man sie am Schottenportal in Regensburg bewundern kann, in Verbindung mit gnostischen Sekten zeigen.
Ein sehr gutes Beispiel stellt eine Alabasterschale aus dem 3. oder 5. Jahrhundert nach Christus aus Syrien oder Kleinasien dar. Auf dieser Schale ist eine kultische Handlung von Ophiten zu sehen, bei der sich 16 nackte Personen außerhalb einer geflügelten, einen

Kreis bildenden Schlange befinden, die von Sonnenstrahlen umgeben ist. Durch die geschlechtliche Vereinigung beim Ritual wird aus den 16 Teilnehmern die heilige Zahl acht, welche das *himmlische Oktogon*, das *Achteck*, die Transformation und die Wiedergeburt darstellt.

Eine weitere Besonderheit am Schottenportal stellt eine auf einem Stuhl sitzende bärtige Gestalt dar, die in der herkömmlich katholischen Interpretation als *Antichrist* gedeutet wird. Wenn man die gnostische Auslegung in Betrachtung zieht, stellt die Figur den gnostischen Satan, den Gegenspieler der *Sophia*, *Jaldabaoth*, dar.

Außer den zuvor behandelten Skulpturen findet man weitere, die ihren Ursprung in den gnostischen Lehren haben. Da diese Motive bei den Katharern in diesem Landstrich sehr oft ihre Verwendung fanden, ergeben sie im Zusammenhang mit den zuvor besprochenen Skulpturen einen weiteren Hinweis auf einen starken gnostischen Einfluss am Regensburger Schottenportal.

Zwischen den vier Skulpturen, welche die vier Laster darstellen, befindet sich ein bei den Gnostikern beliebtes Motiv der *femme aux serpents*. Diese Skulptur stellt die im zweiten Kapitel besprochene unbekleidete Frau dar, an deren Brüsten zwei Schlangen saugen oder die von Schlangen und Kröten umgeben ist. Wir haben eine modernere Variante dieses irdischen Motivs an den Münstern in Straßburg, Freiburg und Basel als *Frau der Welt* ebenfalls besprochen.

Die offene Verehrung der *femme aux serpents* spielt hauptsächlich bei orgiastischen gnostischen Sekten und Schlangenkulten wie den Ophiten oder den Luziferianern eine große Rolle. In deren Lehren wurde dieses Motiv, das bis zu den Schlangenpriesterinnen im vorchristlichen Kreta und der ägyptischen Göttin *Isis*, den babylonischen Göttinnen *Ishtar*, *Tiamat* oder der im *Talmud* erwähnten *Lilith* zurückführt, verehrt. Die älteste Analogie mit der ägyptischen Göttin *Isis* ist eine Plastik, bei der an ihren Brüsten Krokodile saugen.

Es ist sehr wahrscheinlich, dass die alten Schlangenpriesterinnen zum Erlangen von Trancezuständen während ritueller Orgien Schlangengift als heilige Droge verwendeten. Möglicherweise wurden aus diesen Gründen im Schlangenheiligtum Buto unzählige Schlangenskelette aufgefunden. Interessanterweise befand sich auch am Standort der *Hagia Sophia* in Istanbul ein vorchristliches Äskulapheiligtum.

Die christliche Basilika, die seit der osmanischen Eroberung in eine islamische Moschee verwandelt wurde, ruht also auf einem Schlangentempel. Da die Schlangen bei vielen Gnostikern als Hüter der Weisheit verehrt wurden, passt auch der Name *Hagia Sophia*, welcher in Deutsch *heilige Weisheit* bedeutet. Vom selben Namen leitet sich die gnostische Gottheit *Sophia* ab. Die Ophiten verehrten die *femme aux serpents* deshalb, weil sie als Rebellion der weisen Urmutter *Sophia* gegenüber dem materiellen Gegenspieler *Jaldabaoth* aufgefasst wurde. In Frankreich befinden sich in der Kirche vom *Templariorum Pictaviensi* in Montmorillion zwei Skulpturen, welche diese Auffassung ebenfalls sehr gut treffen.

Die erste Skulptur ist an der Kirchenaußenseite angebracht, ist nackt, hat langes Haar und ein gut geformtes Gesicht, das die Zunge herausstreckt. Die Skulptur hält wie am Schottenportal in Regensburg zwei Schlangen in den Händen, die an den Brüsten saugen. Die zweite Skulptur befindet sich innerhalb der Kirche, hält den Mund geschlossen und gibt zwei Kröten von ihren Brüsten Milch.

In Montmorillion befinden sich im Gegensatz zu Regensburg im Inneren der Kirche weitere Skulpturen, die den *Gläubigen* obszöne Gesten zeigen. Am Regensburger Schottenportal befindet sich die *femme aux serpents* jedoch unter den Skulpturen, welche die Todsünden angeben. Falls man sie hier nicht absichtlich als Tarnung angebracht hat, könnte das ein Hinweis sein, dass die Erbauer des Portals zwar der gnostischen Lehre anhingen, aber wie die Katharer oder Bogomilen Asketen waren.

In Österreich fanden wir in Kärnten ebenfalls Spuren der *femme aux serpents*. Ein Motiv der gnostischen Schlangenfrau kann man neben einem apokalyptischen Fresko in der Kirche von Radsberg bewundern. Rechts vom *Jüngsten Gericht* befindet sich eine bekleidete Frau, die auf dem Kopf einen Lorbeerkranz mit einem Kreuz trägt und in der rechten Hand einen Apfel hält. Auf diesem

Fresko scheinen zwei Schlangen, auf denen zwei kleine Teufelchen stehen, ihr in die Brüste zu beißen. Die linke Hand der Frau zeigt auf einen nackten Knaben, und rechts von ihr kriecht eine dritte Schlange heran.

Bei diesem Motiv könnte es sich wie bei der *Frau von Welt* um ein initiatorisches Symbol handeln, bei dem die Betroffene die Wollüstigkeit abgelegt hat. Hier bedeuten die Schlangen die Wollust und der Lorbeerkranz das Symbol der Reinigung und des Sieges. Da im Mittelalter Ehebruch mit Inzest gleichgesetzt wurde, könnte der nackte Junge in diesem Fall ein Sühnebild für den Ehebruch symbolisieren.

Ein weiteres Motiv der *femme aux serpents* kann man an der Außenseite der kleinen, im Kern romanischen Filialkirche St. Gotthard bei Lansach im Drautal erkennen. Unter den arg zerstörten Fresken an der Nordwand sieht man eine Szene, bei der so wie am Schottenportal in St. Jakob und Montmorillion eine nackte Frau ersichtlich ist, an deren Brüsten zwei Schlangen nach Milch saugen.

Außer der *femme aux serpents* kann man auf den Resten des Freskos noch Motive aus der Apokalypse des Johannes und eine zweite nackte Frau erkennen, die von einem Teufel geritten und von einem zweiten Teufel mit einem spitzen Gegenstand in ihre Hüfte gestochen wird. Bei genauer Betrachtung scheinen diese zuvor besprochenen Motive unterschiedliche Entwicklungsphasen von den als *femme aux serpents* dargestellten großen Urmüttern *Isis*, *Athene*, *Venus* etc. bis zur dunklen Seite der gnostischen *Sophia*, *Achamoth* und schließlich der *Frau von Welt* oder der *Luxuria* darzustellen.

Wir fanden bei unseren Recherchen Hinweise, dass auch dieses gnostische Motiv in der Zeit der Kreuzzüge aus Kleinasien über Bulgarien, Rumänien und Bosnien nach Europa kam. Eine sehr schöne Darstellung der *Sophia-Achamoth* als Schlangenfrau findet man an der Außenseite der Kirche von Mănăstireni bei Clui in Rumänien. Bei der Skulptur kann man zwei Schlangen erkennen, die an den Brüsten der Frauengestalt saugen. Eine Schlange hat bei diesem Motiv Flügel und eine zweite keine. Die geflügelte Schlange stellt hier die Weisheit dar, und die zweite Schlange verkörpert das luziferische böse materielle Prinzip. Ein Bild aus der *Alma Mater*, einer Handschrift aus der Vatikanischen Bibliothek, zeigt ein ähnliches Motiv, nur dass hier zwei Männer an den Brüsten der Weisheit saugen.

In einer zweiten Mauernische der Kirche von Mănăstireni kann man den heiligen Georg beim Drachenkampf erkennen. Der heilige Georg hat in diesem Fall mit Hilfe der *Sophia* und ihrer die Weisheit verkörpernden Schlangenkraft die Unsterblichkeit erlangt, da er das Böse bezwang. In dieser Darstellung bildet die gute Schlange einen Art Heiligenschein über seinen Kopf, während er die böse luziferische Schlange mit einem Speer ersticht.

Sophia-Achamoth wurde von ihren Anhängern auch als die Urmutter der Fruchtbarkeit und der Weisheit bezeichnet. Da die Schlange in vielen gnostischen Lehren die Lebenskraft und die Weisheit darstellt, ist es einleuchtend, dass sie bei diesen Darstellungen Milch aus den Brüsten der Mutter Erde saugt.

Am Schottenportal in Regensburg kann man außerdem noch links und rechts des Einganges mehrere *Troubadoure* erkennen, die auf unterschiedlichen Musikinstrumenten spielen. Die *Troubadoure* haben ihren Ursprung im südfranzösischen Languedoc. Da der Ursprung der *Troubadoure* mit den gnostischen Glaubenslehren der Katharer in Verbindung gebracht wird, stellen diese Motive einen weiteren Hinweis auf gnostische Einflüsse am Regensburger Schottenportal dar.

Die südfranzösische Katharerburg Puivert verdankt ihren berühmten Ruf hauptsächlich dem *Cours d'Amour*, bei dem im 12. Jahrhundert die ruhmreichsten *Troubadoure* bei Dichterwettkämpfen zusammenkamen, deren Vorsitz Adélaide de Carcassonne führte.

Das Talent der *Troubadoure* rühmte eine gewisse Lebenskunst: die höfische Liebe. Der *Troubadour*, der einen niedrigeren Rang einnahm als seine Dame, transzendierte seine Liebe zu ihr so weit, dass er ihr einen religiösen Charakter verlieh. Diese Kunst wurde von den adligen Damen der Katharer sehr geschätzt und erlebte im 12. Jahrhundert in der Grafschaft Toulouse ihren Höhepunkt.

Nach diesen Ausführungen ist klar, dass dem Schottenportal der Kirche von St. Jakob ein einheitlicher Gedanke zugrunde liegt, der eine dualistische Auseinandersetzung zwischen Gut und Böse ausdrückt. Auch wenn die Symbole dieses Bauwerkes für uns nur mehr schwer zu verstehen sind, für die damaligen aus Schottland stammenden Erbauer waren sie sicher ein offenes Buch.

Die steinerne Bibel von Schöngrabern

Die Erde ist ein Schlachtfeld, auf dem ein andauernder Kampf zwischen Gut und Böse ausgetragen wird.

Nordwestlich von Wien zwischen Hollabrunn und Guntersdorf liegt der niederösterreichische Ort Schöngrabern, dessen romanische Kirche ähnlich sonderbare und sogar noch rätselhaftere Skulpturen an ihren Außenwänden aufweist, als das zuvor besprochene Schottenportal in Regensburg. Im Unterschied zur Jakobskirche in Regensburg lassen sich in Schöngrabern die Gründer bzw. Stifter der Kirche nicht so genau nachweisen.
Da die Skulpturen an der Außenseite des halbrunden Chores der Kirche ähnlich wie in St. Jakob zu Regensburg auch eine Interpretation durch eine gnostische Symbolik zulassen, waren mehrere österreichische Gelehrte des 19. Jahrhunderts geneigt, sie der Geheimlehre des Tempelordens zuzuordnen und die Erbauung der Kirche den Mönchsrittern zuzuschreiben.
Zu Beginn unserer Recherchen stellte sich die Frage, wer die Stifter von Schöngrabern wirklich waren. Urkundlich scheint Schöngrabern nicht im Besitz des Tempelordens auf. Daher gibt es keine offiziellen Beweise, dass die romanische Kirche von den Tempelherren erbaut wurde. Wenn man die Besitzlage der Gebiete um Schöngrabern im 12. und 13. Jahrhundert auf Grund von Urkunden überprüft, stößt man auf das Chorherrenstift Klosterneuburg, das Benediktinerstift Melk und das Wiener Schottenkloster.
Ende des 12. Jahrhunderts war Schöngrabern im Besitz des mächtigen herzoglichen Geschlechtes der Kuenringer. Aus einem Stiftungsbuch des Zisterzienserklosters Zwettl erfährt man, dass

Hadmar II. von Kuenring 1182 nach dem Tod seines Vaters Albero III. die Herrschaft Grabarn und auch das benachbarte Wullersdorf mit allem Zubehör übernahm.
Die Urkunden zeigen auf, dass Hadmar II. von Kuenring in Niederösterreich viele Kirchen erneuern ließ und 1192 Hüter des auf seiner Burg Dürnstein gefangenen Königs Richard I. von England war. Hadmar II. von Kuenring starb am 21. Juli 1217 auf einem Kreuzzug in Palästina. Auch wenn man nicht genau weiß, ob Hadmar II. von Kuenring der Auftraggeber dieser Kirche war, sind sich die Historiker ziemlich einig, dass die Kuenringer als Stifter in Frage kommen.
Die Anlage der Kirche besteht aus einem massiven Quaderbau und entspricht sowohl im Grundriss als auch im Inneren und Äußeren einem einfachen Kirchenbau aus der romanischen Zeit. Das Äußere der Kirche enthält einen einzigartigen Skulpturenzyklus, der Geschichten aus der Bibel wiederzugeben scheint.
Unterhalb eines romanisch profilierten Gurtsims befindet sich eine vierteilige Skulpturengruppe. Die erste Gruppe stellt den Sündenfall dar. Links steht Eva, die lange geflochtene Zöpfe trägt, wobei an ihrem rechten Arm ein kleines Wesen verschlungen sitzt. Neben Eva kann man den Baum der Erkenntnis sehen. Rechts von diesem Baum steht Adam, der mit einer Hand in den Baum greift, während er die Linke an den Magen hält, als hätte er schon von den Früchten gegessen.
Rechts von Adam fasst ihn eine herbeieilende Figur, die als Teufel gedeutet wird, an die Schulter. Bei genauer Betrachtung der Skulpturen und wenn man mit den Lehren der Gnosis vertraut ist, fallen einem einige Unstimmigkeiten beim Sündenfall auf. Im Jahre 1818 veröffentlichte der bekannte österreichische Orientalist *Joseph Freiherr von Hammer-Purgstall* im Band 6 der *Fundgruben des Orients* eine ophitisch-gnostische Auslegung der Skulpturenzyklen. Joseph von Hammer-Purgstall ging bei seinen Interpretationen sogar so weit, dass er behauptete, die Skulpturen stellen den Sündenfall aus gnostisch-ophitischer Sicht dar.
In herkömmlichen mittelalterlichen Paradiesdarstellungen hält Eva mit ihrer Hand die Scham bedeckt oder Pflanzen und Blätter ver-

decken diese Stellen. Die Eva von Schöngrabern hält ihre Hand zur Scham, verdeckt sie aber nicht.
Für die Skulptur an Evas Hand gibt es mehrere Auslegungen, wobei die gnostische einen Hund zeigen würde. Die Figur, welche Adam mit ihrer Hand hält, könnte in dieser Auslegung den gnostischen Teufel *Jaldabaoth* darstellen, der Adam abhalten möchte, dass dieser der Versuchung der von *Sophia* geschickten Schlange und somit Eva nachgibt, damit die Menschheit nicht mit Hilfe dieser Erkenntnis den wahren Gotte erkennen kann.
Wenn man nun zur zweiten Skulpturengruppe blickt, erkennt man offensichtliche gnostische Symbole und Einflüsse aus den ophitischen Lehren. Die orthodoxe Auslegung der Motive lautet, es seien Kain und Abel vor dem Thron Gottes. Im Zentrum dieser Skulpturengruppe befindet sich ein Mann, der beide Hände nach oben hält und als Gott gedeutet wird. Dieser Mann oder Gott sitzt auf einem mit Säulen und Würfelkapitellen verzierten Thronsessel. Zu seiner Rechten kann man Abel und zu seiner Linken Kain kniend sehen, wobei Abel der Zentralfigur ein Lamm und Kain ein Garbenbündel überreicht. Die Gestalt im Zentrum wendet Kain ein Zepter und Abel eine Segensgeste zu.
Außerhalb dieses Motivs befindet sich ähnlich wie beim Sündenfall eine männliche Gestalt, die Abel beim Ohr packt. Unter diesen Skulpturen liegt ähnlich wie beim Schottenportal von Regensburg ein geflügelter Drache mit einem Fischschwanz. In seiner Kralle hält er eine kleine Gestalt, und eine zweite Gestalt ragt mit überkreuzten Armen aus seinem Rachen. In der gnostischen Interpretation stellt dieser Drache mit dem verknoteten Schwanz den bösen Sohn *Jaldabaoths*, den *Ophiomorphus*, dar, welcher die Seelen beim Aufstieg zum Paradies und Fixsternhimmel mit den zwölf Tierkreiszeichen hindern möchte.
Unterhalb dieser Begrenzung beginnen in dieser Lehre die Sphären der sieben Planeten und ihre *Archonten*. Der Planet Saturn besitzt bei den Ophiten neben seinem Gegenpart, dem Erzengel Michael, den Rufnamen den als Löwen symbolisierten Gott *Jaldabaoth*.

Er ist der Schöpfer der Materie, der Löwe und der geflügelte Drache, der das irdische Reich vom Paradies trennt. In diesem Falle würde die Szene die gnostische Symbolik eines Weltenrichters repräsentieren, welcher alle Anhänger *Jaldabaoths* verschlingt und in einer neuen Reinkarnation wieder ausspuckt. Die oberhalb des Monsters sitzende Gestalt stellt hier einen auf einem Thron sitzenden in die gnostische Lehre eingeweihten Ritter dar, dessen Seele den Widerstand von *Jaldabaoth* und *Ophiomorphus* zu überwinden vermochte, so dass er wie Christus in den Äther der achten Sphäre, der Fixsternsphäre, eingehen konnte. Das Zepter in Form einer Lilie soll die Macht der Gnosis darstellen. Zusätzlich wird diese Hypothese unterstützt, da die Figur auf dem Thron beide Hände nach oben streckt.

Diese Gestik wurde hauptsächlich von den gnostischen Bogomilen, Katharern und irisch-britischen Mönchen benützt, um Christus darzustellen. Um diese Hypothese untermauern zu können, haben wir im Bildteil als Vergleich zu dieser Gestalt eine so genannte gnostische Christusdarstellungen aus Südfrankreich abgebildet.

Die Art dieser Gestik stammt von der ägyptischen Hieroglyphe *Ka,* die bei den Pharaonen in Verbindung mit der spirituellen Welt stand. Die beiden als Kain und Abel interpretierten Skulpturen bringen in dieser Auslegung nur Geschenke in der Form des Lammes und Getreides dar. In der gnostischen Auslegung würde das Symbol des Lammes auf den persischen Lichtgott, den Vorläufer des *Erzengels Michael* und des Sonnengottes *Mithras*, das geheiligte Lamm *Orzmud* oder *Ahura-Mazda* zurückgehen. Das Getreide symbolisiert hier die geheimen psychischen Kräfte welche in jedem Menschen schlummern. In diesem Fall würde sich der thronende Gnostiker durch die Aktivierung seiner psychischen Kräfte und mit Hilfe des geheiligten Lammes über *Jaldabaoth* ins Reich der Fixsterne erhoben haben.

In der dritten Figurengruppe kann man einen Mann sehen, der mit einer Axt einen Löwen bekämpft und von Hunden unterstützt wird. In der herkömmlichen Auslegung sieht man in dieser Szene den Kampf des Guten gegen den Löwen repräsentierenden

Teufel. Andere Deutungen sehen in der Szene Davids Kampf mit dem Löwen. Die beiden Hunde, von denen einer mit der Schnauze die Weichteile des Löwen beschnuppert, sollen die Symbole der Nüchternheit, Wachsamkeit und die Tugenden, die der Mensch im Kampf gegen das Böse benötigt, darstellen.
In der gnostischen Auslegung würde man hier den Triumph der ophitischen Lehre über *Jaldabaoth* deuten, welcher unter dem Symbol des Löwen und Drachen bekämpft wurde. In diesem Fall werden die Hunde auf sexuelle Riten der ophitischen Lehre interpretiert, welche auch bei den berüchtigten Prozessen gegen die Tempelritter eine große Rolle spielten.
Ein weiterer Hinweis, dass sich hinter dem Löwenkampf ein gnostischer Einfluss verbirgt, ist die Tatsache, dass der Kämpfer eine Axt als Waffe benützt. Während die Axt im Christentum mit dem Märtyrertum und der Zerstörung in Verbindung gebracht wird, stellt die Axt bei gnostischen Gruppen immer die Waffe eines Sonnengottes dar. Für die Gnostiker repräsentierten zum Beispiel der persische *Mithras*, der griechische *Zeus* oder der *Erzengel Michael* solche strahlende Helden, die den Gott der Materie, den *Jaldabaoth*, besiegen bzw. bewältigen können. Da das Symbol der Axt im Christentum im Gegensatz zu gnostischen Sekten und vorchristlichen Religionen eine geringe Bedeutung aufweist, ist in diesem Fall die Auslegung des Orientalisten *von Hammer-Purgstall* nicht unwahrscheinlich.
Es ist sehr interessant, dass man ähnliche Motive auch auf Steinen der Pikten in Schottland finden kann. Es gilt als sehr wahrscheinlich, dass die irischen Mönchsmissionare die Symbolik der Löwenkämpfer ins Land der Pikten brachten. Bei den piktischen Steinen, wie den von Aldbar, ringt der Kämpfer, der König David darstellen soll, jedoch ohne Waffe mit einem Löwen. Ein weiteres Motiv eines Löwenkampfes findet man am Steinsarkophag des heiligen Andreas in Schottland. Ähnliche Löwenkämpfer kann man über den Hauptportalen des Stephansdomes in Wien und der ungarischen Geschlechterkirche von Ják bestaunen.
Das früheste Motiv des Löwenkampfes tritt im 3. Jahrtausend vor Christus in der sumerischen Kultur auf. Im Gilgamesch-Epos wird

immer wieder von mesopotamischen Sonnengöttern und Königen als Löwenkämpfer gesprochen. Steinreliefe und Plaketten aus dem 5. und 7. Jahrhundert v. Chr. zeigen solche Kämpfe. Auf einem assyrischen Rollsiegel aus den Jahren 1350–1000 v. Chr. kann man den sumerischen König Gilgamesch erkennen, wie er durch seine legendären Kräfte einen Löwen in die Höhe hält.

Die Legende des Superhelden *Samson* stammt aus den jüdischen Heldengeschichten und weist eine unglaubliche Ähnlichkeit mit der Geschichte um Jesus Geburt auf. Es ist auch sehr interessant, dass der Name *Samson* vom hebräischen Wort für Sonne abgeleitet wird. Somit tritt der jüdische Held in die Fußstapfen anderer Sonnenhelden- bzw. Sonnengötter wie den persisch-römischen Stierbezwinger *Mithras*. Viel interessanter ist aber die Geschichte um *Samsons* Geburt.

In den Kapiteln 13 bis 14 des jüdischen Buches *Gesetze Israels* steht geschrieben, dass ein von Gott gesandter Engel in der Form eines Mannes der Frau von Manue aus der Blutlinie *Davids* erschien und ihr mitteilte, dass sie einen Sohn gebären werde, der Israel aus der Gewalt der Philister befreien wird. Hier drängen sich unwiderruflich Ähnlichkeiten mit dem Besuch und der Geburtsverkündung *Jesus Christus* durch den *Erzengel Gabriel* bei Maria auf. In der jüdischen Geschichte trug der Engel der Frau von Manue auf, dass sie und ihr Sohn fern von allem Unreinen im Leben bleiben sollen, da der Knabe ein Sohn Gottes sein wird.

Derselbe Engel erscheint in der Geschichte auch ihrem Mann Manue, und beide bemerken seine übernatürliche Natur erst, als er in Form einer hellen Flamme verschwand. In dieser Geschichte erfüllt sich die Prophezeiung, und ein Sohn, der den Namen *Samson* erhält, wird geboren. Dieses Kind entwickelte sich, da es den Funken Gottes in sich trug, zu einem Übermenschen, der einen Löwen mit der bloßen Hand bezwang und schließlich Israel aus der Unterdrückung der Philister führte.

Jeder Leser wird sofort die Ähnlichkeit zwischen dieser Geschichte und der Geburt Jesu erkennen. Aus diesem Grund wurde sie auch vom frühchristlichen orthodoxen Christentum übernommen. Deshalb scheint die *Samson*-Geschichte ähnlich der *Jona*-Geschichte

nur eine Superposition des eigenen Glaubens über eine ältere Geschichte oder eines Kultes einer anderen Religion, in diesem Fall die jüdische, zu sein.
Es ist auch möglich, dass sich die jüdische Geschichte auf eine ältere griechische Legende bezieht. Die Griechen hatten ebenfalls den Superhelden *Herkules*, der wie *Samson* mit bloßen Händen Löwen zur Strecke brachte. Es hat den Anschein, dass sich in der Geschichte alle Legenden wiederholen.
Einen zusätzlichen Hinweis auf die Sonnensymbolik an manchen romanischen Kirchen und Kathedralen sind Motive vom Greif. Ein solches befindet sich auch links vom Löwenkämpfer am romanischen Hauptportal des Stephansdomes in Wien. Dieses aus dem Orient stammende Fabeltier des Altertums symbolisiert die Stärke eines Löwen und besitzt die Flügel, den Schnabel und die durchdringenden Augen eines Adlers.
Die ältesten Darstellungen stammen aus Nimrud und von indischen Balustraden. Für die Griechen symbolisierte der Greif das Reittier von *Apollo* und andere Götter wie die Wächter des Hyperboräischen Goldes. Da er in persischen Darstellungen besonders oft vorkommt, war der Greif für die Hebräer das Symbol Persiens und des von dort kommenden magischen Wissens. Da der Löwe als auch der Adler den Symbolcharakter der Sonne aufweisen, stellt dieses Fabeltier eine verdoppelte Sonnensymbolik dar.
Anhand dieser Tatsachen scheint es klar zu sein, dass die legendären Löwenkämpfer ein ähnliches Symbol darstellen wie der persische Stierkämpfer *Mithras*. Es hat durchaus den Anschein, dass die mittelalterlichen Erbauer von Schöngrabern, St. Stephan, Ják etc. deshalb diese auch im herkömmlich frühchristlich interpretierbaren Sinne akzeptierten Motive verwendet haben, damit die Abweichung ihrer Lehren vom herkömmlichen Christentum nicht auffiel. Es wäre in Anbetracht der *heiligen Inquisition* unmöglich gewesen, *Mithras* als Stiertöter auf einem Hauptportal einer christlichen Kirche oder Kathedrale anzubringen, auch wenn die Löwenkämpfer eine ähnliche Rolle verkörpern.
Außerdem würde sich ein Löwenkämpfer besser mit der gnostischen Lehre vertragen, da in diesem Fall der Löwe *Jaldabaoth*

darstellen würde. Die oberste Reihe der Skulpturenzyklen in Schöngrabern stellt eine Art Lebenslauf des Menschen dar. Die christliche Auslegung dieser Motive beinhaltet einen Jäger, der einen Jugendlichen aus den Fängen eines bösen Bären entreißt. Bei dieser Szene kann man unter einer Konsole den Kopf eines Bockes und einen jungen Menschen erkennen, der sich in den Fängen eines Bären befindet, dessen After wie zuvor beim Löwen von einem Hund beschnuppert wird. Bei der gnostischen Interpretation dieses Motivs will man erkennen, dass der Jüngling, welchen der Bär vor sich hält, mit seiner linken Hand den Penis des Bären begreift. Es wäre durchaus möglich, dass es sich aber um einen kleinen Dolch handelt.

Wenn man aber bedenkt, dass sich gerade ein Bock, das alte Symbol der Fruchtbarkeit und der Ausschweifungen, oberhalb dieser Figurengruppe befindet, könnte auch die erste Auslegung stimmen. Nach dieser Vorstellung würde ein Gnostiker den Jüngling aus den Fängen des Bären befreien wollen, um ihn für seine Lehre gewinnen zu können.

Oberhalb eines romanischen Fensters kann man zwei Menschen erkennen, die sich an einem gespaltenen zweigeteilten Bart eines Männerkopfes und an dessen Haaren fest halten. Eine Skulptur steht links und eine rechts des Fensters. Die herkömmliche Auslegung würde bedeuten, dass die Menschen am Guten hängen. Wieso man zu dieser Ansicht kommt, ist uns jedoch nicht ganz klar.

Bei der gnostischen Auslegung dieser bärtigen Männerköpfe können die Tempelritter ins Spiel gebracht werden, da sie an ihren Bauwerken meistens bärtige Köpfe mit verflochtenen oder zweigeteilten langen Bärten anbrachten. Es gibt sehr viele Beispiele dieser Art in Frankreich, Deutschland, Spanien, Portugal und anderen Ländern. Auch am romanischen Westportal des Stephansdoms in Wien blicken Männerköpfe mit gespaltenen zweigeteilten Bärten auf den Domvorplatz hernieder. In Schöngrabern befindet sich außer diesem bestimmten Männerkopf noch eine große Anzahl ähnlicher bärtiger Köpfe.

Nach einer Interpretation *von Hammer-Purgstalls* würde das Motiv die Abhängigkeit der Templer von ihrem Orden oder der dort gehuldigten gnostischen Lehre darstellen, indem sich die beiden Gestalten an den Haarflechten des bei den Tempelherren beliebten bärtigen Kopfes festhalten. Im Anschluss an der großen Ecksäule befinden sich zwei bärtige Köpfe, welche mit aufwärts gekehrten Händen die über dem Haupte befindlichen hornartigen Auswüchse halten.

Über jedem Kopf sind als Eckverzierungen Blätter angebracht. Es scheint klar zu sein, dass es sich bei diesen Köpfen um den keltischen Fruchtbarkeitsgott *Cernunnos* handelt. Die gespaltenen Bärte könnten in diesem Falle den Bart des Ziegenbocks, einem in der Mythologie besonders triebbehafteten Tieres, darstellen. Der von Blättern umgebene gehörnte Mann verkörperte bei den Kelten den ewigen Kreislauf der Erneuerung und wird manchmal mit einer Schlange in der Hand porträtiert. Somit haben wir hier eine Ähnlichkeit mit den *Grünen Männern* in der gnostischen Templerkapelle von Roslin.

Sonstige herkömmliche Auslegungen von weiteren Skulpturenzyklen stellen die Versuchung und die Verweigerung, Samson als Löwenkämpfer, ein Sinnbild der Kraft, einen Wolf und einen Kranich, einen Gaukler, eine Nonne und einen Mönch in den Schlingen des Teufels, die Offenbarung Christi, den Heiligen Geist in Form einer Taube über den Krügen von Kana, die An- und Wiederkunft Christi, Maria am Löwenthron, mehrere Teufel und schließlich den *Erzengel Michael* mit der Waage des Gerichtes dar.

Beim Motiv der Versuchung sieht man eine vornehm mit Schleier und Schleppe gekleidete Frau, die mit ihrer rechten Hand einen runden Spiegel vor die Brust hält. Mit der linken Hand reicht sie dem Mann ein kleines blühendes, aber entwurzeltes Bäumchen. Die männliche Skulptur hält in einer abwehrenden Geste die Arme über der Brust nach unten verschränkt.

Es ist nun interessant, dass sogar die traditionellen Interpretationen im Frauenmotiv die Gestalt der Lust und Unzucht der *Luxuria* sehen. Der Spiegel gilt als ein Symbol der Eitelkeit, und der kleine blühende Baum kann als schwelgerische Lebensfreude ausgelegt werden. Da sich diese Skulpturengruppe links vom Bärenkampf befindet und so wie bei diesem ein Kopf eines Widders, das Symbol für den lustvollen Bock, über beide Gruppen wacht, kommt hier auch der Kampf gegen die dämonische Verführung der Lust und der fleischlichen Liebe zum Ausdruck. Da die Skulptur der Frau eine abgewandelte Form der hauptsächlich in den von den gnostischen Gruppen bewohnten Gebieten Frankreichs stammenden *Luxuria* darstellt, ergibt sich wieder ein gnostischer Bezug.

Die ablehnende Haltung des Mannes würde, wenn man das Gedankengut der Katharer und Bogomilen außer Acht lässt, eher in eine christliche Interpretation passen. In einer solchen gnostischen im südfranzösischen Languedoc üblichen Auslegung des Motivs würde die abwehrende Haltung der männlichen Figur die Verweigerung zur Hingabe irdischer Gelüste beziehungsweise die Verweigerung zur Zeugung neuer Menschen darstellen. Für den Orientalisten *von Hammer-Purgstall* stellte dieses Motiv die Verlockung einer Frauengestalt dar, welche einen jungen Templer durch eine Darreichung mit Blumen für sich zu gewinnen versucht. Doch dieser leistet ihr Widerstand, da er bereits gegen alle weiblichen Verführungen unempfindlich ist.

In diesem Zusammenhang ist interessant, dass die kleine Figur, die der geflügelte Drache im Maul hat, ebenfalls die Arme überkreuzt. Eine weitere gnostische Auslegung nach der Lehre der Katharer würde symbolisieren, dass der Drache ihn auf Grund seiner Keuschheit nicht verschlingen kann und er deshalb auch in den Fixsternhimmel aufsteigen wird.

Eine römisch-katholische Interpretation wäre, dass der vom Drachen bzw. Teufel Verschlungene durch diese Gestik seinen Widerstand andeutet. Anhand dieses Beispieles sieht man, wie schwierig es für einen nicht Eingeweihten ist, die richtige Interpretation dieser Symbolik zu deuten. Interessant ist auch ein weiteres Motiv, das einen Ritter reitend auf einem Löwen zeigt, den er gerade zu bändigen versucht. Bei dieser Skulptur scheint bisher jeder übersehen zu haben, dass der Reiter Flügel hat. Somit scheint es sich um keinen Menschen zu handeln.

Es wäre möglich, dass das Motiv wiederum den *Erzengel Michael* zeigt, wie er gerade mit *Jaldabaoth* kämpft. Die Auslegung *von*

Hammer-Purgstalls, dass das Motiv einen Gnostiker zeigt, der mit dem Löwen ringt, vergisst die an der Mauer eindeutig sichtbaren Flügel des Reiters.

Ein anderes Motiv würde wiederum sehr gut in die gnostische Lehre der Ophiten passen. Einem Gesicht ist ein Kessel in dem sich drei Köpfe befinden, zugeordnet. Bei den Gnostikern würden diese Köpfe, die *jüdische*, *christliche* und *islamische* Religionen darstellen, welche die Verehrung *Jaldabaoth's* verbreiten.

Eine andere interessante Figurengruppe zeigt den *Erzengel Michael* mit einer Waage. Zu seinen Füßen liegt die Leiche, um deren Seele gekämpft wird. Auf der anderen Seite steht der Teufel oder nach der gnostischen Auslegung *Jaldabaoth*, welcher mit Michael um die Seele kämpft. Da sich die Seelenwaage zu Michael neigt, symbolisiert dieses Motiv seinen Sieg. Nun kann man in der Waagschale Gegenstände erkennen, die bei der gnostisch-ophitischen Auslegung durch *von Hammer-Purgstall* als die *Früchte der Sinneslust* gedeutet werden.

Richtig ist sicher, dass das Motiv der Seelenwaage seinen Ursprung bei den Ägyptern hat. Bei den alten Ägyptern erhielt der Gott der Unterwelt *Anubis* die Aufgabe, die Seelen der Verstorbenen zu wägen. In diesem Fall fand sich *Typhon*, das Symbol des Bösen ein, um nach der Ausschlagung der Waage die ihm zugeteilten Seelen in Empfang zu nehmen. Über die Griechen erhielt diese Symbolik Einfluss auf die verschiedensten gnostischen Sekten und schließlich sogar auf das Christentum. Somit kann jeder in der Symbolik sehen, was er gerne möchte. Ein gläubiger Katholik interpretiert den christlichen Charakter, und ein Gnostiker erkennt das Motiv in seinem Sinne.

Eine Besonderheit beinhaltet jedoch ein als Teufel gedeutetes Wesen, welches einen Sack über die Schulter geschlagen hat und sich auf der rechten Seite des Skulpturenzyklus befindet. Bei dieser Figur erkennt man ganz genau einen Zirkel, wie man ihn auf den Grabsteinen der im schottischen Argyll begrabenen Tempelritter oder am Templerfriedhof der Burg Athlit in Israel sehen kann.

Was ein Symbol der Baumeister im Sack eines Teufels zu suchen hat, macht die Auslegung der Symbole noch rätselhafter, legt aber eine Verbindung zu den Tempelherren und deren Baumeister nahe. Weitere Symbole, die bei den Tempelrittern beliebt waren, kann man im Inneren der Kirche finden. Nach Betreten der Kirche erkennt man an der linken Mauerseite drei männliche Plastiken, die als Apostel gedeutet werden und sich ursprünglich am Außenbau des heute abgetragenen Westwerkes der Kirche befanden.
Es ist besonders interessant, dass die linke Figur einen *Tau*-Stock in der Hand hält. Dieses Symbol findet man in fast allen den Tempelrittern zugeordneten Bauwerken. Es wird allgemein auch mit der gnostischen Geheimlehre in Verbindung gebracht. Das *Tau* steht auch mit dem Baumeister des salomonischen Tempels, dem Gründungsvater der Freimaurer, Adonhiram, in Verbindung.
Wie wir bei der Beschreibung der schottischen Rosslyn-Kapelle erklärten, wurde dieser von drei Gesellen vor der Fertigstellung des Tempels ermordet und auf Grund seiner Abstammung vom gefallenen Lichtengel *Luzifer* wiedergeboren.
In Irland kann man noch heute Steinkreuze der christlich-gnostischen Culdeimönche besuchen, welche Motive tragen, die auf Einflüsse der ägyptischen Kirche hinweisen. Beim Steinkreuz in Kilfenora, Country Clare in Irland, aus dem 12. Jahrhundert hält eine Figur einen Krummstab und die rechts von ihr befindliche einen *Tau*-förmigen Amtstab, wie er von Bischöfen der ägyptischen Kirche benutzt wurde.
Bei einer weiteren Betrachtung des Innenraumes erkennt man an den Kapitellen des Chorquadrates die tierischen Symbole der vier Evangelisten. Diese Tiersymbolik verbindet ebenfalls heidnische Traditionen mit der christlichen Lehre. So ließen besonders die gnostisch orientierten Culdeimönche Tiermotive ins Christentum einfließen.
Deren bekanntestes Werk ist das *Buch von Kells*, ein reich illustriertes Evangelienbuch, das zwischen dem 7. und 9. Jahrhundert nach Christus entstand. Matthäus wurde als einziger Evangelist als Mann oder *Engel* dargestellt, Markus dagegen als *Löwe*, Lukas als *Stier* und Johannes als *Adler*.

In Schöngrabern halten diese nahezu vollplastischen Sinnbilder aufgeschlagene Bücher. Im Kapitell im Westen über dem Symbol des heiligen Lukas zeigt sich ein Kopf, dessen Haupt- und Barthaare in ein rankenförmiges Ornament übergehen und mit diesem verflochten sind. Ein ähnliches Motiv ziert das südliche gegenüberliegende Kapitell des heiligen Markus.
Diese mit den Pflanzen verbundenen Menschen symbolisierten bei den Kelten die Einheit mit den Naturgöttern. Im christlichen Sinne könnte man sie als stufenweise Steigerung vom Unorganischen über das Organische, Pflanzliche, Tierische und Menschliche zum Göttlichen interpretieren. Viel interessanter sind die Motive über den Kapitellen der Ostseite (Matthäus) und der Nordseite (Johannes).
So erkennt man über dem heiligen Matthäus zwei Löwen, die einen kopfüber stürzenden Menschen anfallen. Der linke Löwe fasst seinen Arm mit den Zähnen, der rechte seinen Unterkörper. Mit der Pranke hält er den menschlichen Kopf umschlungen. Der verlorene Mensch wehrt sich, in dem er den Löwen am Nacken fasst. Dieses Motiv kann man christlich oder gnostisch interpretieren, da die Löwen in beiden Fällen das Böse darstellen. Nach der gnostischen Lehre würden sie allerdings *Jaldabaoth*, den Gott der jüdischen, christlichen und islamischen Kirchen repräsentieren.
Das Kapitell über dem heiligen Johannes zeigt Wölfe, die einen Widder angreifen. Auch diese Szene kann als Kampf zwischen den dualistischen Prinzipien von Gut und Böse ausgelegt werden. Die christliche Interpretation sieht im Widder eine Version des Opferlammes. Die Gnostiker würden im Widder den Bock als Symbol für die Fruchtbarkeit und der Lust sehen, welche von der dem Wolf symbolisierten Kirche verfolgt wird.
Wenn man sogar im gnostischen Weltbild den Widder als das Opferlamm interpretiert, würde der Wolf *Jaldabaoth* darstellen, da dieser Christus ans Kreuz nageln ließ. Man erkennt wieder, dass der Dualismus des Heidnischen und Christlichen, Dämonischen und Göttlichen ähnlich wie beim Schottenportal in Regensburg das Hauptthema in Schöngrabern darstellt.

Es ist auch besonders interessant, dass gerade diese Darstellung der Evangelisten sehr gerne vom Tempelorden benützt wurde, da die vier Tiergestalten auch die so genannten *Cherubengel* darstellen. Diese mystischen Wesen symbolisieren die vier Elementarkräfte, welche das Paradies beschützen sollen. Sie sind die Hüter von Geheimnissen und Dimensionsportalen. Ihr Äußeres stellt eine Mischung aus Stier, Löwe, Adler und Mensch dar. Außerdem werden sie als die höchste Order der neun Engelhierarchien angesehen. Der Thron im Tempel in Jerusalem wurde zum Beispiel auch von zwei *Cherubim* flankiert und von deren Flügel geformt.
Die Sakramentsnische lässt ebenfalls irische, schottische oder normannische Einflüsse erkennen. Der Halbbogen dieser Nische ist mit dem alten keltischen Symbol der in sich verschlungenen Linien umgeben. Diese Nische ist der endgültige Beweis, dass am Bau von Schöngrabern irische, schottische oder normannische Steinmetze arbeiteten. An der südlichen Außenseite findet man einen eingemauerten Stein, der eine Fisch- oder Schlangenfrau, einen Tierkampf, ein Welten- oder Sonnenrad und ein doppelköpfiges Wesen zeigt.
Dieser Stein beinhaltet so wie viele im Innen- und Außenraum befindliche Skulpturen und plastische Motive abermals Symbole, welche bei gnostischen Sekten und dem Tempelorden ihre Verwendung fanden. Das Symbol der Schlangenfrau und die Symbolik des Rades haben wir an anderer Stelle schon ausführlich besprochen. Das im Welten- oder Sonnenrad eingespannte doppelköpfige Wesen könnte den römischen Gott *Janus*, den semitischen Gott *El* oder den sumerischen Gott *Marduk* darstellen. Die Bedeutung dieser doppelköpfigen Wesen in Verbindung mit dem Rad kann eindeutig der Ideologie der Tempelritter zugeordnet werden.
Doppelköpfige Wesen oder Götter repräsentieren den Anfang und das Ende, den Beginn und das Ende einer Reise sowie die dualistischen Sonnen- und Mondkräfte. Diese vorchristlichen Gottheiten symbolisierten die *Sommersolstize*, die schwindende Sonne, das Tor der Menschen im Sternbild Krebs und die *Wintersolstize*, die Rückkehr der Sonne, das Tor der Götter im Sternbild Steinbock.

Die große Anzahl von gnostischen Symbolen und der irisch-schottische Einfluss lassen es als sehr wahrscheinlich erscheinen, dass im 13. Jahrhundert in der Kirche von Schöngrabern gnostische Lehren gepredigt wurden. Da man, wie anfangs erwähnt, keine urkundlichen Hinweise auf den Tempelorden fand, sollte des Rätsels Lösung bei den Stiftern der Kirche zu suchen sein.
Es ist durchaus möglich, dass viele Adelige auf Grund ihrer Reisen ins Heilige Land mit den Lehren der Templer sympathisierten und diese unterstützten, ohne dass sie selber offiziell dem Orden angehörten oder beitraten. Andere gnostische Sekten können in diesem Fall nicht in Frage kommen, da diese keine Sakralbauten öffentlich errichteten.
Die mit den Zisterziensern zusammenarbeitenden Tempelritter hatten die Macht, Verbindungen und Einfluss für die Errichtung solcher am Weg ins Heilige Land gelegenen Bauwerke. Da ihre Baumeister es sehr gut verstanden, die gnostische Symbolik mit der christlichen Symbolik zu vermischen, konnten solche Kirchen von Christen und Gnostikern gleichzeitig benützt werden.

Österreichische Rundkirchen

Eine Rotunde ist ein Abbild des Kosmos, ein Ort,
an dem sich in seinem Inneren die universalen Kräfte bündeln,
um die Materie in Geist verwandeln zu können.

In der Nähe der niederösterreichischen Ortschaft Seebenstein befindet sich das kleine Dorf Scheiblingskirchen. Im Zentrum des Ortes kann man eine für Österreich untypische Rundkirche bewundern. Der hochromanische Kern des im 3. Viertel des 12. Jahrhunderts errichteten Sakralbaues besteht aus dem Rundbau und einer halbrunden Apsis und sieht einem überproportional großen Beinhaus oder Karner ähnlich. 1656 wurde der Bau zu einer Wehrkirche umgestaltet. Auf dem romanischen Rundbau wurde eine 1,5 Meter hohe Mauer aufgestockt. Weitere Zubauten, die

aus der jüngeren Zeit stammen, sind ein sechseckiger Uhrturm, die Beichtkapelle und eine Sakristei.
Der Bautypus der Kirche hat seinen Ursprung eindeutig im Nahen Osten und wurde schon in vorchristlicher Zeit verwendet. Die älteste christliche Rotunde dürfte die Grabeskirche in Jerusalem aus dem 4. Jahrhundert nach Christus sein. Den Historikern ist unbekannt, weshalb den Bauherren dieser Kirche gerade diese spezielle Bauform gefiel.
Die Kirche ist dem heiligen Rupert und der heiligen Maria Magdalena geweiht. Da die niederösterreichische Rotunde zeitgleich mit der nur fünf Kilometer entfernt gelegenen, ebenfalls sehenswerten romanischen Kirche von Thernberg erbaut wurde, wäre es denkbar, dass beide Kirchen gleichzeitig zum Gedenken an nahe Angehörige des hiesigen Adels errichtet wurden. Es ist sehr wahrscheinlich, dass der Kreuzzug im Jahre 1147 ein Anlass für ihre Errichtung war, da sich das steirische Kreuzzugsheer im Mai 1147 am Stanghof bei Thernberg versammelte.
Viele Kreuzritter und Ordensritter legten dort Gelübde ab oder tätigten Schenkungen an die Kirche. Somit wäre ein in der Fremde gefallener heimischer Ritter von Gleissenfeld oder Thernberg ein möglicher Grund für die Errichtung beider Bauwerke gewesen. Auch wenn das der Grund für den Bau war, erklärt es noch nicht die seltsame runde Form. Wir sind bei unserer Recherche in Europa auf ähnliche Bauten gestoßen, die mit großer Wahrscheinlichkeit mit den Einweihungsritualen hochrangiger Mitglieder des Tempelordens in Verbindung standen. Alle diese Bauwerke sind Rotunden und oktogonale Kapellen oder Häuser. Die Kreuzritter stießen das erste Mal im Heiligen Land auf einen solchen oktogonalen Baustil, aus dem sich später die Rundform entwickelte. Der untere Bauteil der Al-Aksa-Moschee am Berg Moria besitzt dieselbe Form.
In England stellen die Templerbauten von Temple Bruer, Bristol, Asklaby, Duvres und Garway sowie die Temple Church in London Rotunden dar. Eine schöne Rotunde befindet sich in der portugiesischen Tempelritterburg von Tomár. Weitere Rotunden kann man in Segova, Portugal, in Eunate, Spanien, und im nordfranzösischen Lanleff bewundern.

In den *Johannes-Apokryphen* wird der gnostische Jesus zitiert, dass er seine Energie aus dem Tanzen beziehe. Rundtänze waren schon den alten Kelten bekannt und haben sich noch in Trakien und bei islamischen Derwischen erhalten. Für die eingeweihten Ordensritter stellten die Rotunden oder Rundkirchen ein Abbild des Kosmos dar, in dessen Zentrum sich die makrokosmischen Energien fokussierten und direkt auf den Eingeweihten übergriffen. Mehrere Forscher vermuten, dass eine Form des Rundtanzes zu den geheimen Initiationsriten des Tempelordens gehörte, denn die meisten Rotunden besitzen einen kreisförmigen Chorumgang.

Als wir Scheiblingskirchen besuchten, vermuteten wir ebenfalls einen Zusammenhang mit dem Tempelorden, obwohl dieser Orden nicht in den vorhandenen Urkunden erwähnt wird. Beim Betreten der Kirche wird man von einem weiten Gewölbe, das durch kreuzförmige, breite Bandrippen in vier Gewölbekappen geteilt wird, beeindruckt. Die östlichen Wandkonsolen sind mit stilisierten Blättern und die westlichen mit Fabeltieren verziert. Die nördliche Konsole zeigt ein echsenartiges Tier, von dem nur mehr der Kopf und die tiefen Augenhöhlen erkennbar sind. Es ist durchaus möglich, dass es sich um die Reste einer Darstellung eines Drachen handelt. Die südliche Konsole zeigt einen abwärts fliegenden Vogel mit breit ausgestreckten Flügeln. Der Schlussstein des Kreuzrippengewölbes ist eine Rosette.

Bei unseren Nachforschungen fanden wir heraus, dass das Gebiet um Scheiblingskirchen Spuren eines zentralen Burgberges, Siedlungen und Gräberfelder aller Kulturepochen aufweist. In den nahe gelegenen Ortschaften Seebenstein und Sautern erbauten die Römer auf Schwemmkegeln kleine Siedlungen. Mauerreste und Scherbenfunde römischer Amphoren geben darüber Auskunft. In Witzelsberger Schriften wird ein karolingischer Hof erwähnt. Zur Zeit des Kirchenbaues betreuten Augustiner-Chorherren des Stiftes Reichersberg die Gegend.

Die Ritter von Gleissenfeld sind als Lehensträger der Grafen von Formbach-Pitter und der steirischen Otakare im 12. Jahrhundert urkundlich belegbar. Diese Ritter dürften eine Burg oder zumindest ein festes Haus in unmittelbarer Nähe der Rotunde errichtet haben. Da man weiß, dass Gleissenfelder und Thernberger Ritter 1147 an einem Kreuzzug ins Heilige Land teilnahmen, darf man spekulieren, ob zumindest einige Mitglieder eines Ritterordens oder eines gnostischen Geheimbundes waren.

Wie wir noch sehen werden, hatte der Tempelorden im einige Kilometer entfernten Steinfeld zwischen Neunkirchen und Ebenfurt mehrere Niederlassungen und befestigte Stützpunkte. Das an Scheiblingskirchen angrenzende, mit zahlreichen Wehrkirchen durchzogene Gebiet namens *Bucklige Welt* erstreckt sich von Steinfeld über Scheiblingskirchen bis zur burgenländischen Burg Lockenhaus.

Die nahe liegenden Templerstützpunkte und die zuvor erwähnte Sammelstelle für Kreuzzügler würden die Hypothese, dass die Tempelherren beim Bau der Rotunde ihre Finger im Spiel hatten, bestätigen. Den endgültigen Beweis für diese Hypothese fanden wir aber in der Form von steinernen Symbolen nördlich des Haupteinganges und eines rechts am Eingang befindlichen behauenen Steines.

Nördlich des Haupteinganges kann man ein Kapitell bewundern, dessen Grundform ein mit stilisierten konkaven Blättern verzierter Würfel darstellt. Die Mitte zeigt zwei volutenartig verdrehte Stängel. Dieselben Formen findet man auf der niederösterreichischen Burg Ober-Ranna bei Klosterneuburg und im nahe gelegenen Thernberg. Da sich in der Krypta der romanischen Kapelle der Burg Ober-Ranna im Mühlviertel eine Säulenplastik befindet, deren Motive mögliche ophitische Novizen bei rituellen Handlungen zeigt, und die Burg ebenfalls mit dem Tempelorden in Zusammenhang gebracht wurde, haben wir hier eine weitere Verbindung.

Einen weitaus wichtigeren Fund, der sogar einen Beweis zur gnostischen Geheimlehre der Tempelritter und anderen der Häresie bezichtigten mittelalterlichen Gruppen darstellt, gibt ein rechts in einer Nische neben dem Eingang befindlicher behauener Stein ab. Er galt lange Zeit als römischer Grabstein, bis dem Forscher Alexander Gaheis 1898 eine neue Lesung der am Stein befindlichen Schriftzeichen gelang. Die Worte *CORPORE TVO (nfra) SERATO V (ir) GO PIA* bedeuten in etwa so viel wie: *Indes dein Leib da unten eingeschlossen ist, bist du, Jungfrau Sophia, dort eine selige Jungfrau*. Die Datierung des vermeintlichen Römersteines erfolgte mit Hilfe der Schriftart, vor allem aber einzelner Buchstaben, in das 13. oder 14. Jahrhundert. Man findet keinen Zusammenhang des Steines mit den im Ort ansässigen Adelsfamilien.

Die Inschrift ist aber deshalb so speziell, da sie sich in diesem Fall direkt auf das *Buch von den zwei Prinzipien*, der gnostischen *Pistis-Sophia*, bezieht, die vor allem, wie zuvor beschrieben, von den südfranzösischen Katharern, den bosnischen Bogomilen, den Ophiten, aber auch von den in die Gnosis eingeweihten Ordensrittern verehrt wurde. *Pistis* bedeutet Glaube und *Sophia* Weisheit. Die Schriften über die *Pistis-Sophia* stammen vom syrischen Gnostizismus, wurden in Ägypten entwickelt und zählen zu den Originalurkunden aus den ersten Jahren des Christentums.

In der Achtheit, die den Kosmos darstellt, soll die *Trinität* der ersten Prinzipien wirken – der Vater der erste Mensch, die Mutter der Götter und der Sohn des Menschen, der *Christus*. Hier kann man auch einen gnostischen Zusammenhang mit achteckigen oktogonalen Bauformen von Templerbauten erkennen. *Sabaoth* oder *Jehova* organisiert die Siebenheit, welche sich in der Astralwelt befindet, und *Jaldabaoth*, der auch ein Sohn der Urmutter *Sophia* und zugleich der Satan der Gnostiker ist, richtete die physische Welt ein, indem er die Materie erschuf.

Vom Beginn der Erschaffung der physischen-irdischen Welt an erwartet *Sophia*, die gefallene Menschenseele, einen Retter. Die Inschrift am Stein von Scheiblingskirchen erwähnt auch, dass der Leib der *Sophia* da unten – in der Materie – eingeschlossen ist. *Christus* wirkt in dieser Betrachtung an der Reinigung der Welt, zum Heil *Sophias* und der menschlichen Seelen. Der Jesus Christus lässt die göttliche *Trinität* zur Inkarnation gelangen und verwirklicht die von den Pythagoräern und von den Gnostikern vorher verkündete Vierheit.

In der rein geistigen Welt der Gostiker stellt die innere *Sophia* die Lichtjungfrau dar, welche die wahre Seele einer rein gebliebenen Menschheit ist. Die äußere *Sophia* war für die ersten Gnostiker das Urchaos *Achamoth* in seiner Gesamtheit, eine Wesenheit, welche in die Materie herabgestiegen ist. Der Fall der *Pistis-Sophia* stellt in dieser Kosmologie die Gestaltung des irdischen Menschen dar.

Neben dem *Sophia-Stein* weist auch die Weihe der Kirche auf Maria Magdalena auf die Tempelritter hin. Maria Magdalena und Jesus werden in den gnostischen Quellen als unverheiratetes Paar beschrieben. Nach den Gnostikern benötigte Jesus, um vollkommen zu werden, die Ergänzung der weiblichen Hälfte durch die Vereinigung der Gegensätze. In den gnostischen Schriften von *Nag Hammadi* findet man Zitate, die sowohl auf die *Sophia* als auch auf Maria Magdalena zutreffen.

Der Fund des *Sophia-Steines* bei der Rotunde von Scheiblingskirchen rückt die Möglichkeit eines Ortes der Initiation für hochrangige Tempelritter in den Bereich des Möglichen, da für sie das Wissen um die Vereinigung der Seele mit dem gnostischen Lichtreich des wahren Gottes, die Befreiung der inneren *Sophia* aus der Materie, welche zur spirituellen Erleuchtung führt, zur Geheimlehre des Ordens gehörte.

Scheiblingskirchen ist nicht die einzige Rotunde in Österreich. Auf Grund ihrer untypischen Form werden heute manche Rotunden in den Alpenländern auch als Beinhäuser oder Karner bezeichnet. Ein Paradebeispiel einer solchen Bezeichnung stellt der *Karner* von Petronell bei Carnuntum in Niederösterreich dar. Es gibt sehr viele Indizien, dass dieser große Rundbau vom Tempelorden errichtet wurde. So findet man im Türsturz der Rotunde zwei etwa fünf Zentimeter große, gleichschenkelige Templerkreuze. Am Portal der Rotunde kann man sogar ein Vorbild einer gnostischen Geisttaufe erkennen.

Die seltene Plastik zeigt, wie ein nur mit einem Tuch bekleideter bärtiger Mann einem nackten Kind, dessen Geschlecht undefinierbar ist, die Hand segnend über den Kopf legt. Zur rechten Seite steht ein weiblicher Engel, der dabei ist, dem Kind ein Tuch über seinen Kopf zu legen.

Dieser weibliche Engel ist sehr wahrscheinlich *Sophia*, die man zum Beispiel auch auf einer Ikone in der Kathedrale von Nowgorod in Russland in einer ähnlichen Darstellung vorfindet. Die rus-

sische Ikone zeigt auch, wie der glorifizierte Christus vom wahren Gott gesegnet wird und stellt die *Sophia* mit Flügel und einer Krone dar. Die Darstellung soll eine metaphysische Szene zeigen, bei der die *Christusseele* vom wahren Gott und *Sophia* vorbereitet wird, bevor sie in die leibliche Maria inkarniert.
Da man bei einer genauen Suche am Gebäude auch noch auf Rosettenformen und Symbole stößt, die man sonst hauptsächlich bei französischen Tempelritterbauten oder bei den südfranzösischen Katharern findet, ist es durchaus verständlich, dass der Orientalist *von Hammer-Purgstall* das Bauwerk dem Tempelorden zuordnete. Zumindest ist die Wahrscheinlichkeit sehr groß, dass die ritterlichen Stifter dem Tempelorden nahe standen.
Ein weiterer mysteriöser Rundbau befindet sich auf der Flattnitz in 1400 Meter Seehöhe. Das Gebiet war ein alter Übergang vom kärntnerischen Gurktal ins steirische Murtal. Die Johanniskirche ist ein aus dem Jahr 1330 stammendes Passheiligtum, eine Wehrkirche und auch eine Wallfahrtskirche. Die Kirche auf der Flattnitz ist ein zehn Meter durchmessender Rundbau mit dem Chor auf der Ostseite und einem angefügten Hospiz an der Westseite.
Den Wehrcharakter und die Verbindung zu Ordensrittern erkennt man durch einen wuchtigen Wehrturm, der an die Rotunde angebaut wurde. Interessanterweise gibt es von außen keinen Zugang in den Wehrturm. Der Aufgang in den Turm erfolgte von der linken Empore im Kircheninneren. Die Empore hat auch keinen Zugang und ist nur durch eine Leiter erreichbar.
In der Umgebung der Kirche fand man Spuren alter heidnischer Fruchtbarkeits- und Totenkulte. Es ist auch interessant, dass es in der Johanniskirche einst besonders skurrile Reliquien gab. Es waren dies angebliche Milch von der Mutter Maria, Blut vom Märtyrer St. Stephan und Gold von den Heiligen Drei Königen. Der Toten- und Reliquienkult ist ebenfalls ein Hinweis auf die Tempelherren, die im ganzen mittelalterlichen Europa einen lebhaften Reliquienhandel aufzogen.
Die drei österreichischen Beispiele von Rotunden, die sehr wahrscheinlich mit dem Tempelorden in Verbindung standen, zeigen auf, dass man solche seltenen Sakralbauten auch in den Alpen und

nicht nur in Spanien, Portugal, Frankreich oder England vorfinden kann. Rotunden findet man auch in Slowenien, Ungarn, Rumänien sowie entlang der Kreuzzugsrouten bis nach Armenien.
Da die Ritterorden in ganz Europa ein Netzwerk aus Straßen kontrollierten, wurden an strategisch wichtigen Stellen wie dem Passübergang von Kärnten in die Steiermark Stützpunkte errichtet, damit ordensnahe Reisende sicher durch die Lande reisen konnten. Die Bauform und der Bauort der Johanniskirche legen einen solchen sakralen Stützpunkt nahe.

Katharinenkapelle oder Einweihungskammer von mittelalterlichen Gelehrten

Die heilige Katharina von Alexandria gilt als die Patronin der Wissenschaft und steht daher der gnostischen Sophia als Vertreterin der Weisheit sehr nahe.

Im kleinen malerischen obersteirischen Gebirgsort Pürgg, gegenüber dem mächtigen Grimmingmassiv, befindet sich eine Wehrkirchenanlage mit einer kleinen Kapelle. Beide mittelalterlichen Sakralbauten beherbergen Fresken aus der Zeit der Kreuzzüge. Die Wehrkirche von Pürgg wurde am 17. Juli 1130, dem Tag des heiligen Alexius, geweiht. Vom ursprünglichen romanischen Bau, der im 14. Jahrhundert im Stile der Gotik verändert wurde, sind noch drei Schiffe erhalten, wobei die Seitenschiffe halbrunde Apsiden aufweisen. Zu dieser Zeit fand auch eine Erweiterung des Chores mit dem darunter liegenden Beinhaus seinen Abschluss.
Der ganze Kirchenkomplex ist mit einem Wehrgang-ähnlichen hölzernen Gang zum nahe liegenden Pfarrhof, der sehr wahrscheinlich aus einer Burganlage oder zumindest einem festen Haus hervorging, verbunden. Um 1160 wird von einer Burg Grauscharn berichtet, von der heute aber keine Spuren mehr zu finden sind. Die Befestigungen wurden von den Traungauer Markgrafen der Steiermark und den Grundherren von Gauscharn errichtet.

Im nördlichen Seitenschiff der Wehrkirche, das höher als das südliche ist, befindet sich eine Empore mit einem Marienaltar. Diese Empore kann man ebenerdig durch einen Eingang in Richtung Pfarrhof betreten. Im Westportal befindet sich ein romanisches Türblatt, das zur Abwehr von Dämonen Spiralen aus Schmiedeeisen trägt. Von der Empore kann man die sagenumwobene Turmläutkammer betreten.
Der separate Eingang, von dem man in die zuvor erwähnte Kammer kommt, lässt vermuten, dass hier nur Personen höheren geistlichen oder weltlichen Ranges Zutritt hatten. 1953 wurden in der Kammer mehrere Fresken aus der Zeit um 1300 freigelegt. Obwohl einige der Fresken schon sehr stark mitgenommen und die Farben verblasst sind, üben sie in ihrer Gesamtheit eine große Faszination aus. Da sich die Szenen auf den Fresken hauptsächlich mit der heiligen Katharina und der Passion Christi beschäftigten, nannte man die Kammer Katharinenkapelle.
Szenen aus der Passion Christi und der *Legenda aurea* – des Jacobus von Voragine aus dem Jahr 1273, die sich hauptsächlich mit der heiligen Katharina beschäftigen, führen in zwei Bildstreifen um die Wände. Die oberen Reihen zeigen von links nach rechts: das Zerbersten der Räder, auf die Katharina geflochten werden soll, Christus in der Mandorla mit Kaiser Maxentius und Porphyrinus, Katharina werden die Achselhöhlen verbrannt, die Verbrennung bekehrter Christen, der Besuch der Kaiserin Faustina im Kerker und Katharina diskutiert mit Gelehrten.
Die Geschichte der heiligen Katharina beginnt mit einem römischen Kaiser, der Opfergaben an die alten Götter gibt. Sie lehnt in abwehrender Haltung diese heidnischen Handlungen ab, da sie zum Christentum bekehrt worden ist.
Danach sendet der römische Kaiser fünfzig Gelehrte zu Katharina, um sie wieder vom alten Glauben überzeugen zu können. Doch ihr gelang das Gegenteil: Katharina bekehrte die fünfzig römischen Gelehrten, worauf der Kaiser alle gemeinsam auf dem Scheiterhaufen verbrennen ließ. Danach wurde Katharina in das Verlies gesperrt, wo sie der Kaiser besuchte. Da sie an ihrem Glauben festhielt, sollte sie auf Räder geflochten und gemartert

werden. Laut Legende zerbrachen die Räder, so dass sie schließlich enthauptet wurde.
Es ist interessant, dass man in der Szene, bei der man die Enthauptung sieht, zwei Gestalten, die eine phrygische Mütze tragen, erkennen kann. Solche Mützen stammen aus Persien und fanden auch beim persisch-römischen *Mithraskult* eine Verwendung. Die phrygische Mütze symbolisierte die Freiheit. Wenn ein Sklave seine Freiheit erlangte, durfte er diese Mütze tragen. Im gnostischen Sinne würde das die Befreiung er Seele aus dem physischen Leib bedeuten.
Außer diesen Szenen kann man auf den Pürgger Fresken erkennen, wie Katharinas Seele von einem Engel empfangen wird, während zwei andere Engel ihren Sarg mit ihrem Leib zum Berg Sinai tragen. Auf diesem Berg steht heute das Katharinenkloster, welches von unzähligen Touristen aus aller Welt besucht wird.
Andere Szenen an der Nordwand der Kammer zeigen die Schutzheilige Margareta von Antiochia auf einem Drachen reitend. Der Drache ist ein komplexes globales Symbol. Die große Echse und die Schlange repräsentieren vor allem bei den monotheistischen Religionen Chaos, die unbezwingbaren Naturkräfte und die teuflischen Mächte. Bei den keltischen Druiden stellten die Drachen die Kräfte der Erde dar, die sie zu beherrschen versuchten.
Wenn man sich das Fresko mit dem Drachen ansieht, erkennt man als erstes, dass der Schwanz des Drachen verknotet ist. Diese Darstellung ist kein Zufall. In der mittelalterlichen Symbolik wurde die Kraft des Drachen, so wie beim Skorpion, im Schwanz vermutet. Der verknotete Schwanz des Drachen bedeutet deshalb, dass das Böse gebannt wurde und die heilige Margareta den Drachen beziehungsweise seine Kräfte beherrscht. Aus diesem Grund kann sie auch den Teufel im anderen Bild vertreiben.
Ein schönes Skulpturenmotiv, welches den gnostischen Ursprung dieser Symbolik aufzeigt, kann man in der Kirche von Lieding in Kärnten bestaunen. Die Darstellung am Tympanon zeigt, wie die heilige Margareta aus dem Rumpf des Drachen herauswächst und mit einer Hand einem Löwen, welcher *Jaldabaoth* darstellt, auf den Kopf greift. Oberhalb von ihr schwebt ein Engelwesen, wel-

ches symbolisiert, dass sie die Welt der Materie und den bösen Drachensohn des Demiurgen überwunden hat. Die Skulpturen in Lieding sind eine der ältesten Darstellungen der Margaretenlegende.

Da Drachen auch als ein Symbol für die Hüter alten, geheimen Wissens stehen, kann man diese Bildfolge auch in diesem Kontext erklären. Der Kampf mit dem Drachen symbolisiert die Schwierigkeit, den bösen Versuchungen zu widerstehen. Es stellt den aus der Gnostik bekannten Kampf zwischen dem *Licht* und der *Finsternis* dar. Da die heilige Margareta den Drachen bezwungen hat und auf ihm reitet, hat sie das Böse in sich bezwungen und wurde unsterblich. So wurde sie zu einer Heiligen, einer wahren *weisen Magierin*, welche die Mächte der Finsternis und den Teufel alleine durch ihre Reinheit zu bezwingen vermag.

In der unteren Freskenreihe in Pürgg sind die Auferstehung Christi und ein möglicher Stifter sehr gut erhalten. Auch sind mehrere gleichschenkelige Ringkreuze, die von Kirchenhistorikern als Apostelkreuze gedeutet werden, zu sehen.

Die interessanteste Szene sieht man auf einem Fresko der Südwand, in der eine Person aus einem Sarkophag steigt, der von mehreren Personen, darunter einem Bischof, umgeben ist. Die offizielle Deutung nimmt an, dass ein Knabe zum Leben erweckt wurde und es sich um eine Taufzeremonie handelt. Andererseits erinnert die Szene an ähnliche Einweihungsrituale, wie sie bei geheimen Gesellschaften praktiziert werden.

Im alten Ägypten wurden solche Zeremonien und Rituale bei Einweihungsprüfungen durchgeführt. In solchen Ritualen wurde der Novize in einen todesähnlichen Zustand versetzt und in einen Sarkophag gelegt, damit er als Neugeborener aus dem Sarkophag entsteigt.

Die Jesusdarstellung in der *Mandorla* weist auch einen orientalischen Einfluss auf, da Jesus mit verschränkten Beinen über dem Fenster thront. Diese Haltung ist in Europa nicht üblich, und die herkömmlichen Jesusdarstellungen zeigen ihn in einer normalen Sitzposition. Auch die Darstellung innerhalb der *Mandorla* weist alte ägyptische Wurzeln auf. Mandorladarstellungen stammen

von der alten ägyptischen Hieroglyphe *Ru*, welche aus zwei sich anblickenden Bögen besteht.
Diese Hieroglyphe beschrieb einen Mund, die Vagina, durch die ein neugeborener Mensch das Licht der Welt erblickt, oder die Öffnung eines Tores in die spirituelle Welt. Die *Ru*-Hieroglyphe stellt aber auch eine Tür, ein Portal in eine Einweihungskammer dar. Die Passage zwischen der materiellen und der spirituellen Welt.
Eine eindeutige Verbindung zu Einweihungsritualen und *Ru*-ähnlichen *Mandorla*-Darstellungen gibt es in Irland. Wie wir in einem späteren Teil des Buches aufzeigen, übernahmen die irischen Druiden alte ägyptische Symbole von Spanien. Darunter befand sich auch die *Ru*-Hieroglyphe, die in Irland *Sheela* oder St. Patricks Mutter genannt wurde. Der heilige Patrick übernahm bei der Missionierung der irischen Druiden deren Einweihungssymbole ins irische Mönchstum. In Pürgg wird eine solche initiatorische Auslegung sogar durch die Platzierung innerhalb einer Fensternische unterstützt.
Da der steirische Markgraf Otakar III., zu dessen Besitztümern Pürgg gehörte, 1147 an einem Kreuzzug ins Heilige Land teilnahm, gibt es nachweislich eine Verbindung zu Ägypten, so dass es möglich ist, dass in dieser Turmkammer einst eingeweihten Personen geheimes Wissen überliefert und dieses auch praktiziert wurde.
In diesem Zusammenhang ist auch die schon erwähnte Weihe der Kammer an die heilige Katharina von Alexandria sehr interessant. Katharina die Reine ist nämlich eine christliche Heilige, deren wahrer Existenz man sich nicht so sicher ist. Katharina ist neben Maria Magdalena die zweite weibliche Heilige, die auch in Bezug auf die Tempelritter eine große Rolle spielte.
So soll in den zerstörten Kellergewölben der Templerburg Gisors etwa 30 Kilometer nordwestlich von Paris in Frankreich eine der heiligen Katharina geweihte Kapelle verschüttet liegen. Diese Kapelle soll nur für die Eingeweihten des Ordens zugänglich gewesen sein.
Wer war diese Frau, von der man sagte, dass ihr niemand intellektuell das Wasser reichen konnte? Aus diesem Grund wurde sie auch die Patronin der Wissenschaft und der Philosophie sowie die

Verteidigerin des wahren Glaubens. Deshalb findet man *Katharina-Sophia* auch auf dem Universitätssiegel der Pariser Universität *Sorbonne.*
Oft wird sie auch mit den besonders bei den Tempelrittern beliebten Rädersymbolen, welche den Lauf der Zeit symbolisieren, dargestellt. Sie war aber auch die Königin der Gefolterten, da sie als christliche Märtyrerin in die Geschichte einging, weil sie ihrem Glauben treu blieb, auch als man ihr die Brüste mit glühenden Zangen vom Leibe riss.
Bei unserer Recherche über die Katharinenkapelle von Pürgg stießen wir auf Hypatia von Alexandrien, die zur selben Zeit wie die heilige Katharina gelebt hat. Im Gegensatz zur Katharina kann der Lebenslauf von Hypatia mit schriftlichen Aufzeichnungen belegt werden. Beim Studium ihres Lebenslaufes stellten wir uns die Frage, ob Katharina ein christianisiertes Pseudonym von Hypatia ist.
Hypatia von Alexandrien lebte 370 bis 415 nach Christus und war die Tochter des Mathematikers und Astronomen Theon, der sie in den Naturwissenschaften ausbildete. Es gibt zwei wissenschaftliche Hinterlassenschaften von Hypatia: Kommentare zu Ptolemäus' *Syntaxis Mathematica* und zu Diophanus' *Arithmetica,* worin mathematische Gleichungen ersten und zweiten Grades mit mehreren Unbekannten behandelt werden.
Hypatias Vater Theon gehörte dem alexandrinischen *Museion* an, berechnete Sonnenfinsternisse und machte zwischen den Jahren 364 bis 393 dank seines Wissens chronologische Angaben in seinen umfangreichen wissenschaftlichen Kommentaren. So sagte er die am 20. November 393 stattgefundene Sonnenfinsternis voraus.
Besonders interessant ist, dass Hypatia und Theon die beiden letzten, namentlich bekannten, nichtchristlichen Mitglieder der so lange heidnisch gebliebenen Palast- und Gelehrtenschule zu Alexandrien waren. Dieses berühmte, den Andersgläubigen zugängliche *Museion* wurde deshalb um 390 von Christen zerstört und 391 in eine Kirche umgewandelt. Die berühmte Bibliothek, die Schul- und Wohngebäude des *Museion* wurden bereits im Jahre 270 unter Kaiser Aurelian verwüstet.

Die Institution selbst überlebte, so dass der Unterricht von philosophischen und naturwissenschaftlichen Studien im benachbarten *Serapeion* fortgeführt wurde. Doch nicht nur die wissenschaftliche Seite deckt sich mit der heiligen Katharina. Hypatia erlitt sogar ein ähnliches Martyrium wie Katharina, nur dass sie nicht der gnostischen Lehre abschwor und Christin wurde.
Im zweiten Jahrzehnt des fünften Jahrhunderts war Hypatia mit dem römischen Praefectus Augustalis namens Orestes persönlich bekannt. Orestes versuchte, zwischen den einander bekämpfenden Christen und Juden zu vermitteln, wobei er sich mehr auf die Seite der vom christlichen Bischof Cyrill bedrängten Juden stellte. Bei einem Streit geriet die Mathematikerin und Astronomin, die regelmäßig im Hause des Orestes verkehrte, in die Schusslinie der Anhänger Cyrills, die sie im März 415 grausam lynchten.
In alten Aufzeichnungen des Socrates Scholasticus heißt es über den Mord an Hypatia:
»... Sie warfen sie aus dem Wagen und zerrten sie zu einer Kirche. Dort entkleideten sie Hypatia vollständig und töteten sie dann mit Ziegelsteinen. Nachdem sie ihren Körper in Stücke gerissen hatten, häuften sie die einzelnen Glieder auf und verbrannten sie. Dieses Ereignis brachte beträchtliche Schande über Cyrill und die Kirche Alexandriens. Denn jenen, die aus dem Geiste Christi leben, liegen Morde und Kämpfe und dergleichen völlig fern.«
Diese kurze Beschreibung zeigt die Parallelen zur Katharina von Alexandrien sofort auf. Es ist durchaus möglich, dass sich hinter der heiligen Katharina in Wirklichkeit die Mathematikerin und Astronomin Hypatia von Alexandrien verbarg. Da Hypatia die Leitung der platonischen Schule innehatte, kann man davon ausgehen, dass sie eine Anhängerin der gnostischen Lehre und des *Sophia*-Mythos war.
Nach diesen Parallelen darf man sich die Frage stellen, ob eingeweihte Mitglieder der Tempelritter die Geschichte der Hypatia von Alexandrien kannten und als Tarnung dieses Wissens die christliche Version, die heilige Katharina als Patronin, aussuchten, die für Weisheit und Schmerz gleichermaßen steht.

Wenn dem so wäre, muss man sich auch fragen, ob eingeweihte Mitglieder des Tempelordens auch Zugang zum naturwissenschaftlichen Wissen der Hypatia von Alexandrien hatten. Hypatias Werke enthalten ausschließlich mathematische und astronomische Fakten. Wissenschaftshistoriker haben Teile ihrer weit verstreuten mathematischen und astronomischen Arbeiten identifiziert und beeindruckende Einzelstücke zusammengetragen, rekonstruiert und analysiert.

Theons Kommentare zu den dreizehn Büchern der großen *Syntaxis* des Ptolemäus sind in wesentlichen Teilen von Hypatia für ihre Publikationen überarbeitet bzw. verfasst worden. Die Auslegung des ptolemäischen Weltbildes von Vater Theon und seiner Tochter Hypatia ist für etwa tausend Jahre mit und neben Pappus der Leittext der vorneuzeitlichen Kosmologie und Astronomie. Von Pappus einerseits sowie von Hypatia und Theon andererseits stammen die einzigen erhaltenen Kommentare zur *Almageest* des Ptolemäus, wenn man von einem weiteren, aber anonymen Werk absieht. Sie bleiben jedenfalls die anerkannten Almageestkommentatoren bis in die Zeit von Kopernikus.

Hatten die Tempelherren Zugang zu verborgenen Werken der Hypatia? Wenn ja, haben sie sie bewahrt und für ihren Vorteil benutzt. Wie wir in diesem Buch schon mehrmals aufzeigten, sollten gerade dieser Orden und seine Bauhütten im Besitz großer astronomischer und mathematischer Kenntnisse gewesen sein, damit sie die großen gotischen Kathedralen des Mittelalters errichten konnten.

In der offiziellen Geschichte der Wehrkirche von Pürgg scheint der Tempelorden genauso wenig auf wie bei den Rotunden von Scheiblingskirchen und Flattnitz. Sollten wir auch hier Spuren der Tempelritter finden, hätte man ein weiteres Indiz dafür, dass dieser Orden auch bei den Rätseln der idyllischen Wehrkirche Pürgg und ihrer Katharinenkapelle seine Finger im Spiel hatte.

Wie am Anfang erwähnt, besitzt Pürgg nicht nur die Wehrkirche mit ihren besonderen geheimnisumwitterten Fresken in der Turmkammer. Auf einer freien Anhöhe östlich des Ortes befindet sich

auch eine im romanischen Baustil errichtete kleine Kapelle. Im Unterschied zur Wehrkirche wird die Johanneskapelle erst in einem Urbar aus dem Jahre 1350 urkundlich erwähnt. Obwohl keine früheren Aufzeichnungen bestehen, kann man davon ausgehen, dass die Errichtung der Kapelle in einem unmittelbaren Zusammenhang mit der Niederlassung der Traungauer Markgrafen auf der Burg Grauscharn gestanden ist.
Obwohl es keine baulichen Hinweise gibt, war sie vermutlich architektonisch in der Burganlage eingebunden und diente als landesfürstliche Pfalzkapelle. Nach der Aufgabe der Pfalz zwischen 1186 und 1192 ist die Kapelle vermutlich zu einer Gedächtniskapelle umfunktioniert worden. Es ist auch ziemlich sicher, dass der Standort der Kapelle auf Grund seiner speziellen exponierten Lage schon in vorchristlicher Zeit als Opferstätte oder Kultplatz eine Rolle spielte.
Dieser kleine Sakralbau zählt zu den ältesten Beispielen der romanischen Baukunst in der Steiermark. So wie in der Turmkammer der Wehrkirche besticht das Innere des Kapellenraumes durch seine einzigartige Ausstattung mit Wandmalereien aus dem dritten Viertel des 12. Jahrhunderts. Die Malereien wurden 1870 bei Arbeiten in der Kapelle entdeckt und 1893 bis 1894 restauriert. 1937 begann man mit der Endrestaurierung der Fresken, die 1948 positiv abgeschlossen wurde.
An der Südseite gelangen Marien-Motive der Verkündigung und der Geburt Christi zur Darstellung. An der Triumphbogenwand kann man ähnlich wie bei den Skulpturen von Schöngrabern Kain und Abel mit einem Opferlamm und einem Garbenbündel erkennen. An der Spitze befindet sich Christus. Den Platz unter Kain und Abel nehmen ein weltlicher und ein geistlicher Stifter ein, deren Äußeres nahe legt, dass es sich um hochrangige Personen gehandelt hat.
Neben Engeldarstellungen und Personen aus dem *Alten Testament* findet man auch weltweite Besonderheiten. So erkennt man auf der Stirnseite des vor dem Altar befindlichen Mauerbogens arabische (kufische) Schriftzeichen, die neun Mal, den Namen *Allah* (Gott) wiedergeben. Über dem Altar kann man wie in den

meisten Kirchen und Kapellen mit Templereinfluss die vier Evangelistensymbole Stier, Löwe, Adler und Mensch sehen.
In der Mitte des Kreises befindet sich das Lamm mit Kreuznimbus und Kreuzfahne im Zentrum des himmlischen Kosmos. Das rätselhafteste Motiv der in der Johanneskapelle befindlichen Fresken ist der *Katzen-Mäuse-Krieg*, welcher einen Bezug zum alten Ägypten herstellt. Dasselbe heidnische Motiv stammt von einer Tierfabel, die sich auf einem etwa 7000 Jahre alten altägyptischen Papyrus befindet.
Die Fabel wurde später von den Griechen übernommen. Der ungleiche Kampf zwischen den Katzen und den Mäusen stand im Mittelalter als Metapher für die verkehrte Welt. In der Symbolik repräsentieren Mäuse meistens etwas Böses. Im Christentum nagen sie im Dienste Satans am *Baum des Lebens*. Im hebräischen Glauben stellen sie aber auch das in der Gnosis vorherrschende Prinzip der Dualität dar.
Die Katzen symbolisieren bei den mittelalterlichen Christen auch das Böse. Bei den Ägyptern hingegen stehen sie in Verbindung mit der Göttin *Isis*. Man wird bei der Deutung dieses Freskos nicht ganz schlau. In der ursprünglichen Fassung der Fabel ist allerdings nur von einer Katze die Rede, die von mehreren Mäusen angegriffen wird. Beim Kampf fällt ein morscher Balken von einem Dachstuhl und zerquetscht die Katze. In der Johanneskapelle sieht man mehrere Katzen, wobei sich eine mit einem Schild schützt und zwei sich kreuzende Balken über der Kampfszene befinden.
Die Bedeutung dieser in der Pürgger Kapelle befindlichen Symbolik ist bis heute unklar. Auf der dem *Katzen-Mäuse-Krieg* gegenüberliegenden Mauer kann man noch die behaarten Füße eines Wesens erkennen, das wahrscheinlich einen Teufel darstellt. Außer den Fresken befindet sich an der südlichen Seite eine Tür, die eindeutig arabische bzw. orientalische Züge aufweist.
Die Integration arabischer Symbole und Baustile in eine auf einem keltischen Kultplatz errichtete christliche Kapelle, die Tierdarstellung der vier Evangelisten, das *Agnus Dei*, die Verehrung der heiligen *Katharina-Hypatia-Sophia*, ein rätselhaft modifiziertes altägyptisches Tierfabelfresko, die Teilnahme von

Pürgger Rittern an einem Kreuzzug ins Heilige Land und die an eine Einweihungszeremonie erinnernden Fresken in der Katharinenkapelle legen den Verdacht nahe, dass Pürgg so wie Lockenhaus, Schöngrabern, Scheiblingskirchen, Petronell und Flattnitz eine Verbindung zum geheimnisumwitterten Orden der Tempelritter aufweist.

Die Löwen und geflügelten Drachen von Ják

In der europäischen Tradition wurde dem Drachen die Eigenschaft des Abwehrzaubers zugeordnet, bei dem die Bekämpfung des Bösen mit dem Bösen durchgeführt wurde, wodurch wiederum Gutes entsteht. Ein gemeinsames Auftreten von Löwen und Drachen jedoch weist auf das Wirken von Jaldabaoth, dem gnostischen Schöpfer der Materie, hin.

Einige Kilometer südöstlich der burgenländischen Tempelritterburg Lockenhaus befindet sich auf ungarischem Gebiet die aus dem 13. Jahrhundert stammende romanische Geschlechterkirche von Ják. Vermutlich um das Jahr 1214 legte der einflussreiche ungarische Adelige Márton Ják der Große auf einer Anhöhe im Zentrum seiner ausgedehnten Besitzungen den Grundstein für eine Sippen- oder Geschlechterkirche. Diese Bezeichnung ergibt sich dadurch, weil sich über der Vorhalle im Westen eine für solche Bauten charakteristische mit drei Sitznischen ausgestattete Herrschaftsempore befindet.
Eine steinerne Kanzel im Kircheninneren zeigt die Motive der vier Evangelisten, denen neben ihrer menschlichen Gestalt, wie in Schöngrabern und der romanischen Galluspforte am Baseler Münster, die zu ihnen gehörigen Tiersymbole beigegeben wurden. Die heute nur noch fragmentarisch erhaltenen Fresken im Inneren der Kirche zeigen ihren Stifter Márton Ják und seine Familie sowie Engel, welche die Seele des Verstorbenen zum Himmel tragen.

Márton Ják rief gleichzeitig zum Bau der Kirche Mönche des Benediktinerordens nach Ják, die neben dem Kirchenbau ein kleines Kloster gründeten. Um 1241 standen bereits das dreischiffige Langhaus, der Chor und die imposante Zweiturmfassade. Danach ergab sich eine Bauunterbrechung, da die Mongolen in Ungarn einfielen. Die Kirche von Ják wurde schließlich um 1256 fertig gestellt und geweiht.

Gegenüber der Westfassade erhebt sich die einem Beinhaus ähnliche zweigeschossige Jakobskapelle, die um 1260 erbaut wurde. In dieser vom Hauptbau getrennten Kapelle wurden Taufen, Trauungen und Totenmessen vorgenommen.

Zwischen den zwei massiven Türmen zieht das prächtige, aus der Flucht heraustretende und von einem Dreiecksgiebel überfangene Stufenportal die Blicke auf sich. Das Mauerwerk ist reich an geometrischen Mustern, figürlichen und vegetabilen Ornamenten aus der Zeit der Romanik. Eine Besonderheit stellen aber die Motive der an den Außenwänden und Portalen befindlichen Skulpturen dar. Vorbilder mancher Plastiken findet man am Bamberger Dom, im Riesentor des Stephansdomes in Wien, in Schöngrabern und anderen romanischen Bauwerken. Zu diesen Parallelen gehören die Motive der im Buch schon an anderer Stelle behandelten Darstellungen des schon bekannten Löwenkämpfers *Samson*.

In Ják befinden sich links vom Hauptportal, ähnlich wie am Hauptportal des Stephansdomes in Wien, zwei Löwen, die einander den Rücken zuwenden und nach Norden und Süden blicken. Während Löwen, die nach Osten und Westen blicken, das ägyptische Zeichen des Weges der Sonne vom Aufgang zum Untergang und erneuten Aufgang, des Weges der Erneuerung vom Gestern zum Heute, darstellen, kommt in Ják und in St. Stephan eindeutig die gnostische Symbolik vom hellen Süden und vom dunklen Norden, der gnostische Dualismus von *Licht* und *Finsternis*, zum Wirken. Im Hauptportal nimmt *Christus* als Weltenrichter, flankiert von je fünf Aposteln, den Mittelpunkt ein.

An der Spitze des gotischen Bogens befindet sich eine interessante Skulptur, die möglicherweise einen Otter, ein Wiesel oder ein ähnliches Tier darstellt, das eine Pflanzenranke fest hält. Eine solche Darstellung stellt an der Spitze eines Hauptportals auf jeden Fall eine Merkwürdigkeit dar. Der Otter repräsentiert zum Beispiel bei den Persern ein göttlich reines Tier, welches wie der Hund als Lichtwesen verehrt wurde. Da es bei der Kirche von Ják auch interessante Hundeskulpturen gibt, scheint ein Zusammenhang durchaus zu bestehen.

Der zuvor erwähnte Löwenkämpfer nimmt rechts vom Hauptportal seinen Platz ein. Auf der linken Seite kann man eine thronende Madonna mit dem Jesuskind erkennen, wobei beiden der Kopf von türkischen Eroberern abgeschlagen wurde.

Es ist interessant, dass alle anderen Skulpturen-Motive sich in keinem Kunstführer wieder finden, da sie eher ins Bild der gnostischen Lehren zu passen scheinen. In diesem Zusammenhang nimmt natürlich die Auslegung des Löwenkämpfers so wie bei anderen gnostischen Bauwerken eine besondere Stellung ein. So kann man rechts und links des Hauptportals zwei weitere Löwen sehen, von denen der linke Löwe einen bärtigen Männerkopf mit seiner krallenbewehrten Pfote niederhält. Der rechte Löwe hält eine Pfote auf den Hals eines sich in seinen Flügel beißenden Drachens.

Diese Symbolik ist eindeutig der gnostischen Lehre zuzuordnen. Die beiden Löwen repräsentieren wieder einmal *Jaldabaoth*, welcher den Menschen im Dunkeln der Materie niederhält und ihm so den Weg zum wahren Gott versperrt. Ähnlich verhält es sich mit dem Löwen am Fuß der rechten Seite des Hauptportals.

In diesem Zusammenhang stellt der über den zuvor besprochenen Löwenmotiven thronende, aus einer von Engeln gehaltenen *Mandorla* hervortretende *Christus* den Sieger über *Jaldabaoth* dar. Ähnliche Bezwinger von *Jaldabaoth* und seinem Sohn, den geflügelten bösen Drachen *Ophiomorphus*, symbolisieren Drachenkämpfer wie der *Erzengel Michael* und der heilige Georg. Ältere Drachentötermotive stammen aus Babylonien und Ägypten. So gibt es ägyptische Hieroglyphen, die den ägyptischen Gott *Horus* darstellen, wie er den Drachen *Seth* schlägt.

Georg stammt aus dem Griechischen und heißt: »Der, der die Erde befruchtet.« Der englische König Richard Löwenherz war es, der die Legende und die Verehrung des heiligen Georg nach

60 Madonna mit Christuskind über zwei an den Hälsen verschlungenen Drachen am Portal der Deutschordensritterkirche (Leechkirche) in Graz.

60

61, 62 Baphometische Skulptur einer Frau (heilige Margarete?) mit einer unter ihrer Kontrolle befindlichen Schlange in den Händen, Ják, Ungarn. Rechts, angebliches Baphometidol der Templer mit Schlange in den Händen und dualistischen Symbolen, Kunsthistorisches Museum, Wien.

61

62

63-65 Gnostische Fischmenschen in Aarhus, Dänemark, Regensburg und an der Außenseite des Mailänder Doms.

63

66 Fresko der heiligen Katharina, Margarete und Barbara in der Kirche von Metnitz, Kärnten. Die heilige Margarete kontrolliert hier, ähnlich wie angebliche baphometische Skulpturen und Plastiken, statt einen Drachen eine Schlange.

66

67 In Fels gemeißelte Plastiken an den Externsteinen im Teutoburger Wald. Die Sonne und der Mond rechts und links vom Gekreuzigten erinnern an Darstellungen aus dem Mithraskult.

67

68

69

68, 69 Die Katharerburg Termes, Frankreich. Das Lichtkreuz befindet sich im Kultraum der Burg von Termes, der zu bestimmten Zeiten von der Sonne mit Licht durchflutet wurde.

70

70 Die Katharerburg Quéribus, Frankreich. Quéribus war eine der letzten Bastionen der französischen Ketzerbewegung, die sich dem Kreuzfahrerheer wiedersetzte.

71 Die katharische Gralsburg Montségur mit ihrem Sonnenfenster. Die Burg wurde astronomisch ausgerichtet.

71

72, 73 Ähnliche Löwen-Jaldabaoth-Darstellungen am romanischen Ostchor des Bamberger Doms, wie in Ják, Ungarn, und an der Templerkirche von St. Ägyd im Steinfeld, Niederösterreich. Unterhalb der Löwenskulpturen befindet sich das so genannte Sonnenloch, eine kreisrunde Öffnung, durch die angeblich am Namenstag des heiligen Petrus, dem 29. Juni, die Sonne für eine kurze Zeit auf den Hauptaltar scheinen soll. Nach einer anderen Erzählung befand sich eine Reliquie der heiligen Kunigunde hinter dem Lichtloch. Nach mittelalterlichem Glauben sollte die in den Reliquien gespeicherte Energie durch das Loch nach außen strahlen.

73

74

74 Oktogonale Templerkapelle von Metz, Frankreich.

75, 76 Der romanische Karner von Hartberg, Steiermark. Dass der Karner von Hartberg möglicherweise einen Bezug zum Tempelorden hatte, stützen Skulpturen, welche neun Männerköpfe zeigen. In französischen Sakralbauten des Tempelordens stellen neun Männerköpfe immer die neun Ordensgründer dar.

77

77 Die Rundkirche von Scheiblingskirchen in Niederösterreich. Rundbauten wurden hauptsächlich vom Tempelorden errichtet und sind in Mitteleuropa eine Besonderheit. In Südfrankreich, Spanien und Portugal sind solche Bauten zahlreicher.

78

78 Karner bzw. Rundkapelle der Tempelherren von Petronell bei Carnuntum, Niederösterreich.

79 Auf der Plastik über dem Portal der Rundkapelle von Petronell kann man eine gnostische Geisttaufe sehen.

79

80

80 Portal des Karners von Hartberg. Am Portal erkennt man ein ähnliches gleichschenkeliges Kreuz wie an den Templerbauten in Südfrankreich.

81

81 Portal des oktogonalen Karners von Mödling, Niederösterreich. Die beiden verschlungenen Säulen stellen die Säulen Boaz und Jachin des salomonischen Tempels dar. Auch am Karner von Mödling kann man wie in Hartberg und an französischen Templerbauten neun Männerköpfe finden.

seiner Teilnahme am dritten Kreuzzug im Jahre 1194 mit nach Europa brachte. Im Jahre 1222 wurde der Drachentöter der Schutzpatron des englischen Königreiches.

Es ist deshalb kein Zufall, dass die Geschlechterkirche von Ják dem heiligen Georg geweiht ist, dessen Sieg über den Drachen man an einem Fresko im Chor bewundern kann. Unterhalb vom thronenden *Christus* befindet sich eine an die Londoner *Tempel Church* erinnernde Fassade mit einer großen Anzahl von geflügelten Drachen.

Wie wir anhand des Freiburger Skulpturenzyklus und anderen Beispielen aufzeigten, symbolisieren der thronende Jesus und die Drachenkämpfer die im Buch mit den sieben Siegeln stehende Erkenntnis, wie die menschlichen Seelen den Widerstand von *Jaldabaoth* und der bösen geflügelten Schlange *Ophiomorphus* überwinden und so in den Äther der achten Sphäre, der Fixsternsphäre oder in das Paradies gelangen und die Gnosis erfahren können.

Links oberhalb des Hauptportals gibt es Maueröffnungen, in denen zwei weitere Löwen zu sehen sind. Der rechte Löwe scheint einen Vogel zu reißen. Da Vögel in der christlichen Symbolik immer den Geist bzw. die Seele darstellen, scheint es sich hier um einen Kampf zwischen der Materie, welche vom Löwen symbolisiert wird, und dem Spirituellen der Seele zu handeln. In diesem Zusammenhang steht auch der menschliche Löwenkämpfer.

An der Apsis befindet sich ein weiteres gnostisches Motiv, bei dem ein bärtiger Männerkopf unterhalb eines ihn beschützenden zähnefletschenden Hundes hervorblickt. Dieses Motiv kann man als Triumph der Gnosis deuten, die *Jaldabaoth* unter dem Symbol des Löwen und Drachen bekämpfte. Der Hund stellt in dieser Symbolik immer den treuen Führer der Gnosis dar. Hunde repräsentieren die Wächter eines Portals zu einer anderen Welt. Sie begleiten die Toten auf ihrem Weg in den Himmel.

Das Symbol des Hundes wird mit dem ägyptischen Totengott *Anubis* und den griechischen Magier-Gottheiten *Hermes* bzw. *Merkur* in Verbindung gebracht. Der Hund repräsentiert die Gegensätze der fernöstlichen Gnostiker, da er am Tag die Sonne und in der Nacht den Mond verehrt.

Der *Cynocephalus* zerstört oder hält die Gegner des Lichtes gefangen. Bei den Gnostikern steht der Hund auch als Symbol für den Meister des mystischen Feuers, das durch die sexuelle Kraft hervorgerufen wird. Der Hund hält hier nicht wie der Löwe am Westportal die Pranke auf den Kopf des Mannes, um ihn in der Materie zu halten. Hier stellt der Hund möglicherweise eine Art Beschützerrolle dar. Andererseits könnte die Motivgruppe auch das In-Schach-Halten der Gegner des Lichtes darstellen.
Das Südportal von Ják besitzt so wie das Tympanonrelief am Eingang der Jakobskapelle eine gnostische Darstellung vom Lamm Gottes. In dieser Darstellung sieht man das Lamm mit dem gleichschenkeligen Kreuz der Tempelritter, das links und rechts von zwei geflügelten Drachen flankiert wird. Beide Drachen haben verknotete Schwänze, die sie als die in der Alchemie bekannten Gegensätze ausweisen, durch welche in diesen Lehren der *Stein der Weisen* entstehen soll.
Ähnlich verhält es sich mit dem Symbol der zwei an ihren Hälsen verknoteten Drachen, wie man sie am rechten oberen Rand des romanischen Rundbogens am Westportal des Wiener Stephansdoms oder am Portaltympanon der frühgotischen Kirche Maria am Leech in Graz und am äußeren Portal der Abteikirche von Stift Sekau in der Steiermark vorfindet.
Die Symbolik wird mit der Erzeugung des *Steins der Weisen* in Zusammenhang gebracht und stammt aus Arabien. Im alchemistischen Werk *Theatrum Chemicum Britannicum* aus dem Jahre 1652 gab man diesem Symbol den Namen *Schlange aus Arabien*. Die Verwendung dieses orientalischen okkulten Symbols an christlichen Kirchen wird hier besonders interessant, da zum Beispiel die Kirche Maria am Leech in Graz 1202 vom Deutschen Ritterorden erbaut wurde.
Aus dieser Zeit stammt auch die Sandsteinplastik mit einer Madonna mit Kind über den zwei an ihren Hälsen verknoteten Drachen. Anhand dieses Tympanons kann man schließen, dass alchemistisch bewanderte Ritter des Deutschen Ordens Christus mit dem *Stein der Weisen* gleichsetzten und so, wie die Ritter des Tempelordens, während ihres Aufenthaltes im Heiligen Land mit den geheimen gnostischen Lehren arabischer Sekten in Berührung kamen.

An der Ostseite der Kirche in Ják sind in romanischen Rundbögen die Skulpturen von Edelmännern angebracht, von denen einer einen Zepter in der Hand hält und ein zweiter seine rechte Hand aufs Herz legt. Eine besondere Entdeckung machten wir aber an den beiden im östlichen Ende vom Kirchenschiff befindlichen gotischen Fenstern. Diese nach Süden und Norden weisenden Fensterrosen haben ein steinernes Motiv eingearbeitet, das wir auf einem Grabstein bei Kilmartin im schottischen Argyll fanden. Es ist ein okkultes keltisches Symbol, das einen Kreis mit vier ineinander verschlungen Schleifen darstellt. Das Symbol stand im Mittelalter im Zusammenhang mit Exorzismus und Dämonenaustreibung.
In den Kirchenfenstern könnte es als Dämonenabwehr verstanden werden. An der Nordseite der Kirche kann man zum Beispiel eine steinerne Kröte sehen, welche die Kirchenmauer fluchtartig zu verlassen scheint. Unterhalb des am rechten Seitenteil befindlichen Daches blicken bärtige Männer-, Hunde- und Widderköpfe herab. Ein kleines romanisches Rundbogenfenster ist von zwei kleinen männlichen Skulpturen flankiert, die Handlungen ausführen, die man nicht mehr genau erkennen kann. Dieser Teil der Kirche ist so, wie das Hauptportal, mit zwei Löwen, die einander den Rücken zuwenden und nach Süden und Norden blicken, flankiert. Auch hier stellen sie das Symbol für *Licht* und *Finsternis* dar.
An der Nordseite der Kirche kann man noch die erodierten Reste eines männlichen Gesichtes erkennen, das einen gespaltenen zweiteiligen Bart am Kinn aufweist. Dieser bärtige Kopf ist von zwei alchemistischen geflügelten Drachen umgeben, deren Schwänze verknotet sind.
Solche Motive wurden in Frankreich den Tempelherren zum Verhängnis, da man sie beschuldigte, diese bärtigen Männerköpfe zu verehren. Es entspricht der Tatsache, dass diese Art von Köpfen mit den gespaltenen zweigeteilten Bärten in der Geheimlehre der eingeweihten Tempelritter eine Rolle spielte.
Oberhalb dieser Skulpturen blickt ebenfalls ein Hundekopf mit einem treu ergebenen Blick zum bärtigen Männerkopf hernieder. In der gnostischen Geheimlehre symbolisierte der Hund den Führer der Gnosis. Der bärtige Kopf könnte den *Baphomet* oder

einen in diesen Kult eingeweihten Templer darstellen, der sich wie *Christus*, der Erzengel Michael oder der heilige Georg mit Hilfe der Geheimlehre über die Macht *Jaldabaoths* erhebt und so die Erkenntnis des wahren Gottes, die Gnosis, erfährt.
Die Nähe der von den Tempelherren für verborgene Rituale benützten Burg Lockenhaus und die Kreuzritterstützpunkte im ebenfalls nicht so weit entfernten niederösterreichischen Steinfeld legen durchaus eine Verbindung zwischen dem Stifter Márton Ják und dem Orden der Tempelritter nahe.
Es ist durchaus möglich, dass gerade Adelige, die gegenüber der gnostischen Geheimlehre positiv eingestellt waren, den Tempelrittern Bauwerke zur Verfügung stellten, obwohl diese nicht offiziell zu ihrem Orden gehörten. In solchen Fällen ist es auch einfacher, geheime Rituale oder gnostische Messen durchzuführen, ohne von Vertretern der Amtskirche beobachtet zu werden.
Die Anordnung und die Wahl der steinernen Skulpturenmotive in Ják können kein Zufall sein. Bei der Besichtigung der Kirche erkennt man, dass diese Motive von den Erbauern bewusst ausgewählt wurden. Ein weiterer Hinweis könnte sein, dass viele ungarische Adelige dem im 14. Jahrhundert aufkommenden gnostischen *Drachenorden* interessiert gegenüberstanden. Dieses Interesse mag auf ihre positive Einstellung zur Lehre der Gnostiker des 13. Jahrhunderts hindeuten.

Die arkanen Plastiken der Neuberger Zisterze

»Skulpturen in Kirchen sind die Zeichen unserer Moral,
Bilder und Vorstellungen unseres Inneren,
haltbar in Steine gemeißelt.«

JOHANNES VON GARLANDIA, 13. JAHRHUNDERT NACH CHRISTUS

Das im obersteirischen Gebirgstal gelegene Zisterzienserstift Neuberg wurde Anfang des 14. Jahrhunderts vom Habsburger Herzog Otto dem Fröhlichen, einem Sohn von König Albrecht I., gestiftet. Herzog Otto, der sich oftmals im Wienerwald aufhielt, knüpfte dort sehr wahrscheinlich Kontakte zu den Zisterziensern von Heiligenkreuz, die schon sein Vater gefördert hatte. Es gibt Unterlagen, wonach man aufzeigen kann, dass der Habsburger Herzog sich mit dem Abt des Stiftes Heiligenkreuz über die geplante Klostergründung absprach.

Der Prälat half ihm bei der Suche nach einem für eine Neugründung geeigneten Ort. Die abgelegene Lage in Neuberg schien für die Neugründung eines Zisterzienserstiftes wie geschaffen. Am 13. August 1327 wurde die Gründungsurkunde in Krems ausgestellt. Nach einigen Schenkungen wurde das Stift Neuberg in Kürze zu einer der bedeutendsten Grundherrschaft im oberen Mürztal.

Am 7. Oktober 1327 wurde mit dem Bau der Zisterze begonnen, von der ein Teil aber erst 1347 so weit fertig gestellt wurde, dass die Mönche vollständig einziehen konnten. Der über einen rechteckigen Grundriss mit Tuffsteinen ausgeführte Kirchenbau wird von einem großen Walmdach abgeschlossen. Dieses Dach wurde, wie es der Zisterzienserorden vorsah, von einem kleinen achtseitigen Dachreiter bekrönt.

Der mächtige Dachstuhl stellt alleine in seinem Ausmaß und seiner Konstruktion ein einzigartiges Beispiel österreichischer Holzarbeit dar. Außerdem ist die Neuberger Zisterze der erste gotische, einheitliche, in Langhaus und Chor aufgeführte Hallenkirchenbau Österreichs.

Der Innenraum der Stiftskirche besitzt eine starke Ähnlichkeit mit der Stiftskirche von Heiligenkreuz in Niederösterreich. Wir wollen hier nicht auf alle architektonischen und kunstgeschichtlichen Details eingehen, sondern uns auf einige spezielle Besonderheiten konzentrieren, die einen Bezug zu den zuvor im Buch aufgezeigten vor- und frühchristlichen Glaubenslehren herstellen.

Zu einem der ältesten Teile der Zisterze gehört der Kreuzgang, welcher einen rechteckigen Hof umschließt. Der Nord- und der Ostflügel wurden im zweiten Viertel des 14. Jahrhunderts erbaut. Den Süd- und Westflügel stellte man erst in der zweiten Hälfte des 14. Jahrhunderts fertig. Die gotischen Kreuzrippengewölbe

aller vier Flügel ruhen auf unterschiedlich geformten Konsolen, wobei jene des Ostflügels eine Besonderheit darstellen.
Man sieht Skulpturen von Tieren, Meerjungfrauen, Zentauren, den aus der Asche steigenden Phönix, den mit seinem eigenen Blut die Jungen nährenden Pelikan, ein Einhorn und die vier Tiersymbole der Evangelisten.
Die herkömmlich römisch-katholische Deutung der Skulpturen wird heute auf Christus und sein Erlösungswerk zurückgeführt. Wie wir zu Beginn des Buches aufgezeigt haben, stand der Zisterzienserorden hinter der Gründung der Tempelritter. Die Zisterzienser waren von kirchlicher Seite die Hauptinitiatoren hinter dem Kreuzzugsgedanken. Neben bekannten Zisterziensern wie dem heiligen Bernhard von Clairvaux und Abt Adam von Erbach, dem Mutterkloster der Zisterze Rein bei Graz, trat auch der erste Abt von Rein, Gerlach, als Kreuzzugsprediger in Österreich auf.
Die enge Verbindung zwischen den Zisterziensern und dem Ritterorden lässt diese Skulpturen in einem anderen Licht erscheinen. Wir haben uns schon ausführlich mit der gnostischen und okkulten Bedeutung der Tierdarstellungen der vier Evangelisten, der Löwen und der diversen Vögeln auseinander gesetzt, so dass wir hier genauer auf die Bedeutung von Zentauren, Meerjungfrauen und dem Einhorn eingehen.
Grundsätzlich repräsentieren diese Monster die Kräfte des Chaos in der Welt oder in den Menschen. Sie repräsentieren die dunkle Seite und die zerstörerischen Kräfte. Vor allem bei den kriegsführenden Ritterorden waren solche vorchristlichen Symbole sehr beliebt. So kann man an der Außenmauer der Kirche des Deutschen Ritterordens bei St. Johann bei Herberstein ein sehr schönes Relief sehen, auf dem vier Zentauren mit Hunden oder Wölfen kämpfen.
Wir haben zuvor aufgezeigt, dass die Baumeister der großen gotischen Kathedralen große Labyrinthe in den Böden anbrachten, in deren Zentrum der Held *Theseus* einen Minotaur bekämpft. Da christliche Würdenträger im Laufe der Zeit mitbekamen, dass diese Symbolik mit den gnostischen Ansichten der Bauhütten zu tun hatte, ließen sie diese Labyrinthe meistens entfernen. Die

Symbolik stellt den ewigen Kampf zwischen *Licht* und *Finsternis* dar. Die Ritterorden haben die *Theseus*-Minotaur-Symbolik übernommen und durch den *Erzengel Michael* als Drachentöter oder den Löwenkämpfer Samson ersetzt.

In den Meerjungfrauen, fischschwänzigen Halbmenschen und gehörnten Drachen finden sich die Abbilder der alten keltischen Göttin *Vouivre* wieder. Bei manchen romanischen Sakralbauten in Frankreich fand man sogar heraus, dass deren Baumeister Wasserläufe mit Flusskieseln symbolisch nachahmten. Diese Wasserläufe sollten im spirituellen Sinn einen reinigenden Fluss, der auf die Initiation vorbereitet, darstellen. Da Wasser wichtig für den Weg in die Einweihung war, markierten die Steinmetzen solche Stellen mit Skulpturen, die einen Wasserbezug haben.

Im Baseler Münster gibt es eine Säule mit einem Fischmann, der an der Brust einer Fischfrau saugt. Gegenüber befinden sich an den Kapitellen zwei fischartige *Vouivren*, von denen die linke mit geschlossenen Flügeln und die rechte vogelähnlich, mit Krallen und offenen Flügeln, dargestellt ist.

Im Dom zu Regensburg befindet sich sogar ein gotischer Zierbrunnen im Inneren, an dessen rechter Seite man auf der Mauer eine schöne Skulptur der keltischen gehörnten drachenartigen Wassergöttin *Vouivre* erkennen kann.

Bei den Gnostikern stellen Frauen mit Fisch- oder Schlangenleibern auch ein androgynes Wesen dar. Bei dieser Betrachtung symbolisiert der Schlangenleib oder der Fischschwanz den männlichen Phallus, oder den mit der Erde verbundenen Teil.

Sehr schön ist die Einhornskulptur in der Zisterze von Neuberg. Im Allgemeinen symbolisieren diese Fabeltiere immer die Reinheit der Jungfrau. Im christlichen Sinne repräsentiert das Einhorn die Jungfrau Maria. Die Quelle der Einhornsymbolik reicht aber bis in die vorchristlichen Kulturen zurück. So wurde es von den Römern als Symbol für deren Mondgöttin *Diana* angesehen. Die wahren Wurzeln der Einhornsymbolik liegen aber wieder in den gnostischen Lehren.

Da das Horn des Einhorns in seiner Gesamtheit aus zwei miteinander verdrehten Hörnern besteht, kommt wie bei den Fisch-

oder Schlangenmenschen die dualistische Betrachtung des mittelalterlichen *Androgyn* zur Geltung. So repräsentiert das Horn des Einhorns die dualistische Vereinigung zweier gegensätzlicher Kräfte. Ähnlich verhält es sich, wenn ein Einhorn zusammen mit einem Löwen dargestellt wird. In diesem Fall stellt der feurige Löwe den Gegenpart des jungfräulichen reinen Einhorns dar.

Neben dieser Augenweide an gnostischen Skulpturen kann man im Inneren der Zisterze einen Hochaltar aus den Jahren 1611/1612 bewundern, in dem die Symbolik des Mittelalters fortgeführt wird. Auf diesem Altar sind unter anderem für den Orden der Zisterzienser bedeutende Heilige zu sehen. Es ist das der heilige Benedikt, der vom 5. bis zum 6. Jahrhundert lebende Vater des europäischen Mönchstums, dessen Regeln die Zisterzienser in einer reformierten strengeren Form übernommen haben.

Ihm ist ein interessantes Attribut, ein Kelch, aus dem eine Schlange kriecht, beigefügt. Die herkömmliche Auslegung dieser Symbolik bezieht sich auf eine Geschichte, die erzählt, der heilige Benedikt sollte eines Tages vergiftet werden, und als er über dem Kelch ein Kreuzzeichen machte, sei das Gift in Form einer Schlange herausgekrochen.

Wie wir schon mehrmals erwähnt haben, standen die Zisterzienser hinter dem Tempelorden, welcher auch mit der *Gralsmystik* in Verbindung stand. Wenn man die *Gralsmystik* ins Spiel bringt, erhält man eine andere Deutung der Benedikt-Symbolik. Der Kelch, in dem Joseph von Arimathea das Blut Christi auffing, repräsentiert die Quelle des Lebens und die Unsterblichkeit, das barmherzige strahlende Herz des Heiligen, von dem die Schlange als Symbol des Bösen flüchtet. Somit könnte man den heiligen Benedikt als Diener des Grals deuten.

Dass diese Auslegung einen wahren Kern beinhalten mag, festigen andere mit der *Gralsmystik* in Verbindung stehende Plastiken. Der im Münster mehrmals auftauchende Vogel *Phönix* ist zum Beispiel so ein Symbol. Der Sonnenvogel taucht nicht nur in dem zuvor erwähnten Kreuzgang auf, sondern auch auf dem Hoch-

altar. Wie wir schon in einem früheren Kapitel aufgezeigt haben, stellt der magische Vogel Phönix nicht nur den Triumph Christi über den Tod dar. In der *Gralsmystik* repräsentiert der Sonnenvogel *Phönix* eine Seelenreinigung, eine magische Transformation zu einem neuen, reinen Menschen.
Die zweite Assistenzskulptur am Hochaltar zeigt den heiligen Bernhard von Clairvaux, den zweiten Gründer des Ordens, wie er auch noch bezeichnet wird. Außer an diesem Altar kann man den heiligen Bernhard noch an zahlreichen weiteren Plastiken und Bildern dieser Kirche bewundern.
Dreimal kann man so genannte *Lactatio-Sancti-Bernardi*-Szenen erkennen. Diese Szenen zeigen, wie der heilige Bernhard mit der Milch aus der Brust der Mutter Gottes genährt wird. Auch diese Symbolik findet sich, wie wir im Buch aufgezeigt haben, in vorchristlichen druidischen Glaubensbildern wieder. Das Saugen an der Brust einer Gottesmutter symbolisiert die spirituelle Wiedergeburt.
Außer diesen Symbolen schmücken in Flachrelieftechnik ausgeführte Darstellungen der vier Evangelisten und der vier lateinischen Kirchenväter den Altar. Ihnen folgen die auch bei den Tempelrittern so beliebten Tiersymbole der vier Evangelisten: Lukas mit dem Stier, Johannes mit dem Adler, Matthäus mit einem Engel und Markus mit dem Löwen und der *Erzengel Michael* mit seiner Seelenwaage. Skulpturen auf anderen Altären zeigen Maria Magdalena, den Märtyrer und den mit dem *Gralsmythos* in Verbindung stehenden heiligen Laurentius, die heilige Barbara als Schutzpatronin der Bergleute, die auch in Pürgg zu sehenden zwei Heiligen, Katharina und Margareta, die zu den 14 Nothelfern gehören, welche mit ihren Wesens- und Charakterzügen an die Stelle der alten heidnischen Götter und Naturgeister getreten sind. Ähnliche Motive sind in den Rankenmalereien der alten Gewölbe verborgen und wurden in den östlichen Jochen erst im Zuge der letzten Renovierung freigelegt.
Diese Fresken stammen noch aus der Frühzeit der Zisterze. Besonders erwähnenswert erscheinen die Darstellungen im Joch über dem Hochaltar. Aus den Blüten am Ende der Ranken wach-

sen Büsten von verschiedenen heiligen Jungfrauen aus der frühchristlichen Zeit. Es handelt sich dabei um Dorothea mit dem Korb, Apollonia mit der Zange, Lucia oder Agatha mit der Flamme, Katharina mit dem Rad, Barbara mit dem Turm, Agnes mit dem Lamm, Margareta mit dem Drachen und eine Jungfrau mit einem Spaten.

Neben weiteren Nothelfern wie dem heiligen Erasmus, Dionysius, Georg, Christophorus, Pantaleon und Veit gibt es eine Darstellung vom Lamm, das auf dem Buch mit den sieben Siegeln liegt. Es ist interessant, dass sich fast alle Nothelfer in diesem christlichen Sakralbau befinden.

Diese kultische Heiligenverehrung wurde nämlich von Zeit zu Zeit von den anderen Orden sehr skeptisch betrachtet, da es sich, wie schon erwähnt, offensichtlich um Relikte des Heidentums handelte. Bei der Heiligenverehrung spielten auch Reliquien eine große Rolle. Reliquien können Schmuckstücke, Stoffreste, Gegenstände, Körperteile, Haare, Arme, Hirnschalen und dergleichen sein.

Auch wenn man kein Fachmann in keltischer Symbolik ist, erkennt man viele Gemeinsamkeiten mit dem Druidentum. Die Heiden gingen davon aus, dass der Körper eines Toten auch nach seinem Tod noch von seinem Geist durchdrungen ist und seine Aura und seine Ausstrahlung auch noch von der Reliquie wirkt.

Die Zisterzienser und die Templer waren berühmt, solche Kulte zu propagieren und für deren Verbreitung zu sorgen. Auf der anderen Seite setzten sie sich mit den Religionen und Kulturen verschiedener Länder auseinander und lieferten so die Infrastruktur für den Fortschritt im mittelalterlichen Europa.

Es ist sicher kein Zufall, dass man diese Symbole gerade in einem ehemaligen Zisterzienserkloster bestaunen kann. Stand doch dieser Mönchsorden hinter der Gründung der Tempelritter und dem Kreuzzugsgedanken. Diese Tatsache und die nahe Verbindung zum gnostischen Weltbild der Tempelherren werfen die Frage auf, ob die Zisterzienser nicht auch Forscher und Bewahrer ähnlicher vorchristlicher Geheimnisse waren wie die von ihnen geförderten Mönchsritter.

Kirchen und Karner mit Bezug zur Gnostik

»Und ich sah einen neuen Himmel und eine neue Erde; denn der erste Himmel und die erste Erde vergingen und das Meer ist nicht mehr. Und ich, Johannes, sah die heilige Stadt, das neue Jerusalem, von Gott aus dem Himmel herabfahren, bereitet als eine geschmückte Braut ihrem Mann … Und die zwölf Tore waren zwölf Perlen und ein jeglich Tor war von einer Perle, und die Gassen der Stadt waren lauteres Gold wie ein durchscheinend Glas … Und die Stadt bedarf keiner Sonne noch des Mondes, dass sie ihr scheinen, denn die Herrlichkeit Gottes erleuchtet sie, und ihre Leuchte ist das Lamm.«

Die Offenbarung des Johannes 21,14–21,26

Wie wir in den vorigen Abschnitten des Buches immer wieder aufzeigen konnten, verbreiteten sich während der Kreuzzüge und des Aufkommens der Mönchs- und Ritterorden religiöse Lehren in Zentral- und Mitteleuropa, die sich von den offiziellen Lehren der römisch-katholischen Kirche unterschieden. Alte vorchristliche Kulte und die Erlösungslehren des gnostischen Glaubens erhielten in dieser Zeit einen gewaltigen Auftrieb.

Durch die Kreuzzüge kamen die europäischen Ritter bei ihren Reisen in den Orient mit den Lehren verschiedenster arabischer und persischer Sekten in Verbindung. Diese Lehren ließen sie ins Christentum einfließen. Wir haben aufgezeigt, dass vor allem die militärischen Ritterorden eine große Rolle in diesem Informationstransfer innehatten.

Bei den Mönchsorden scheinen die Zisterzienser keine unbedeutende Rolle gespielt zu haben. Es hat durchaus den Anschein, dass im 12. und 13. Jahrhundert unter der Schirmherrschaft dieses römisch-katholischen Orden gnostische Mystik unter Einbeziehung christlicher Symbole einen Aufschwung erhielt, so dass die zuvor erwähnten Gruppen zu Macht und Einfluss in Europa gelangten.

Auf ähnliche Spuren stieß der im Buch schon mehrmals erwähnte Wegbereiter der Orientalistik in Österreich, *Joseph Freiherr von Hammer-Purgstall.* Wie wir am Beispiel von Schöngrabern aufzeigten, untersuchte *von Hammer-Purgstall* anormale Skulpturen und Inschriften an christlichen Sakralbauten und verglich diese mit den im 18. Jahrhundert in Österreich, Deutschland, Italien und Frankreich aufgetauchten Idolen und Ritualkästchen, welche das angebliche Idol der Tempelritter, den so genannten *Baphomet* und andere den gnostischen Geheimlehren angehörige Symbole zeigten. Weil *von Hammer-Purgstall* den Symbolgehalt der von ihm untersuchten Skulpturen an den Kirchen der ophitisch-gnostischen Lehre zuordnen konnte und diese mit den in Europa aufgefundenen Ritualgegenständen übereinstimmten, reihte er die von ihm untersuchten Sakralbauten dem Tempelorden zu. Er führte außerdem an, dass dieser Zusammenhang eindeutig beweist, dass in die Geheimlehre eingeweihte Tempelritter der gnostischen Lehre, der ophitischen Schlangensekte, anhingen und durch sexual-magische Rituale des orientalischen Schlangenkultes zur spirituellen *Erleuchtung* strebten.
In diesem Falle wäre der Prozess gegen die Templer nicht nur eine wirtschaftliche Angelegenheit, sondern hätte auch wirklich einen religiösen Hintergrund dargestellt. Die *von Hammer-Purgstall* untersuchten Kirchen waren Schöngrabern, Waltendorf (Wultendorf), der Karner von Perchtoldsdorf, die Kirchen von Deutschaltenburg, Ebenfurt, St. Ägyd im Steinfeld, Murau sowie Prag und Eger in der heutigen Tschechischen Republik.
Da der österreichische Gelehrte zu seiner Zeit einen bedeutenden wissenschaftlichen Ruf innehatte, schlossen sich viele Historiker seinen Interpretationen an. Doch es dauerte nicht lange und die ersten Kritiker begannen die Auslegungen *von Hammer-Purgstall* anzugreifen. Das größte Gegenargument seiner Interpretationen war, dass einige der von ihm für die Vergleiche herbeigezogenen Sakralbauten nachweislich niemals mit dem Tempelorden in Verbindung standen. Aus diesem Grund, meinten seine Skeptiker, würden sich *von Hammer-Purgstalls* Studien in Bezug auf die häretische Schuldzuweisung der Tempelherren von selbst *ad absurdum* führen.

Von Hammer-Purgstall blieb jedoch bei seinen Auslegungen, die er auf Grund seines vielseitigen Wissens, seiner Reisen und des Studiums der Glaubenslehren vieler orientalischen Völker und Sekten nachzuweisen glaubte. Seit seiner umstrittenen Studie sind fast 200 Jahre vergangen, und eine Menge neuer Informationen bezüglich des Tempelordens sind an die Öffentlichkeit gelangt. Außerdem fand man in der Nähe der *von Hammer-Purgstall* untersuchten Kirchen andere symbolträchtige Anomalien, die in seine ursprünglichen Auslegungen passen. Wir haben in diesem Buch neben vielen anderen Bauwerken die Burg Lockenhaus, die Rotunde von Scheiblingskirchen und die Stifterkirche von Ják beschrieben. Alle diese Bauwerke weisen eine Verbindung zu den Tempelrittern und gnostischen Lehren auf, obwohl sie sich niemals offiziell im Besitz des Ordens befanden.

In Lockenhaus und Scheiblingskirchen fand man Steinmetzzeichen, die man auch im niederösterreichischen Zisterzienserstift Heiligenkreuz fand. Somit ist zumindest ein Bezug zu den Gründern des Tempelordens gegeben. Wir denken, dass die Lösung dieses Rätsels bei den Stiftern dieser Bauwerke liegt. Ähnlich verhält es sich mit Schöngrabern und dem Geschlecht der Kuenringer.

Alle diese Bauwerke haben eindeutig einen Bezug zu mächtigen Adelsgeschlechtern, deren Ritter an Kreuzzügen ins Heilige Land teilnahmen. Ihre Stifter befanden sich mit vielen anderen europäischen Adeligen und Rittern im Heiligen Land und kamen dadurch mit großer Wahrscheinlichkeit mit den diversen Ritterorden in Kontakt. Nebenbei finanzierten und unterstützten die meisten Adeligen die Ritterorden. Andererseits gerieten viele Adelige zur Zeit der Kreuzzüge gerade in eine finanzielle Abhängigkeit der Ordensritter. Wenn man diese Fakten berücksichtigt, ist es durchaus möglich, dass die eine oder andere Kirche, oder eine Burgkapelle, nicht nur für christliche Gottesdienste, sondern auch für gnostische Messen benützt wurde.

Der bei Scheiblingskirchen aufgefundene *Sophia-Stein* und der unterirdische Kultraum in der Burg Lockenhaus sind weitere Hinweise, dass *von Hammer-Purgstall* mit seiner Hypothese nicht so fehl lag. Auch wenn man nicht zu hundert Prozent nachweisen kann, dass die Bauwerke von Rittern des Tempelordens errichtet wurden, findet sich eine übernatürlich große Ansammlung an ihnen zuordenbaren Symbolen auf engstem Raume wieder, so dass zumindest aufgezeigt werden kann, dass so, wie im südfranzösischen Languedoc oder in Schottland, auch am östlichen Rand Europas gnostische Lehren und Kulte zumindest von Teilen des Adels unterstützt wurden.

Auch ist es für die Anhänger solcher Lehren sicherer, wenn man die Rituale in Gemäuer praktiziert, die keinem offiziellen Orden angehören. Sollte jemand auf das seltsame Treiben aufmerksam werden, konnte man viel leichter eine Ausrede finden, um eine Untersuchung durch die heilige Inquisition umgehen zu können.

Wir haben viele Sakralbauten in Niederösterreich und der Steiermark besucht und sind dabei auf viele Symbole und Skulpturen in römisch-katholischen Kirchen und Beinhäusern gestoßen, die auf gnostische Bruderschaften schließen lassen.

Sehr oft besteht die Schwierigkeit, die Einflüsse dieser Gruppen aufzudecken, darin, dass die verwendeten Symbole eine Doppelbedeutung haben und sowohl für die römisch-katholischen, als auch für die gnostischen Lehren einen Sinn ergeben. Wie wir bei unseren Recherchen in Frankreich und Schottland festgestellt haben, gibt es aber Anhaltspunkte, die man bei Sakralbauten, welche auch von gnostischen Gruppen benutzt wurden, immer in einer großen Anzahl gemeinsam antrifft. Diese sind:

1. Gnostische und alchemistische Symbole an Skulpturen (dualistische Skulpturenmotive, geflügelte Drachen, Schlangen, androgyne Wesen, Tiermenschen, Gestalten, welche obszöne Handlungen ausführen etc.).
2. Keltische grüne Männer.
3. Tierkreiszeichen.
4. Das hexagonale Siegel Salomons.
5. Die Verehrung von Helden, die der Sonne zuzuordnen sind.
6. Die Verehrung von Schlangen- und Drachentötern.
7. Fresken und Skulpturen, welche Räder und Radkreuze darstellen.
8. Symbole der Apokalypse.

9. Das *Agnus Dei* – Lamm Gottes mit Kreuznimbus.
10. Die *Ecclesia* mit einer Fahne, an deren Spitze sich ein gleichschenkeliges Kreuz befindet.
11. Die Tiersymbolik der vier Evangelisten.
12. Skulpturen und Symbole, die dem Mithraskult zuordenbar sind.
13. Neun Männerköpfe.
14. *Tau*-Kreuze.
15. Pentagramme (Fünfstern).
16. Eine stilisierte Repräsentation des Kopfes Jesu, wie man ihn auf dem Grabtuch von Turin sehen kann.
17. Darstellungen vom Schweißtuch Jesu.
18. Eine fliegende Taube, die einen Olivenzweig in ihrem Schnabel trägt.
19. Romanische schwarze Madonnen.
20. Die Verehrung bestimmter Heiliger und Märtyrer wie der hl. Katharina, der hl. Barbara, der hl. Margareta, der hl. heilige Walburga, des heiligen Georg, des heiligen Laurentius, des heiligen Andreas, des heiligen Martin, des heiligen Bernhard und des *Erzengels Michael.*
21. Die Verehrung der Maria Magdalena.
22. Hölzerne, steinerne oder gemalte Raddarstellungen.
23. Oktogonale Konstruktionen.
24. Steinerne oder gemalte Motive, welche den beiden Säulen *Jachin* und *Boaz* des salomonischen Tempels entsprechen.
25. Aus der romanischen Zeit stammende oktogonale oder runde Kapellen – später als Beinhäuser (Karner) verwendet.
26. Totentanzmotive.
27. Astrologische Symbole.

Da viele dieser Anhaltspunkte auch Symbole im herkömmlichen Christentum darstellen, ist es nicht immer leicht, sie gnostischen Bruderschaften zuzuordnen. In der Kapelle im schottischen Roslin kommen diese Symbole, neben vielen anderen auf die Tempelritter hinweisenden Skulpturen, alle auf einmal vor.

Wir begannen unsere Suche nach gnostischen Spuren im Umfeld ost-österreichischer Kreuzritterkirchen zuerst in Ortschaften, die man eindeutig dem Orden der Tempelritter zuordnen kann. So besaß der Tempelorden im niederösterreichischen Steinfeld zwischen Neunkirchen, Wiener Neustadt und Ebenfurt mehrere Komtureien und Niederlassungen, welche die Kreuzritter auf dem Landweg ins Heilige Land unterstützten.

In Ebenfurt zeigen steinerne Plagiate gnostische Symbole, wie einen Ritter, der zwei Schilde mit einem gleichschenkeligen Kreuz in seinen Händen hochhebt. Die beiden Schilde symbolisieren die dualistischen Gegensätze, da ihre Spitzen gegenseitig orientiert sind. Wenn man sie vereinigt, bleibt das Kreuz jedoch bestehen. Ein anderes gnostisches Symbol zeigt, wie ein kleines Kind aus dem Rachen eines Monsters herausgespieen wird. Ein drittes Symbol zeigt einen menschlichen Kopf, von dem acht Sonnenstrahlen wegführen und in Blütenornamente einmünden.

Die Symbolik ist eine von den Ordensrittern vom Mithraskult übernommene Form. Sie stammt vom Sonnengott *Heliodromus*, wobei die Strahlen die damals fünf bekannten Planeten, den Mond, die Sonne und die himmlische Sphäre darstellen. Man braucht das Steinfeld nur abzufahren und stößt laufend auf interessante Hinterlassenschaften der Kreuzritter.

Einer der ältesten Stützpunkte war der kleine Ort St. Ägyd im Steinfeld. Die Kirche des Ortes stammt aus dem 12. Jahrhundert und beherbergt gnostische Skulpturen, die in Österreich eine Besonderheit darstellen. An der nördlichen Turmseite der Kirche kann man sogar noch sehr gut das gleichschenkelige Tatzenkreuz der Tempelritter erkennen. An der Ostseite der Kirche befinden sich an der Außenwand oberhalb eines romanischen Fensters zwei der ophitisch-gnostischen Lehre zuordenbare Skulpturen. Die linke Skulptur stellt einen geflügelten Drachen und die rechte einen Löwen dar, die beide mit ihrem Kopf nach oben blicken.

Beide Skulpturen halten einen menschlichen Kopf mit ihren Pranken nieder. Wir haben den Sinn dieser Symbolik schon ausführlich bei der ungarischen Kirche von Ják erklärt. Der Löwe stellt den Gott des *Alten Testaments*, *Jaldabaoth* und der geflügelte Drache seinen bösen Sohn, den *Ophiomorphus*, dar, welche beide verhindern, dass die Seelen der Menschen aus der Sphäre der

Planeten in die Fixsternsphäre, dem Ort des wahren Gottes der Gnostiker, gelangen. Nur den Eingeweihten der gnostischen Lehre mag es gelingen, aus den Klauen dieser Monster zu entkommen und im Paradies mit dem Lichtreich des wahren Gottes eins zu werden.

Oberhalb der beiden Skulpturen kann man ein Podest erkennen, auf dem einst eine dritte Skulptur stand. Obwohl diese Skulptur verschwunden ist, wird sie eine Person gezeigt haben, die oberhalb des Löwen und des Drachen saß und triumphierend auf die beiden niederblickte. Es ist auch nicht klar, ob sich die Skulpturengruppe immer an dieser Stelle der Kirche befand oder erst zu einem späteren Zeitpunkt an der Ostseite angebracht wurde.

Neben den beiden gnostischen Skulpturen kann man die Spuren eines Freskos mit dem Motiv des heiligen Christophorus erkennen. Es ist aber nicht sicher, dass dieses in den Alpenländern beliebte Motiv aus der Zeit der Kreuzritter stammt.

An der südlichen Außenmauer der Templerkirche befindet sich eine weitere Besonderheit. Hier wurde ein Abguss einer vor Jahrzehnten in der Nähe des Ortes aufgefundenen ägyptischen Steinplatte angebracht. Diese Platte zeigt mehrere Hieroglyphen und sehr wahrscheinlich die ägyptische Göttin *Isis* oder *Hathor* mit der Sonnenscheibe und den Hörnern des Mondes über ihrem Kopf. Das Original dieses Fundes befindet sich im Diözesanmuseum von Wien.

Sehr wahrscheinlich haben die Kreuzritter diese Platte aus Ägypten ins niederösterreichische Steinfeld gebracht. Es stellt sich natürlich die Frage, für welchen Zweck dieses Unternehmen stattfand. In der Kirche befindet sich eine Malerei, bei der man Christus, umgeben von einem Kreis, mit den astronomisch-astrologischen Symbolen der Planeten und der Sonne sehen kann.

Die Symbolik ist eine Weiterentwicklung der zuvor bei Ebenfurt beschriebenen mithrisch-gnostischen Sonnenplakette. Dieses initiatorisch interessante Planetenrad ist von den Tiersymbolen der vier Evangelisten, Johannes, Markus, Lukas und Matthäus, umgeben.

In diesem Zusammenhang erhält die Symbolik sogar eine alchemistische Bedeutung, da die Tiersymbole in der mittelalterlichen

Alchemie die vier Elementarkräfte *Mensch-Erde*, *Stier-Wasser*, *Adler-Luft*, *Löwe-Feuer* sowie die vier Grade des Feuers und die vier Phasen bei der Erzeugung vom *Stein der Weisen*, der Einswerdung mit Christus, darstellen.
Die archetypischen Symbole dieser vier *Cherubim* leiten sich von den Sonnenwenden und den Tagundnachtgleichen im Tierkreis ab und bewachen die Pforten zum Paradies. Der *Cherub* mit dem Menschenantlitz entspricht dem Sternbild des *Wassermanns*, das Stierantlitz dem Sternbild des *Stiers*, das Löwenantlitz dem *Löwen*, das Adlerantlitz dem Sternbild des *Skorpions*.
Im Planetenkreis befindet sich die Sonne über dem Kopf von *Christus* und die Erde auf der gegenüberliegenden Seite. Der Weltenrichter *Christus* personifiziert in diesem Planetenrad einen Sonnengott. Die großen Helden oder Sonnengötter sind *Brahma*, *Vishnu* und *Shiva* für die indischen Hindus, *Osiris* und *Horus* für die Ägypter, *Bel* oder *Bal* für die Chaldäer, *Adonai* für die Phönizier, *Adonis*, *Apollo* und *Bacchus* für die Griechen, *Samson* für die Juden, *Mithras* für die Perser und Römer, *Arthus*, *Hu* und *Bal* für die Kelten, schließlich der *Erzengel Michael* und *Christus* für verschiedene gnostische Sekten.
Die einzelnen Planeten symbolisieren den Weg, den die Seele nehmen muss, um zu *Christus* ins Reich des Lichtes gelangen zu können. Auch in diesem Gedankengebäude muss die menschliche Seele die Sphäre des Planeten Saturn überwinden, um in das Paradies eingehen zu können. Wir haben die Radsymbolik schon bei der Betrachtung der gotischen Kathedralen kurz beschrieben. Ähnliche astrologische Ausführungen kann man natürlich auch im Planetenrad wieder erkennen, wenn man die einzelnen Planetensymbole mit geraden Linien zu verbinden beginnt. Somit findet man im Planetenrad einen Einweihungspfad, dessen Quintessenz die Offenbarung *Christus* als Sonnenheld ist, welcher Erleuchtung und die Kenntnis zur Wahrheit bringen soll.
Somit stellt diese einfache Malerei in der ehemaligen Tempelritterkirche eine ähnliche Symbolik eines Einweihungskreislaufes dar, wie in viel komplexerer Form die Skulpturenzyklen an den Kathedralen von Straßburg, Freiburg, Basel und anderen.

Ein ähnliches steinernes Motiv, bei dem Löwen einen menschlichen Kopf mit ihren Klauen niederhalten, kann man an der nördlichen Außenseite der Pfarrkirche von Gleinstätten in der Weststeiermark bewundern. Zum Unterschied von St. Ägyd im Steinfeld kann man bei Gleinstätten in der Steiermark keine urkundlichen Spuren zu den Tempelrittern finden.

Andererseits existieren aber auch keine Dokumente, welche die genauen Stifter und Besitzverhältnisse dieser Kirche im 12. oder 13. Jahrhundert klarstellen. Die erste Urkunde, die einen Pfarrer in Micheldorf/Gleinstätten nennt, ist mit dem 19. Juni 1381 datiert und wurde im Archiv des Joanneums in Graz gefunden.

Ein Hinweis, dass es eine Verbindung zu den Ritterorden gegeben haben könnte, ist die Tatsache, dass der *Erzengel Michael* und der heilige Georg – beide Drachentöter – Schutzheilige der Kirche sind. Einen weiteren Hinweis findet man im Schlösserbuch von Vischer, in dem ein Kupferstich von Schloss Gleinstätten aus dem Jahre 1681 abgebildet ist. Neben einigen Gebäuden, die zum Schloss gehören, kann man die alte Pfarrkirche und einen Friedhof erkennen. Auf dem Kupferstich erkennt man, dass sich an der Westseite der Kirche ein runder turmähnlicher Bau befindet, der am 10. August 1642 als Beinhaus erwähnt wurde.

Es besteht die Vermutung, dass die zuvor erwähnte romanische Löwensymbolik als Rundbogenfüllung im Giebelfeld dieser turmähnlichen Kapelle angebracht war. Da in Frankreich, Ungarn, Rumänien, Slowenien und den Balkanländern die kleinen oktogonalen oder romanischen Rundkapellen nicht unbedingt mit Beinhäusern, sondern mit Templerkapellen in Verbindung gebracht werden, ist es an der Zeit, dem ursprünglichen Sinn der alpenländischen Beinhäuser oder Karner auf den Grund zu gehen.

Sprachgeschichtlich ist das Wort Karner nicht befriedigend geklärt. Das altdeutsche Wort *Char* findet sich noch heute in Karfreitag wieder und entspricht den Worten Trauer und Klage. Die freistehenden Karner sind in den meisten Fällen zweigeschossige Zentralbauten, wobei das Obergeschoss für eine Kapelle und das Untergeschoss für die Aufbewahrung von Gebeinen bestimmt waren.

Den somit betriebenen Knochenkult gab es schon in vorchristlicher Zeit. Zum Beispiel wurden bei den germanischen Stämmen hölzerne Ersatzknochen mit ins Grab gelegt. Es gibt Vermutungen, dass der christliche Kulturkreis die Beinhäuser errichtete, um heidnischen Bräuchen Einhalt zu gebieten bzw. die Ungläubigen zu christianisieren. Das mag ein Grund sein, dass Karner im Volksmund gerne als Heidentürme, Heidentempel oder auch als römische Tempel bezeichnet werden.

Dass die Karner nur deshalb errichtet wurden, weil man oft keinen Platz für einen Friedhof hatte, kann man nicht gelten lassen, da es genügend Beispiele gibt, bei denen nicht voll belegte alpenländische Dorffriedhöfe existieren.

Über die Vorbilder der alpenländischen Karner gibt es die mannigfaltigsten Theorien. Noch im vorigen Jahrhundert wurde ein Zusammenhang mit heidnischen Tempeln und jüdischen Synagogen diskutiert. Fest steht jedenfalls, dass die ersten Karner im 12. Jahrhundert erbaut wurden. Bis 578 wurden so genannte Taufkapellen, bei denen die zu taufende Person sieben Stufen zu einem Wasserbecken hinabsteigen und mit dem ganzen Körper eintauchen musste, benützt. Im 12. Jahrhundert war die Taufe in solchen Becken nicht mehr üblich.

In Metz und anderen französischen Orten findet man sehr oft oktogonale oder romanische Rundbauten innerhalb von ehemaligen Komtureien des Tempelordens. Möglicherweise haben die Tempelritter diese kleinen Kapellen ebenfalls aus dem Orient importiert. So gibt es Gräber und Kapellen in der Türkei, in Armenien und Persien, die genau wie die Tempelritterkapellen und die alpenländischen Karner aussehen.

Es ist durchaus möglich, dass diese Bauwerke ursprünglich für gnostische Einweihungszeremonien dienten und erst später als Beinhäuser benützt wurden.

Dass diese Bauwerke gnostischen Ursprungs sein könnten, liegt nahe, da die meisten Karner dem *Erzengel Michael* geweiht wurden und sich im Innenraum Fresken mit apokalyptischen Motiven, wie dem *himmlischen Jerusalem*, dem *Agnus Dei* und der Maria Magdalena, befinden. Ein weiterer Hinweis sind häufig verwendete Lichtsäulen und Lichtnischen. Ähnliche Nischen fanden beim persisch-römischen Mithraskult und den katharischen Bauwerken im Languedoc eine Verwendung.

Lichtnischen wurden von den Gnostikern als eine Art Bindeglied zu den außerchristlichen Lichtreligionen angesehen. Wie ernst dieser Glauben im Mittelalter betrieben wurde, bewies Raymond von Termes, ein mächtiger Katharer aus dem Languedoc, der als Sohn eines Exkommunizierten ein großer Verteidiger der Häresie wurde.

Raymond von Termes ließ im rechtwinkeligen Ritualraum seiner nach ihm benannten Burg Termes nach Westen hin ein spezielles kreuzförmiges Fenster errichten. Ähnlich wie bei dem sagenumwobenen Sonnenzimmer der Katharerburg Montségur schien die Sonne durch dieses Fenster und produzierte ein echtes *Lichtkreuz* für die im Ritualraum befindlichen Gläubigen.

Wenn man dieses Schauspiel miterlebt, erkennt man, dass das *Lichtkreuz* als Instrument des Zusammenklanges zwischen dem Makrokosmos des Universums und dem Mikrokosmos des Menschen angesehen werden kann.

In Bingen befindet sich ein Altar von *Heliodromus*, dessen Kopfform durchbrochen wurde, damit er von hinten beleuchtet werden konnte. In diesem Fall strahlte das Haupt des Gottes im dunklen Mithrastempel, so dass es von einem Strahlenkranz umgeben war. In Bonn befindet sich ein weiterer Mithrasaltar, bei dem eine Mondsichel für ähnliche Lichteffekte durchbrochen wurde.

Bevor solche Lichteffekte als Totenleuchten eine Verwendung fanden, wurden sie für gnostische Rituale benutzt. Gerade in der Gnosis spielt Licht eine wichtige Rolle, da die Eingeweihten als höchstes Ziel, nach der seelischen Bewältigung des *Demiurgen* oder *Jaldabaoth*, die metaphysische Verschmelzung mit dem himmlischen Lichtreich anstreben.

Repräsentierten die im Untergeschoss aufbewahrten Knochen die auf der Erde verbliebene Materie, oder waren die Untergeschosse der romanischen Karner ursprünglich für einen anderen Sinn gedacht? Wurden die Gewölbe der dunklen Krypten für Meditation benützt? Empfingen in diesen Bauwerken, ähnlich wie bei den

Katharern, die in die Lehre der Gnosis eingeweihten Personen die Geisttaufe? Fragen über Fragen, die sich nicht mehr eindeutig beantworten lassen.

Wir wollen nun einige Karner vorstellen, bei denen man sich eine Doppelfunktion durchaus vorstellen könnte. Die erste Kirche im Pfarrgebiet von Hartberg in der Steiermark bestand schon im Jahre 860 und gehörte zu einem festen Haus, das dem Erzbistum Salzburg, das in der Obersteiermark ausgedehnte Ländereien besaß, vermacht worden war.

Die Pfarre Hartberg wurde als eine der Urpfarren neben Riegersburg und Leibnitz um 1122 gegründet. Der Pfarrer von Hartberg war der ranghöchste Priester des Landes und löste in Graz den sterbenden Leopold V. vom päpstlichen Banne, der über den österreichischen Herzog wegen der Gefangennahme des englischen Königs Richard Löwenherz verhängt worden war.

Der romanische Karner von Hartberg wurde in der 2. Hälfte des 12. Jahrhunderts als zweigeschossiger Rundbau errichtet. Dass dieser Karner auch für Taufen benützt wurde, legt ein Wasserabfluss an der Südseite nahe.

Die Außenwand ist durch neun vorspringende Säulenbündel und zwei umgebene Rundfriese gegliedert. Bei der Besichtigung des Karners fiel uns auf, dass die neun Säulenbündel in neun Männerköpfe einmünden. Auch wenn die meisten dieser Köpfe erodiert sind, kann man sie vor allem links und rechts oberhalb des romanischen Eingangs noch sehr gut erkennen. Einer der Abschlusssteine befindet sich bei einem Stiegenabgang zur unteren Stadt.

Wir haben in Frankreich an Sakralbauten der Tempelritter ebenfalls ähnliche Skulpturen gefunden, welche die neun Ordensgründer der Templer darstellen. Die Ähnlichkeit zwischen den neun Männerköpfen am Hartberger Karner und den französischen Darstellungen ist so frappierend, dass wir uns ziemlich sicher sind, dass die Gesichter in Hartberg ebenfalls die neun Tempelherren darstellen.

In der alten Templerkathedrale von St. Denis in Paris kann man in der Krypta ein Steinmotiv an einer Säule bewundern, das die neun

Männerköpfe oberhalb eines Wagens zeigt, welcher die Bundeslade transportiert.
Da sich am oberen Zentrum des Hauptportals am Hartberger Karner ein großes gleichschenkeliges Templerkreuz befindet, scheint sich unsere Vermutung zu bestätigen. Es hat den Anschein, dass dieser Karner von Personen errichtet wurde, die eine große Achtung für den Tempelorden hatten und mit Sicherheit mit deren Lehren vertraut waren. Die wunderschönen Fresken im Innenraum des romanischen Sakralbaus scheinen diese Vermutung ebenfalls zu bestätigen.
Viele der im Karner von Hartberg befindlichen Motive finden sich in der Kapelle von Roslin als steinerne Skulpturen wieder. Die Fresken haben einen eindeutig initiatorischen Hintergrund. Im unteren Fries kann man Reiter auf verschiedenen Tieren und Fabelwesen erkennen. Darunter befinden sich ein Löwe, ein Kamel, ein Pferd, ein Walfisch, ein Ochs, ein Schwein und ein Drache. Pflanzen füllen die restlichen Wandflächen. Die wahrscheinlichste Deutung dieser Reiter scheint den Konflikt mit den niederen Trieben im Menschen darzustellen. Am Eingang der Dachbodenstiege findet man ein ebenfalls bei Tempelorden und Gnostikern beliebtes Motiv, welches eine Taube mit einem Zweig im Schnabel zeigt. In der Apsis kann man einen Lebensbaum erkennen, der zum Licht strebt und in dessen Mitte die Heilige Jungfrau in einer mandelförmigen Blüte mit dem Christuskind sitzt.
In weiteren Knospen des Baumes kann man zwölf Propheten und die Könige David und Salomon erkennen. Alle weisen mit ihren Händen zur Jungfrau. Andere Motive zeigen einen Ritter, den heiligen Martin als Schutzpatron von Hartberg und den bischöflichen Patron des Karners. In der Mitte kann man wieder ein beliebtes Templermotiv, den *Erzengel Michael*, dem der Karner geweiht ist, erkennen, wie er Bileam, der das Volk Israel verfluchen sollte, zurechtweist.
Im oberen Fries thront Christus umgeben von den zwölf Aposteln, die im Gegensatz zu den Reitern im unteren Fries die niederen Triebe beherrschen. Über dem Eingang befindet sich ein Wolf, der darauf zu warten scheint, diejenigen, die nicht zu Chris-

tus finden, verschlingen zu wollen. Dass die Fresken im Karner von Hartberg initiatorischen Charakter haben, liegt auf der Hand. Die vielen Templersymbole in diesem Karner stellen möglicherweise einen Bezug zu diesem Ritterorden her, auch wenn man ihn urkundlich nicht nachweisen kann.
Interessanterweise fanden wir beim romanischen Karner in Mödling bei Wien ebenfalls ein Zeichen, das auf den Orden der Tempelherren hinweist. Der Karner ist Mödlings ältestes Bauwerk und wurde knapp nach 1182 errichtet. Um 1252 wurde der Karner nach einem Ungarneinfall um zwei Meter aufgestockt. Über dem Portal kann man ein Relief erkennen, auf dem ein Reiter einen Hirsch verfolgt, der von Hunden angegriffen wird. Die orthodoxe Auslegung des Motivs sieht den Reiter, der den Hirsch in die Hölle verfolgt.
Ein ähnliches Motiv kann man in San Zeno, Verona, finden. Das Relief ist eine Nachbildung, das Original befindet sich im Heimatmuseum von Mödling. Im Original war hinter Ross und Reiter noch ein Baum dargestellt. Ein Relief, bei dem sich ein Baum zwischen einem Löwen und einem Hirsch befindet, ist auch am Portal des Karners von Kirchschlag in Niederösterreich zu sehen.
In der Mythologie ist der Hirsch immer mit dem Baum der Weisheit zu vergleichen. Jagt der Reiter also der Weisheit, welche wiederum *Sophia* verkörpert, hinterher? Bei den Kelten stellten Hirsche übernatürliche Wesen dar. Das Portal wird beim Mödlinger Karner von zwei mächtigen Säulen flankiert, die beide in der Mitte verknotet sind.
Zwei Säulen am Eingang eines Portals zeigen immer einen Tempel an. Beim Durchschreiten des Portals tritt man in eine andere Welt. Das Motiv stammt von Salomons Tempelgeschichte, wie wir sie zuvor beschrieben haben. In diesem Fall repräsentieren die Säulen *Boaz* und *Jachin*.
Im Torbogen erkennt man von außen nach innen einen Spiralfries, einen Pflanzenfries mit neun Menschenköpfen und Fratzen, einen Lilienfries und einen Zangenfries. Wir stießen in Mödling wie in Hartberg wieder auf die neun Männerköpfe, welche auch in diesem Fall sehr wahrscheinlich die neun Gründer des Tempelordens darstellen.

In Mödling würde das nicht so eine Überraschung sein, da der Tempelorden mehrere Niederlassungen in der Nähe besaß. Dass dieser Karner ursprünglich für gnostische Einweihungszeremonien eine Verwendung fand, liegt nahe, da in ihm die heilige Zahl acht mehrmals eine große Rolle spielt.
Das Untergeschoss des Karners reicht exakt acht Meter in die Erde. Exakt acht Meter betrug die Innenhöhe vor dem Umbau. An der Wand sieht man die Ansätze der Bögen, die das ursprüngliche Gewölbe getragen haben. Der Durchmesser des Innenraums beträgt heute noch acht Meter. Wie wir im Buch aufgezeigt haben, symbolisierte die Zahl acht bei den Gnostikern die Vollendung bzw. die Vollkommenheit, die Harmonie der Fülle.
Der totale Mensch, die Menschheit, die nach diesen Lehren aus der lebendigen Weltvernunft emanierte, soll in diesen Lehren durch sechs männlich-weibliche Paare aus zwölf *Äonen*, Archetypen, geformt worden sein. Die zwölf *Äonen* entsprechen natürlich den zwölf Tierkreiszeichen, dem Maß der Zeit und ihren Umläufen. Der letzte dieser ist *Sophia*, die mit dem Willen vereinigte Weisheit.
Das Wesentliche scheint hier zu sein, dass die Harmonie der weiblichen und männlichen Eigenschaften in der Gesamtheit der Offenbarungen im Achteck, dem Oktogon, bewahrt wird, ebenso wie in jedem Stadium der *Äonen*, dem des göttlichen Geistes, dem des Kosmos und dem des Menschen.
Da bei der Rotunde von Scheiblingskirchen der *Sophia-Stein* gefunden wurde, liegt eine gnostische Verwendung des in der Nähe befindlichen Karners von Mödling sehr nahe. Im Innenraum des Karners kann man Fresken bewundern, die unter anderem Reste der Apokalypse des Johannes und Szenen aus der Pantaleonslegende zeigen. In der Apsis befindet sich das Motiv der Maria mit dem Kind. Die Geste des Kindes hat einen der Handfläche zugekehrten Daumen, was ein Symbol der Ostkirche war. Da die Mutter von Heinrich von Mödling aus Byzanz stammte, ist es möglich, dass sie Künstler aus Byzanz kommen ließ.
Historiker fanden heraus, dass der Karner wie in Hartberg von der so genannten ungarisch-normannischen Bauhütte errichtet wurde.

Die steinernen Schmuckmotive kamen von Irland und der Normandie, über Regensburg in Deutschland, Böhmen und Ungarn nach Österreich. Dieselbe Bauhütte hat auch die zuvor im Buch beschriebene ungarische Geschlechterkirche von Ják, das Westportal des Stephansdomes in Wien, mehrere Kirchen in Österreich und Ungarn sowie den Karner von Tulln errichtet.
Einen weiteren Hinweis auf den Einfluss der Tempelherren in dieser Gegend findet man in der großen Kirche von Perchtoldsdorf. In diesem Bau kann man in der Mauer der Orgelempore, ähnlich wie in vielen europäischen Templerbauten, ein steinernes *Tau*-Kreuz erkennen. Nordöstlich von Perchtoldsdorf befindet sich an der Donau der im Mittelalter bedeutende Ort Tulln.
Tulln hat so, wie Hartberg und Mödling einen einmaligen romanischen Karner, dessen romanische Ornamente sich durchaus mit der Templerkirche von London vergleichen lassen. Der Karner von Tulln wurde zwischen 1242 und 1246 ebenfalls von der zuvor erwähnten Bauhütte errichtet und besitzt einen elfeckigen Grundriss und einen nördlichen Portalvorbau.
Die Grundrissform wird in diesem Fall mit dem Kettendom von Jerusalem in Zusammenhang gebracht, dessen äußerer Säulenring ebenfalls ein regelmäßiges Elfeck bildet, der innere dagegen ein Sechseck. Es ist bemerkenswert, dass auch das Gewölbe des Karners von Tulln sechsteilig ist.
Ein weiterer Bau dieser Art befindet sich in Frankreich, nämlich St. Sepulcre in Neury, ein Heiliggrabbau, der ebenfalls auf Jerusalem hinweist. Als rechte Türsturzkonsole kann man die spärlichen Reste einer Skulptur erkennen, deren Füße eine Ähnlichkeit mit dem schlangenfüßigen gnostischen Gott *Abraxas* aufweisen.
Abraxas war der gnostische Universalgott der Zeit, dessen Zahl 365 ist. Nach dem gnostischen Philosophen Basilides, der im zweiten Jahrhundert nach Christus in Alexandria lebte, existierten 365 Himmel, von denen der letzte unsere Erde umschließt und dem Menschen zugänglich ist. Der Gott *Abraxas* hingegen war der Herrscher über alle 365 Himmel, dessen symbolhafte Zahl genau den Tagen eines Jahres entsprach.

Eine zweite Figur stellt ein ebenfalls gnostisches Motiv dar. Hier kann man einen Kopf, der von einem drachenartigen Wesen ausgespeit wird, erkennen. Am linken Portal befindet sich ein bei den vorchristlichen Mysterien weit verbreitetes Motiv, welches ein sirenenartiges Wesen zeigt, das einen Doppelschwanz mit den Händen hält.

Andere Skulpturen an der Außenseite des Tullner Karners zeigen vogel- und hundeartige Wesen, die Dämonen abwehren sollen, und eine als Stifter bezeichnete Skulptur, die ein Buch in der Hand hält. Rechts von dieser Figur befindet sich unterhalb des Erdniveaus der Eingang zum unterirdischen Geschoss.

Im Innenraum befinden sich wie bei den zwei zuvor beschriebenen Karnern Fresken, welche apokalyptische Szenen, Dämonen, Christus, der aus einer *Mandorla* tritt, Maria, die heilige Katharina, die fünf klugen und die fünf törichten Jungfrauen, die von einem Engel zur Hölle getrieben werden und umgeleerte Krüge tragen, der *Erzengel Michael*, ein eigenartiger Tierfries und im Gewölbe einen Sternenhimmel, der das Paradies symbolisieren soll, darstellen.

Das Gewölbe wird mit einem Schlussstein, der zwei gegeneinander stehende Köpfe aufweist, abgeschlossen. Die Konsole ist mit einem Bandgeschlinge verziert. Die Schlinge windet sich aus dem Maul eines hundeartigen Tieres. In den Schlingen sind verschiedene Tiere zu sehen und an den Kanten Menschenköpfe.

Dass auch dieser Bau initiatorischen Charakter und eine Menge gnostischer Symbole und Motive aufweist, scheint klar zu sein. Außerdem scheint es klar zu sein, dass diese sakralen Bauwerke ursprünglich einen Bezug zu den Kreuzrittern und dem Heiligen Land aufweisen.

Eine weitere sehr schöne Kombination eines großen romanischen rundförmigen Karners und einer riesigen romanisch-gotischen Kirchenanlage befindet sich im niederösterreichischen Bad Deutsch-Altenburg. Wenn man diese mittelalterliche Anlage aufsucht, wird man sofort auf mehrere von herkömmlichen Kirchen abweichende Symbole und Steinplastiken aufmerksam. In *von Hammer-Purgstalls* Abhandlung über die gnostische Ge-

heimlehre der Tempelherren wird auch auf Bad Deutsch-Altenburg hingewiesen.
Die mächtige Kirchenanlage ist ein altes Marienheiligtum und steht auf einer im Nordosten des Ortes sich erhebenden Anhöhe. Anhand von Sagen kann man die Entstehungszeit des Sakralbaues zwischen die Jahre 1030 und 1042 datieren. Die Marienkirche wurde neben Maria auch dem heiligen Mauritius und dem heiligen Laurentius geweiht. Der Besitz findet sich 1297 in den Urkunden des Benediktinerstiftes Göttweig wieder.
Eine Besonderheit stellt der in der Mitte des 14. Jahrhunderts errichtete oktogonale Turm mit seinen mächtigen Strebepfeilern dar. Die Strebepfeiler sind mit Wappen von Adelsfamilien verziert. Das größte Wappen zeigt einen doppelköpfigen Löwen mit einem gekrönten Kopf. Von den übrigen sechs Wappen stammen zwei von den Hundsheimern und der Altenburger Linie des Geschlechts der Familie Dörr. Anbei starren wasserspeiende Hunde, musizierende Figuren und sonstige Tiere erhaben von den Mauern herunter. Historiker haben festgestellt, dass Baumeister des Wiener Stephansdomes am Turmbau von Bad Deutsch-Altenburg beteiligt waren.
Neben der Kirche befindet sich der zuvor erwähnte riesige runde romanische Karner, dessen Gruftgewölbe ganz mit menschlichen Knochen gefüllt ist. Das Eingangsportal gehört zum bayerischen Typus, wobei die Ornamentik des Kreuzgangportals der zuvor im Buch beschriebenen Schottenkirche von St. Jakob in Regensburg und die Pfeilerkapitelle von Bad Deutsch-Altenburg als Vorbild dienten.
Heute sind wie in allen zuvor besprochenen Sakralbauten die gnostischen Überbleibsel mit herkömmlich christlichen Kunstwerken vermischt. Die Spuren findet man nur bei der Kenntnis von gnostischen Lehren und einer genauen Besichtigung auch heute noch.
Im Gebiet der Thayer befindet sich die Kirchenanlage von Waltendorf, die ebenfalls auf einen gnostischen Ursprung rückführbar ist. Der schlanke, spitze Kirchturm und die gegenüberliegende Apsis besitzen beide das hexagonale *Siegel Salomons* als Fenstermotiv. Dieselben Fenster findet man am Baseler Münster

in der Schweiz und an der südfranzösischen Kathedrale von Alet-les-Bains im Roussillon. Wenn man durch das Land der gnostischen Katharer reist und ihre ehemaligen Burgen aufsucht, stößt man sehr oft auf dieses in ihrer Lehre sehr wichtige Symbol.
In Waltendorf zeigen außerdem der Gnostik zuordenbare steinerne Plastiken einen Löwen, einen Mann mit einem *Tau*-Stock und einen Menschen, dessen Unterteil ein verdrehtes Tier darstellt, wobei der Mann den tierischen Schwanz mit seinen Händen fest hält. Es ist auch interessant, dass man 1792 in dieser Kirchenanlage bei Grabungen doppelköpfige *baphometische* Templeridole gefunden haben will. Diese Idole waren zur Hälfte aus Holz und zur anderen Hälfte aus Stein gefertigt.
Die Häufung von anomalen Steinskulpturen und Symbolen setzt sich an einigen böhmischen Kirchen, die dem Tempelorden zugeordnet wurden, fort. So findet man in den Anlagen von Eger Skulpturen, die eindeutig unmoralische sexuelle Handlungen ausführen. Eine männliche Skulptur kann man bei der Selbstbefriedigung erkennen. Andere Skulpturen zeigen, ähnlich wie bei Templerkirchen, Köpfe mit gespaltenen Bärten.
Wenn man die zuvor erwähnten Orte geographisch betrachtet, erkennt man, dass sich sakrale Bauwerke, an denen man gnostische Einflüsse erkennen kann, in Böhmen, dem östlichen Österreich entlang der ungarischen Grenze, in Slowenien, der Steiermark und in Kärnten befinden. In der Steiermark beinhalten neben dem romanischen *Karner* von Hartberg und der Löwenplastik an der Pfarrkirche Gleinstätten auch die Kirche vom Deutschen Ritterorden Lech in Graz, die Georgskirchen von Adriach, St. Georgen ob Judenburg, St. Georgen ob Murau, die Kirchen von Schöder, St. Peter am Kammersberg, Pürgg und die Elisabethkirche von Oberzeiring besonders interessante Skulpturen und Fresken mit initiatorischem Charakter.
Obwohl es in der Steiermark keine offiziell dokumentierten Niederlassungen des Tempelordens gab, stößt man in allen diesen Kirchen auf ihre Spuren. Neben Graz-Umgebung und Hartberg sind die Bezirke Judenburg und Murau in diesem Zusammenhang besonders interessant.

Nahe bei Frohnleiten liegt der kleine Ort Adriach, der schon in römischer Zeit eine Poststation war. Der kleine Ort besitzt eine der ältesten Kirchen der Steiermark. Im 10. Jahrhundert befanden sich die Kirche, ein Wehrbau, und der Ort im Besitz der Eppensteiner. Im Jahre 1066 erwirkte der Markwart für seine Kirche zu Adriach vom Erzbischof von Salzburg Pfarrrechte. In dieser Zeit bestand auch schon der Hof in der Nähe der Kirche und war mit ihr zu einer befestigten Wehreinheit verbunden. Anfang des 13. Jahrhunderts wird die Kirche mit dem Zisterzienserstift Rein bei Graz in Verbindung gebracht.
In dieser Zeit ist es durchaus möglich, dass sich Ordensritter in Adriach befanden. So gibt *von Hammer-Purgstall* in seiner Anfang des 19. Jahrhunderts im Band 6 der *Fundgruben des Orients* verfassten Abhandlung über die Geheimlehre des Tempelordens eine Referenz an, in der die beiden mittelalterlichen Befestigungen von Adriach und Weyer bei Frohnleiten als Stützpunkte den Tempelrittern zugerechnet wurden.
Bei Restaurierungsarbeiten in der Kirche wurden 1981 eine romanische Krypta und die Einbindung derselben in die räumlichen Zusammenhänge der Kirche entdeckt. Da man in der Krypta Knochen fand, geht man davon aus, dass diese als Karner verwendet wurde, da es in Adriach kein externes Karnergebäude gab.
Bei einem Besuch der Kirchenanlage fallen einem sofort einige interessante Skulpturen und ein Fresko über dem Westeingang auf. Das Fresko zeigt den *Erzengel Michael* beim Kampf mit einem schwarzen geflügelten Drachen, dessen Schwanz zu einem Kreis verknotet ist. Rechts oberhalb des Eingangs befindet sich in einer Mauernische, in der einst ein hölzerner Wehrgang vom nahe gelegenen befestigten Hof einmündete, eine aus Holz geschnitzte Figur aus jüngerer Zeit. Die Holzskulptur ist eine männliche Gestalt, um deren Fuß sich eine Schlange nach oben windet. Der Mann hält den Kopf der Schlange mit seiner rechten Hand und scheint sie zu beherrschen.
Obwohl das Motiv den heiligen Georg darstellen soll, der eigentlich den Drachen als Ritter vom Pferd aus bekämpft, hat diese Darstellung eine größere Ähnlichkeit mit dem *Adam Kadmon* der

mittelalterlichen Kabbalisten. Der *Adam Kadmon* stellt in der Kabbala den vollkommenen Menschen, den göttlichen *Androgyn* der Gnostiker, dar. Er repräsentiert den Ausgleich der Gegensätze und benutzt diese als Mittel, um zum gnostischen Lichtreich, um zum wahren Gott gelangen zu können. In der Kabbala wird der *Adam Kadmon* als Mann dargestellt, der wie die Figur in Adriach eine Schlange am Nacken in beherrschender Art fest hält.

Eine weitere interessante Entdeckung machten wir aber beim nahe gelegenen, heute zu einem Hof umgebauten Wehrbau. An der zur Kirche gewandten Seite befindet sich das aus dem Jahre 1444 stammende steinerne Wappen des Pfarrers Stephan von Krumau. Das zentrale Motiv des heraldischen Symbols ist ein Pfeil, um den sich ein *S*-förmiges Symbol, ähnlich dem Dollarzeichen, windet.

Dieses Symbol hat sich aus der gekreuzigten Schlange der Alchemisten entwickelt. Bei den Alchemisten, die ebenfalls der gnostischen Lehre anhingen, stellten das Kreuz die Materie und die Schlange das Körperlose dar. Vor dem Mittelalter war das *$*-Zeichen das Symbol für die unbesiegbare Sonne *Sol* und stand für den *Sol Invictus* und den persisch-römischen Sonnenhelden *Mithras*.

Dass diese gnostische Symbolik in Verbindung mit dem Tempelorden oder den mittelalterlichen Bauhütten steht, ist unbezweifelbar. Dasselbe *$*-ähnliche Symbol wurde in vielen europäischen Templerkirchen entdeckt. So befindet sich in der Kathedrale der französischen Stadt Gisors eine Säule mit lauter freimaurerischen Symbolen, darunter auch das *$*-Zeichen. Die Stadt Gisors hat einen sehr starken Templerbezug.

So berichten die Autoren *Lincoln*, *Baigent* und *Leigh* in ihrem Buch *Der Heilige Gral und seine Erben*, dass es um 1188 in Gisors zu einer sonderbaren Auseinandersetzung zwischen dem Tempelorden und dem geheimnisvollen Orden von Sion gekommen sei, bei dem eine uralte Ulme gefällt wurde. Der Konflikt zwischen den Großmeistern beider Ritterorden soll in Zusammenhang mit dem Versagen der Templer bei der Verteidigung von Jerusalem und dem Fall der Heiligen Stadt durch die Sarazenen gestanden sein.

Ähnliche interessante Kunstwerke findet man auch in den Bezirken Murau und Judenburg im oberen Murtal. Dieses Gebiet lag im Mittelalter an bedeutenden Handelswegen, die quer durch die Alpen nach Italien oder von Italien nach Deutschland führten.
So gehört die dem heiligen Matthäus geweihte Kirche in Murau zu den interessantesten gotischen Sakralbauten der Steiermark und geht auf eine 1296 zurückführbare Gründung Ottos II. von Lichtenstein zurück. Die Pfarrkirche ist dem Evangelisten Matthäus geweiht. In den Jahren 1939 bis 1947 wurden bei einer Innenrestaurierung der Kirche zahlreiche Fresken und geheimnisvolle initiatorische Kreuz- und Radsymbole unter dem Verputz gefunden. Im Jahre 1985 wurde die alte Gruft der Herren von Lichtenstein unter dem nördlichen Querschiff freigelegt.
Die Bauform mit dem großen oktogonalen Turm weist auf einen Einfluss der Templer hin. Die Kirche besitzt einen von außen zugänglichen unterirdischen Bereich, der als Karner benutzt wurde und in dem noch heute zahlreiche Totenköpfe und Knochen aufbewahrt werden. Da der Tempelorden im Gebiet um Murau keine dokumentierte offizielle Niederlassung hatte, liegt es wie bei vielen anderen Kirchen nahe, dass der Adel, in diesem Falle das Geschlecht der Lichtensteiner, mit dem Kreuzritterorden in Verbindung stand.
Neben gleichschenkeligen Kreuz- und Raddarstellungen stammt auch ein Teil der Fresken aus dieser Zeit. Sie zeigen die bei den Tempelrittern beliebten Märtyrer Laurentius, Katharina und Barbara. An der westlichen Südwand befindet sich ein Fresko mit dem Blütenwunder der heiligen Dorothea und eine Kreuzigungsgruppe. Aus der Zeit nach 1300 stammt ein geschorenes Schweinchen mit einer Antoniusglocke um den Hals.
Dass in dieser Kirche auch der Orden der Georgsritter zu Hause war, beweist eine große Malerei, die den heiligen Georg beim Drachenkampf zeigt. Außerdem kann man Christus als Weltenrichter und Tote, die aus ihren Gräbern steigen, sowie Darstellungen aus der Apokalypse des Johannes bewundern.
Eine weitere Verbindung zu diesem Ritterorden stellt ein Schlussstein dar, der den angeblichen Kopf von Christus zeigt. Wir waren

verblüfft, als wir diese Darstellung sahen, da sie eine große Ähnlichkeit mit einer 1945 im südenglischen Tempelritterstützpunkt Templecombe aufgefundenen Holzmalerei aus dem Jahr 1280 aufweist. Das Besondere an dem Gesicht am Schlussstein sind die femininen Gesichtszüge und ein zweigespaltener Bart. Eine solche Darstellung eines Christuskopfes ist äußerst selten und kommt eigentlich nur in Verbindung mit den Tempelrittern vor.
Es ist interessant, dass auch die Person auf dem Turiner Grabtuch diese Darstellung mit dem zweigeteilten Bart aufweist. Es ist bewiesen, dass es der französische Tempelritter Geoffroy von Charny war, welcher als erste Person das angebliche Leichentuch Christi an die Öffentlichkeit brachte. Ein weiteres Element, das den Tempelorden mit einem Geheimkult um einen Männerkopf mit geteiltem Bart in Verbindung bringt, ist die Idolanbetung des Götzen *Baphomet*.
Während in Frankreich und England ähnliche Darstellungen den Tempelrittern bei den Inquisitionsprozessen zum Verhängnis wurden, scheint man in der Steiermark kein Problem mit Rom bekommen zu haben. Nur etwa fünf Kilometer von Murau entfernt, befindet sich der kleine Ort St. Georgen ob Murau. In der Pfarrkirche von St. Georgen ob Murau stießen wir ebenfalls auf Spuren und Hinweise gnostischer Lehren.
Ein neben der Kirchentüre angebrachter Inschriftstein aus dem 15. Jahrhundert berichtet, dass Erzbischof Adalbert II. von Salzburg am 23. August 1188 die Kirche geweiht habe. Verschiedene historische Zusammenhänge – z. B. dass St. Georgen der ursprüngliche Sitz des Landesgerichtes im oberen Murtal war – lassen die Annahme zu, dass diese Kirche das älteste von Salzburg aus gegründete kirchliche Zentrum des gesamten Gebietes des oberen Murbodens war.
Der Drachenkämpfer St. Georg als Patron der Kirche weist auf eine Verbindung zu den mittelalterlichen Ritterorden hin. Die Kirche besitzt einen aus dem 12. Jahrhundert stammenden romanischen Karner, der dem Vorgänger des heiligen Georg, dem *Erzengel Michael*, geweiht wurde. Von der ursprünglichen inneren Gestaltung des Karners ist leider nichts mehr erhalten. Sehr wahr-

scheinlich folgte im Spätmittelalter der heilige Georg dem im 12. Jahrhundert verehrten *Erzengel Michael* als Patron der Kirche. Nachdem im Spätmittelalter die österreichische Fraktion des Georgsritterordens gegründet wurde, war diese Praxis üblich.
Am Westportal kann man noch mittelalterliche Freskenreste erkennen, die Motive der heiligen Katharina von Alexandria zeigen. Bei diesen Motiven kann man das ihr zugeordnete Radsymbol noch sehr gut erkennen. An der südlichen Außenseite der Kirche erkennt man Fresken, welche den heiligen Georg hoch zu Ross beim Drachenkampf und Christus am Ölberg zeigen. Die Fresken stammen sehr wahrscheinlich aus dem Ende des 15. Jahrhunderts und wurden von einem Künstler aus der in der Nähe gelegenen Ortschaft Schöder gemalt. Das Interessanteste an den Fresken ist, dass der Künstler im Bild das bei den Templern und der gnostischen Kirche verwendete Motiv des *Tau*-Kreuzes benutzt.
Im Inneren der Kirche malte er Ranken und Blätter, die aus dem Mund eines menschlichen Kopfes wachsen. Auch dieses Motiv geht auf die druidische Naturreligion und den grünen Mann der Kelten zurück und wurde vom Maler mit Sicherheit nicht zufällig gewählt. Die Symbolik stammt von mittelalterlichen Fruchtbarkeitskulten, bei denen man den Geist des Frühlings mit Eichenranken, welche ihm aus dem Mund ragen, darstellte.
Beim Besuch der Kirche von Schöder kann man ein anderes Meisterwerk desselben Künstlers betrachten. In seinem Heimatort hat er neben den Motiven von Märtyrern und dem *Erzengel Michael* die Offenbarung des Johannes als Hauptmotiv gewählt.
Aus dem 15. Jahrhundert stammen auch die mit geheimnisvollen Pflanzenmotiven geschmückten Apostelbilder, von denen eines den Apostel Petrus und ein anderes den Apostel Andreas zeigen. Andreas wird außerdem mit dem ihm zugeordneten Andreaskreuz dargestellt. Aus etwa derselben Zeit stammt ein Altar, welcher der heiligen Margareta geweiht ist und Szenen ihres Martyriums zeigt.
Die bewusste Verwendung des *Tau*-Kreuzes, Symbole, die vor allem bei gnostischen Gruppen eine Beachtung fanden und alte keltische Motive lassen keinen Zweifel aufkommen, dass man in

St. Georgen bis ins 17. Jahrhundert zumindest bei der künstlerischen Gestaltung der Kirche an der Symbolik gnostischer Glaubensinhalte festhielt. Dass diese Kirche im 12. Jahrhundert sehr wahrscheinlich auch für gnostische Einweihungsrituale benützt wurde, zeigen vor allem Sandsteinplastiken im Innenraum und ein Steinrelief an der südlichen Außenmauer.

Die südliche Außenwand der Kirche birgt aber ein viel älteres und interessanteres Geheimnis als die zuvor beschriebenen Kunstwerke. In ihr wurde ein Steinrelief eingemauert, das laut offiziellem Kirchenführer ein Relikt aus der Römerzeit ist und einen trauernden Eros darstellt. Das Relief beschreibt eine Figur, die nach der Hüftform zu schließen weiblich ist und ihren Kopf nach links unten senkt. Die Füße der Figur sind überkreuzt, wobei sie die rechte Hand zum Herzen wendet und in der linken einen Kranz hält.

Als wir dieses Relief sahen, kamen wir aus dem Staunen nicht heraus und waren uns zu 100 Prozent sicher, dass es keinen trauernden Eros darstellt. Da wir bei unseren Recherchen zu diesem Buch immer wieder auf den alten Kult des persisch-römischen Sonnengottes *Mithras* stießen, sahen wir sofort Gemeinsamkeiten zu dieser Sternreligion. Die Figur auf der steinernen Plastik trägt nämlich die phrygische Mütze auf ihrem Kopf. Bei einer genauen Betrachtung kann man auch eine nach unten gehaltene Fackel erkennen, die sehr wahrscheinlich nachträglich bearbeitet wurde.

Im Mithraskult stellte diese Figur die abendliche Variante des Planeten Venus – den Abendstern – dar. In St. Georgen hat es allerdings den Anschein, dass man das mithrische Steinrelief nachträglich bearbeitet hat.

Andererseits gibt es an den französischen Kathedralen Skulpturen, welche Tempelritter zeigen, die ihre linke Hand so wie die Figur in St. Georgen ans Herz halten. Es sind auch Darstellungen von engelhaften Figuren im Zusammenhang mit der Lehre der Tempelritter bekannt, die bei einem Ritual einen Ring oder einen Kranz in der Hand halten.

Im Inneren der Kirche stießen wir aber auf eine weitere Spur, die zum Mithraskult und den Tempelherren führt. So kann man an den

südlichen Diensten oberhalb des Altars eine aus dem 12. Jahrhundert stammende Skulptur erkennen, die eine rötlich gefärbte phrygische Mütze trägt und bei der es aussieht, als ob ihr Kopf mit einem zweiten blondhaarigen Kopf zusammengewachsen ist. In diesem Fall stimmen sogar die Farbenreste rot und gelb mit bemalten mithrischen Skulpturen überein. Die phrygische Mütze war die Mütze der persischen Magier und hatte eine rote Farbe.
Der einzige Unterschied zwischen dieser Figur zu Skulpturen des Mithraskultes ist der eindeutig erkennbare Bart am Männerkopf von St. Georgen und der anscheinend zweite, angewachsene Kopf. Somit haben wir auch hier eine mittelalterliche Umgestaltung bzw. Integrierung eines mithrischen Motivs. Oberhalb des Altars befinden sich Schlusssteine mit einem seltsamen Männerkopf, der im Kirchenführer als Christuskopf gedeutet wird, dem Lamm bzw. dem *Agnus Dei* mit einem Kreuznimbus und der Heilig-Geist-Taube.
Die hermetische Bedeutung dieser Anordnung bezieht sich auf die Weltzeitalter. Das erste sich auf den Männerkopf beziehende alttestamentarische Zeitalter entspricht dem des Vaters und ist geprägt von Gottesfurcht. Das dem *Agnus Dei* entsprechende steht in Bezug zum Lamm, welches *Christus* symbolisiert und ist das Zeitalter des kirchlichen Bundes und des Buchstabenglaubens. Das dritte Zeitalter des Heiligen Geistes wird durch die Taube symbolisiert und stellt in dieser Auslegung den *Äon* der Freiheit und des Wissens dar.
Die Gnostiker sahen in diesem Zeitalter das Ende der römisch-katholischen Kirche und die Gründung von neuen gnostischen Orden. Die Magier und Alchemisten des Mittelalters sahen in diesem spirituellen Zeitalter die so genannte Morgenröte, welche einer kirchlichen Generalreformation gleich kam.
Ein anderer Schlussstein zeigt mit Bestimmtheit kein christliches Symbol. Er zeigt eine Gestalt, der Lichtstrahlen aus dem Kopfscheitel und den Ohren kommen. Die Gestalt ist nur zur Hälfte bekleidet, wobei ihr Oberkörper nackt ist. An beiden Seiten des Kopfes kann man außerdem zwei Kurzschwerter, deren Spitzen auf den Kopf der Gestalt weisen, erkennen. Bei dieser Plastik be-

steht auch eine Ähnlichkeit mit alten apokalyptischen Darstellungen, bei denen links und rechts neben dem Kopf des Weltenrichters das zweischneidige Schwert des Gerichts und eine Lilie erkennbar sind.

Außer diesem initiatorischen Abschlussstein befinden sich noch eine Löwenfratze aus dem 12. Jahrhundert und einige andere merkwürdige Sandsteinplastiken im Innenraum der Kirche. Dass es mit der zuvor beschriebenen Kirche von Murau und der St. Georgskirche eine Verbindung gab, weiß man deshalb, weil man über der Orgelempore Steinmetzzeichen fand, die auch in Murau ans Tageslicht kamen.

Wenn man die anderen umliegenden Sakralbauten abfährt, stößt man neben den Drachentöter-Motiven des heiligen Georgs und des Erzengels Michael immer wieder auf drei bei den Ritterorden ebenfalls beliebten heiligen Frauen. Es sind dies die heilige Barbara, Katharina und Margareta, die in der Dreiheit als die *Drei Madln* in die Geschichte eingingen.

Die Dreiergruppe von weiblichen Heiligen stellt jedoch eine äußerst archaische Angelegenheit dar. Aus der Zeit der Germanen und der Kelten sind nur mehr wenige Kultgegenstände erhalten. Zu diesen gehören die so genannten *Matres* oder *Mütter*, eine Abbildung von drei Frauen nebeneinander, von denen sich die mittlere Frau durch einen Sonderstatus auszuzeichnen scheint.

Die drei Jungfrauen wurden auch als *Ambeth*, *Wilbeth* und *Warbeth* bezeichnet und der *Erd-*, *Mond-* und *Sonnenmutter* gleichgestellt. Die drei Bethen stellen auch die dreigestaltige zyklische Göttin der Germanen dar, so dass ihr Kult von der *Inquisition* bekämpft wurde. Der Kult um die drei Madln beweist, dass man im Alpenraum den mit der Erdmutter in Verbindung stehenden Bethenkult ins Christentum überführte.

In der obersteirischen Stadt Judenburg wurde eine geheime gnostische Bruderschaft, welche die *24 Ältesten der Apokalypse* verehrte, sogar von der *Inquisition* bezeugt, die um 1421 im oberen Murtal zu ermitteln begann. In diesem Fall fanden sich noch 80 Jahre später, um 1500, Hinweise auf den Fortbestand dieses merkwürdigen Kultes, der in der ganzen Obersteiermark Mitglieder gehabt haben musste, da sich in der Elisabethkirche von Oberzeiring ein Fresko befindet, auf dem man die 24 Ältesten sehen kann.

Die *24 Ältesten der Apokalypse* repräsentierten bei gnostischen Gruppen das Symbol der höchsten spirituellen Regionen. So umgeben sie im Zentrum der südlichen Rosette der Kathedrale von Chartres den in einer Glorie sitzenden Christus und die vier Tiergestalten der Evangelisten. Dass der Apokalypse des Johannes bei den mittelalterlichen Gnostikern, Baumeistern und bei den Mönchs- und Ritterorden eine große Bedeutung zugeschrieben wird, haben wir zuvor aufgezeigt.

In Folge der Kreuzzüge brachten überlebende Ritter Gerüchte und Informationen nach Europa, die neben ägyptischen und arabischen Lehren das Urchristentum und die neutestamentarischen Schriften betrafen. Unter diesen Gerüchten befanden sich auch solche, die eine Verbindung zwischen Jesus' Lieblingsjünger Johannes und der christlichen Gnosis herstellten. Hauptgrund dieser Behauptungen waren Gerüchte, dass sich Johannes eine Zeit lang im ägyptischen Alexandria, der Hochburg der Gnosis, aufhielt.

In der Gnostizismus-Bewegung innerhalb der Christen wurde Johannes auch als Gnostiker unter den Aposteln angesehen, so dass seine Niederschriften auch bei den gnostischen Katharern einen großen Anklang fanden. Im Laufe der Jahre setzte sich jedoch der nichtgnostische Teil des Christentums durch und favorisierte Petrus und Paulus. Erst in Folge der Kreuzzüge erfuhr Johannes wieder einen kurzzeitigen Aufschwung.

Aus dieser Zeit stammen auch die meisten Darstellungen der Apokalypse. Wie wir anhand der Skulpturenzyklen an den großen Kathedralen aufgezeigt haben, scheinen Ordensritter und geistliche Bruderschaften im 12. Jahrhundert Themen aus der Offenbarung des Johannes für Einweihungszeremonien in die gnostische Lehre benützt zu haben.

Der deutsche Mittelalterforscher *Manfred Dimde* gibt in seinem Buch *Die Johannes-Verschwörung: Der Kampf um die Nachfolge Jesu* nachvollziehbare Argumente an, dass der heilige Johannes in der kroatischen Kathedrale von Trogir begraben liegt. Sein offizielles Grab soll sich hingegen im türkischen Ephesus befinden.

Manfred Dimde zeigt auf, dass die Kathedrale von Trogir sowie viele der in unserem Buch beschriebenen Bauwerke ein gnostisches Glaubensbekenntnis in Stein ablegt.

Die Baumeister der Johanneskapelle in Trogir bezogen sich beim Bau ebenso auf den Kult der *24 Ältesten der Apokalypse*. Wir haben in unserem Buch schon mehrmals Kunstwerke besprochen, bei denen Gottvater oder Christus aus einer von den vier tiergestaltigen Evangelisten umgebenen *Mandorla* auf die materielle Welt herunterblickt. In dieser Symbolik werden vier *Seraphim* – die vier Tiergestalten der Evangelisten – in Anspruch genommen.

Bildlich wird hier die gnostische Weisheit *Sophia* dargestellt, und dass die höheren Wesen wie Gott oder *Christus* mit den Menschen auf der Erde eine Verbindung herstellen können. Diese Verbindung wird durch die vier *Seraphim* bewirkt. In den jüdisch-christlichen Überlieferungen hat Gott mehrmals zu auserwählten Menschen, wie Moses oder Jesus, gesprochen. Aus diesem Grund gingen jüdisch-christliche Geheimlehren davon aus, dass es auch die umgekehrte Möglichkeit geben müsse, mit Gott in Verbindung treten zu können.

Die mittelalterlichen Gnostiker versuchten, in ihrer Mathematik Gottes die Durchtrittstore durch die Dimensionen zu finden, um einen Kontakt bzw. den richtigen Anschluss zu Gott herstellen zu können. In ihren Lehren ging man davon aus, dass die göttliche Gesamtheit den Zahlenwert 100 beträgt. Wenn man voraussetzt, dass Gott ständig in seiner Schöpfung anwesend ist, sind immer vier Hundertstel durch seine Manifestation belegt.

Die verbliebene Zahl 96 kann zum Beispiel durch die Formel 4 (göttliche Anwesenheit) plus 4×24 Seraphim = 100 angegeben werden. Die Zahl 24 entspricht hier den in der Apokalypse des Johannes angeführten *24 Ältesten der Apokalypse*, die in ihren weißen Gewändern um die *Mandorla* und die den vier Tiersymbolen der Evangelisten entsprechenden *Seraphim* thronen.

Aus diesen Gründen schmückten gnostische Bruderschaften Räume, die für Einweihungsrituale ihrer Lehren benützt wurden, im 12. Jahrhundert mit Kunstwerken aus, die in dieses Denkschema passten. Zum Abschluss wollen wir auf Grund der Nähe zu Judenburg und dem Kult um die *24 Ältesten der Apokalypse* einen weiteren möglichen Kandidaten für geheime Einweihungsrituale in gnostische Lehren vorstellen.

In der Pfarrkirche St. Georgen ob Judenburg stieß man erst in jüngster Zeit auf einen einzigartigen Freskenzyklus, der eindeutig initiatorischen Charakter aufweist. Im romanischen Altarraum des einstigen Wehr- und heutigen Kirchturmes des Sakralbaues befinden sich Fresken, die Bezug auf zwei Stellen der geheimen Offenbarung des Johannes nehmen. Es sind dies genau die Stellen, in der die Zahl zwölf vorkommt. Nämlich die Stelle mit der Mauer mit den zwölf Toren und den Namen der zwölf Stämme Israels. Die zweite Stelle beschreibt die zwölf Grundsteine, auf denen die Namen der zwölf Apostel des Lammes stehen.

Im Zentrum des Gewölbes befindet sich in einer rosettenähnlichen Darstellung die *Ecclesia* mit einem Lammmedaillon. Dieses Motiv ist von den vier Tiersymbolen der Evangelisten, sprich vier *Seraphim*, umgeben. Statt der *24 Ältesten der Apokalypse* umgibt hier ein innerer Kreis mit den zwölf Aposteln und ein äußerer Kreis mit den zwölf Propheten die vier *Seraphim* und das Reich Gottes. Die zwölf Propheten Isaias, Jeremias, Ezechiel, Amos, Habakuk, Micheas, David, Salomon, Aggäus, Zacharias, Sophonias und Nahum stellen das *Alte Testament* und die zwölf Apostel das *Neue Testament* dar.

In der mittelalterlichen Zahlenmystik ergibt sich durch die gnostische Formel 4 (göttliche Anwesenheit) plus 4 × (12 Apostel + 12 Propheten) wieder die Zahl 100 als das Reich Gottes. Einen weiteren Hinweis, dass man es bei diesem Freskenzyklus mit Liebhabern der Gnosis zu tun hat, geben die noch lesbaren Spruchbänder. Die Propheten tragen Weissagungen, in denen sie auf die zukünftige messianische Zeit hinweisen, und prophezeien in ihren endzeitlichen Visionen die kommende Herrlichkeit des Herrn im himmlischen Jerusalem.

Das neue Reich, Johannes' himmlisches Jerusalem, ist grundsätzlich verschieden von dieser Welt und dem sichtbaren Himmel. Das himmlische Jerusalem der mittelalterlichen Gnostiker befand sich im Lichtreich ihres wahren Gottes. Bei der Betrachtung der

im göttlichen Himmel befindlichen *Ecclesia* kommt im Fresko sogar der *Gralsmythos* ins Spiel.
Die weibliche Figur hat eine Krone auf dem Kopf und hält eine Fahne mit einem Kreuznimbus und einen Kelch in der rechten Hand. In der linken Hand hält sie das zuvor erwähnte Medaillon vor ihrer Brust, dem im Schnittpunkt des Kreuzes das nimbierte Lamm eingeschrieben ist. Mit dem Gralskelch wird das Blut des Lammes aufgefangen.
Eine Inschrift um dieses Motiv lautet: *Die Braut des Lammes wird [mit diesem] vermählt, indem sie in der Quelle des unschuldigen Blutes neu geschaffen wird. Sie möge geben, das wir der Quelle würdig seien.* Diese Worte haben eindeutig initiatorischen Charakter, da in der gnostischen Lehre die Heimfindung der Seele zum wahren Gott durch die himmlische Hochzeit der *Ecclesia/Sophia* mit *Christus*, symbolisiert als Lamm, besiegelt wird.
Nach dieser Auffassung führt die symbolische Hochzeit des Lammes in das himmlische Reich Christi. Diese Ansicht ergibt sich dadurch, weil die Seele in der gnostischen Lehre nur dann ihren Platz bei Gott wieder einnehmen kann, wenn sie den Zustand des Vergessens überwindet und zur Erkenntnis ihrer göttlichen Natur gelangt.
Dieselbe Symbolik findet sich auch im Hohen Lied Salomons wieder. Sein Hohes Lied galt als Text, der sich auf seine Heirat mit der Tochter des Pharaos oder auf seine zuvor im Buch geschilderte, sagenhaften Begegnung mit der Königin von Saba bezog. Unterhalb der schon besprochenen Fresken befindet sich eine Darstellung des ursprünglichen Georgzyklus.
So wie bei der zuvor beschriebenen obersteirischen Kirche St. Georgen ob Murau ist der heilige Georg auch in St. Georgen ob Judenburg der Patron der Kirche. Dieser Freskenzyklus stellt auch in dieser Kirche eine wichtige Verbindung zu den Ritterorden und Kreuzfahrern her. In St. Georgen ob Judenburg wird die Legende des heiligen Georg ohne Unterteilung durch seitliche Trennleisten fortlaufend erzählt.
Die Geschichte erzählt aus dem Leben des heiligen Georg und zeigt ihn als Kämpfer, als Ritter, der sein Vermögen wie der hei-

lige Martin an Arme verschenkt, beim Verhör durch Kaiser Tacianus, bei einer Geißelung, beim Radmartyrium, vor den Königen, bei der Folter, auf einem ehernen Bett und bei der Erweckung des Ochsen der Scholastiker.
Der untere Streifen an der Nordwand zeigt den heiligen Georg, wie er Tote zum Leben erweckt, wie er die Erweckten tauft, in Konflikt mit einem Zauberer und die Enthauptung des Zauberers.
Am unteren Streifen der Südwand sieht man den heiligen Georg im Disput mit Kaiserin Alexandria und Tacianus, die Enthauptung des Heiligen und schließlich die Himmelfahrt.
Jedem aufmerksamen Leser wird sicher aufgefallen sein, dass dieser Lebensweg dem von Jesus Christus und anderen Märtyrern sehr ähnlich sieht. Eine weitere Besonderheit in diesem Zyklus ist aber die Tatsache, dass er keine Drachenkampfszene beinhaltet. Der Grund ist, dass diese erst im 13. Jahrhundert die Symbolik vom *Erzengel Michael* aus der Johannes Apokalypse verdrängte.
Eine der interessantesten Szenen in diesem Freskozyklus ist sicherlich das Radmartyrium. Georgs nackter Körper wird in diesem Bildausschnitt vielfach zerstückelt. Das Bild besteht aus zwei Rädern mit je acht Speichen, die außen in Griffen enden, an denen acht Schergen drehen. Zwischen den Radnaben stecken kurze Schwerter, welche den Heiligen in Stücke schneiden. Interessanterweise überlebt Georg dieses Martyrium.
Da man die Georglegende im Zusammenhang mit dem Teil der *Propheten*, der *Apostel* und der Hochzeit der *Ecclesia/Sophia* mit dem *Lamm* sehen muss, erhalten das Radmartyrium und die Legende einen besonderen Status. Die Zerstückelung im achtspeichigen Rad kann in dieser Verbindung durchaus als psychischer Tod und eine spirituelle Neugeburt betrachtet werden. Ähnliche Zerstückelungsszenen erleben zum Beispiel Schamanen bei ihren Trancereisen. Bei diesen Ritualen erleben sie psychisch die Zerstückelung ihrer Körper und eine spirituelle Wiedergeburt als Schamane oder Magier.
Bei der Auferstehungsszene erlangt der Eingeweihte schließlich die Erkenntnis des höchsten Gutes der gnostischen Lehre. Diese mystische, durch die Hochzeit der *Ecclesia-Sophia* mit dem

Lamm dargestellte Vereinigung der im Körper befindlichen Seele mit ihrem Geist, der im Himmel geblieben ist und sie im himmlischen Jerusalem empfängt.
Es ist durchaus möglich, dass dieser Freskenzyklus dazu diente, einem einzuweihenden Ritter oder Ordensmann zu zeigen, wie er sich verhalten musste, damit seine im Körper gefangene Seele befreit wird, um zu dem im Himmel verbliebenen Geist gelangen zu können.
Es ist interessant, dass auch in diesem Freskenzyklus viele Tempelrittersymbole inklusive des roten Tatzenkreuzes vorkommen. Eine frühe Verbindung mit den Ritterorden könnte die Tatsache sein, dass sich die Fresken im Gewölbe des einstigen Wehrturmes befinden. Eine ähnliche Situation fanden wir in der aus dem 12. Jahrhundert stammenden niederösterreichischen Kirche St. Peter am Moos.
Auch in dieser Kirche befindet sich das Gewölbe mit wunderbaren romanischen Fresken, welche außer der Georglegende ein ähnliches Motiv zeigen, im alten Wehrturm, der erst heute als Altarraum dient. Im Freskenzyklus von St. Peter am Moos wird das Motiv der *Ecclesia* durch das *Agnus Dei* mit dem Nimbus und der Kreuzfahne ersetzt, wobei die Fahne das gleichschenkelige Tatzenkreuz des Tempelordens trägt.
In diesem Fall ist eine Verbindung in der Gründerzeit der Kirche zu diesem Orden durchaus möglich, da sich die Ordensniederlassungen im Steinfeld in der Nähe befanden. Interessant ist auch, dass man bei dieser Kirche bei Renovierungsarbeiten einen Steinkreis unter dem Fußboden des Eingangsbereiches freilegte.
Im Gegensatz zu anderen im Buch besprochenen Bauwerken konnten wir in St. Georgen ob Judenburg und auch in St. Peter im Moos keinen Hinweis auf die gnostische Schlangen- bzw. Drachenlehre der Ophiten oder sowie in St. Georgen ob Murau auf die Erlösungslehre des Mithraskults finden.
Der südöstliche Teil und die Gebirgsgebiete Österreichs beherbergen natürlich noch viele mittelalterliche Zeugnisse, die aufzeigen, wie in diesem Teil Europas die gnostischen Lehren und Häresien durch die schwer zugängliche Lage der Alpen, die Nähe

zum Balkan, die gnostischen Bogomilen und die norditalienischen Langobarden und schließlich die Kreuzritter neben dem herkömmlichen Christentum fruchtbare Blüten trieben.

Der Heidentempel von Drüggelte

»Die aus Stein errichtete Kirche ist nur ein Sinnbild der unsichtbaren Kirche, welche aus Seelen besteht.«

BERNHARD VON CLAIRVAUX, 12. JAHRHUNDERT NACH CHRISTUS

Im deutschen Landkreis Soest bei Essen, am nördlichen Rand der Möhnetalsperre, steht auf einer Anhöhe die in der Mitte des 12. Jahrhunderts errichtete Kapelle von Drüggelte. Der in Deutschland einzigartige zwölfeckige Zentralbau besitzt einen überdachten Vorbau als Eingang. In seinem Inneren wird der Sakralbau durch einen Kranz von zwölf Säulen getragen, der vier im Zentrum der Kapelle stehende Säulen umschließt. Die vier zentralen Säulen bestehen aus zwei umfänglicheren und aus zwei schlankeren, die sich gegenüberstehen.

Die Kapelle ist exakt von Osten nach Westen ausgerichtet. Die äußere rechte Ecke der Vorbaumauer des Einganges mündet in der Nord-Süd-Achse der Kapelle. Obwohl der Ursprung der Kapelle im Dunkeln liegt, gibt es die Vermutung, dass sie eine Sühnestiftung des Kreuzritters Graf Gottfried von Arnsberg war und eine Nachahmung der Jerusalemer Heiliggrabkapelle darstellt.

Diese Vermutung könnte durchaus stimmen, da die Architektur eine Ähnlichkeit mit den zuvor beschriebenen oktogonalen Karnern und den Grabeskirchen in Aachen oder Ottmarsheim aufweist. Die seltsame Bauform veranlasste die Forscherin *Gisela Jacobi-Büsing* jedoch zur Annahme, dass die Errichtung der Kapelle von Drüggelte mit einer dogmatisch christlichen Weltsicht nicht zu erklären ist. Sie meint, dass der Bau von den gnostischen Katharern errichtet wurde und dass in ihr die *Vollkommenen* die Geisttaufe empfingen.

Dieser Hypothese kann man entgegenhalten, dass Kapellen bei der katharischen Glaubensbewegung sehr selten waren. In den Protokollen der *Inquisition* kann man nachlesen, dass die Katharer das menschliche Herz als die wahre Kirche bezeichneten.

Die Bogomilen vertraten sogar die Ansicht, dass in den christlichen Kirchen Dämonen hausen, wobei sich der *Demiurg* zunächst im Heiligtum in Jerusalem niedergelassen hätte und nach dessen Zerstörung in die *Hagia Sophia* nach Konstantinopel übersiedelt sei. Sie meinten außerdem, dass alleinig der Himmel die Wohnung des wahren Gottes ist und dieser daher in von Menschen errichteten Gebäuden nicht zu finden sei. Aus diesen Gründen haben Katharer und Bogomilen keine richtigen Kirchen errichtet. Die Kapellen der Katharerburgen Queribus, Montségur, Termes und Bethlehem stellen Kulträume und keine eigentlichen Kapellen dar.

Bei genauer Betrachtung der Kapelle in Drüggelte findet man aber sehr wohl Einflüsse aus den gnostischen Lehren. Wie Frau *Jacobi-Büsing* meinte, ist der im Gegensatz zu Himmel und Erde angedeutete Dualismus im Bauwerk eindeutig erkennbar. Die Zahl vier symbolisiert in der Gnostik die Erde und die Zahl zwölf das Himmelreich. Das heißt, dass die vier im Zentrum stehenden Säulen die Erde und die zwölf umgebenden Säulen den Himmel symbolisieren.

Von den vier Säulen haben zwei einen größeren Durchmesser als die beiden anderen. Diese zwei Säulen sollen das Lichtreich des wahren Gottes symbolisieren. Die beiden schwächeren Säulen das Reich der Finsternis. Die Skulpturen auf den Kapitellen der Säulen haben mit herkömmlicher christlicher Symbolik auch wenig zu tun. So kann man Schnüre, simple Gesichter, seltsame kristallähnliche Verzierungen und ein Tier erkennen.

Der Interpretation dieser Kapitellfiguren ist Tür und Tor geöffnet. So erinnern mehrere, an einem Kapitell angebrachte menschliche Köpfe, von denen steinerne Schnüre auszugehen scheinen, an Symbole der Tempelritter. So gibt es Hinweise, dass bei Initiationsritualen der Tempelherren eine mit weißen Schnüren um-

wundene *androgyne* Kopffigur benützt wurde, deren Schnüre sich die *Neophyten* später um ihre Hüften schlingen mussten.
In der Gnosis symbolisieren Kordeln oder Schnüre die metaphysische Nabelschnur, durch die der Mensch mit dem Heiligen Geist, der *Sophia* und der göttlichen Lebenskraft in Verbindung steht und gespeist wird. Andererseits soll ein neu in die Gemeinschaft aufgenommener Mensch sich von allen früheren Bindungen lösen. Eine solche Lösung wird durch abgeschnittene Schnüre ausgedrückt, welche man auch an den Skulpturen erkennen kann. Wie man auch immer diese Skulpturen interpretiert, es ist klar, dass der Platz innerhalb der vier Säulen ein besonderer war.
Manche Historiker vermuten, dass sich an diesem Platz ein Taufstein befand und die Bedachung, ähnlich wie im *Pantheon* in Rom, oberhalb ganz offen war, damit die Taufe unter dem freien Himmel stattfinden konnte. Später wurde die Dachöffnung durch einen turmartigen Aufbau geschlossen.
Dass die Kapelle von Drüggelte vom Volk den Namen Heidentempel erhielt, verdankt sie der Tatsache, dass sich in ihr bis zum Jahre 1583 das Götzenbild der dreiköpfigen keltischen Göttin *Trigla* befunden haben soll. Die Zahl drei galt bei den Kelten als magisch. Deshalb verehrten sie dreiköpfige Götter. In Nordwestgallien wurde zum Beispiel auch ein dreigesichtiger bärtiger Gott verehrt. In der englischen Grafschaft Corleck fand man ebenfalls einen dreiköpfigen Kultstein.
In der römisch-katholischen Kirche entspricht diese Dreiheit der Heiligen Dreifaltigkeit, dem Vater, dem Sohn und dem Heiligen Geist. Wurde die christliche Dreifaltigkeit durch den dreigesichtigen heidnischen Götzenkopf von Drüggelte ausgedrückt? Andererseits spielte die Dreiheit bei gnostischen Lehren wie den der Ophiten eine wichtige Rolle. Die Anbetung von doppel- und dreigesichtigen Idolen wurde auch den Tempelrittern bei den Prozessen der *heiligen Inquisition* zum Verhängnis. Auch wenn man die Kapelle nicht den Katharern zuordnen kann, findet man in ihr eindeutige gnostische Züge.
Wie wir zuvor aufzeigten, gibt es in den Alpenländern, in Teilen Frankreichs, in Osteuropa und den Balkanländern mehrere Bau-

werke aus der Zeit der Kreuzritter, die der Kapelle von Drüggelte sehr ähnlich sehen. Wenn man diese Vergleiche heranzieht, ist es sehr wahrscheinlich, dass Graf Gottfried von Arnsberg wirklich als Stifter der Drüggelter Kapelle in Betracht kommt und Kontakte zu gnostisch orientierten Lehren unterhielt.

Auf Templerspuren in Deutschland

»Die Ritter auch, die dort [Gralsburg] hüten sein,
müssen makellos an Keuschheit sein. Wer zum Grale will
gehören, muss Frauenliebe ganz verschwören.«

WOLFRAM VON ESCHENBACH

Wenn man heute nach den Spuren der Tempelritter auf deutschen Boden sucht, sollte man mit Ortschaften, die nach ihren Ordensnamen benannt sind, beginnen. Einer der bekanntesten auf die Templer zurückführbaren Ortsnamen in Deutschland ist der heutige Berliner Ortsteil Tempelhof. Noch heute erinnern Menschen- und Tierköpfe an den Konsolen der Rundbogenfriese am nördlichen Querhaus der St. Johanniskirche von Süpplingenburg im Kreis Helmstedt an deren frühere Bedeutung als Komtureikapelle der Tempelherren.

Die Skulpturen gehen auf orientalische, normannische und spätantike Einflüsse zurück. Die Barttrachten und Kopfbedeckungen mancher der in Stein gemeißelten Häupter verraten asiatische und afrikanische Züge. Ähnlich wie in Schöngrabern oder Ják kann man Löwen und Widderreliefs am Nordportal der Kirche erkennen. Die mittlere Chorwandinnennische vereinigt die Form von Sakraments- und Gebetsnische, dem Mihrab islamischer Moscheen.

Die Betrachtung dieser Skulpturen bestätigt die Vermutungen, dass die Templer eine Synthese von gnostischem Christen- und Judentum sowie dem Islam anstrebten. Süpplingenburg bildet die älteste Templerniederlassung im norddeutschen Raum, die nach

zwei voneinander unabhängigen Quellen bereits um 1130 auf der Stammburg von Kaiser Lothar III. gegründet wurde.
Durch die angestrebte Christianisierung der Ostgebiete erlangten die Niederlassungen der Tempelritter in der Umgebung von Berlin eine große Bedeutung. Nach Süpplingenburg wurde mit ziemlicher Sicherheit der Tempelhof an der Spree gegründet. Heute weiß man nicht mehr, wie der Ordensstützpunkt ausgesehen haben mag. Sehr wahrscheinlich bestand er aber aus einem mehrstöckigen Mauerviereck mit Turmbetonungen, in dem Ordensritter und Komtur lebten. In diesem festen Haus oder angeschlossen lag die Kapelle. Diese Kapelle war nicht für alle Bewohner der Komturei zugänglich.
Wassergräben und natürliche oder künstliche Weiher dienten der Verteidigung. Alle Komtureien besaßen wie die Abteien der Zisterzienser das *Patrozinium* der Heiligen Jungfrau. Die Dorfkirche Tempelhof wurde im *Zweiten Weltkrieg* zerstört und angeblich originalgetreu wieder aufgebaut. Im Vergleich zur vorher erwähnten Templerkirche von Süpplingenburg kann man hier keine ungewöhnlichen Skulpturen und Symbole finden. Allerdings ist es interessant, dass man 1880 auf einen unterirdischen Gang stieß, der die Kirche mit den angrenzenden Bauten verband.
Die Kirche wurde ohne Westturm errichtet, was im 13. Jahrhundert sehr modern war. Die Bauhütten des Zisterzienserordens, der den Tempelrittern sehr nahe stand, verbreiteten sehr schnell Elemente der burgundischen Gotik im Abendland. Das könnte bedeuten, dass entweder Zisterzienser die Komtureikapelle errichtet oder dass Ordensritter deren Konstruktionsprinzipien verwendet haben. In jedem Falle spricht es für die Gemeinsamkeiten beider Ordensbruderschaften.
Einen weiteren Hinweis auf eine nahe Verbindung mit dem Zisterzienserorden fand man bei der Art der Bestattungen unter dem Kirchenschiff. In diesem Fall fand man Ordensangehörige, von denen einer nach der Art der Zisterzienser bäuchlings ohne Totenbrett und ein anderer mit einem Stein unter dem Kopf rücklings beerdigt wurden.

Außer der alten Dorfkirche gibt es in diesem Gebiet noch drei andere Kirchen aus dem 13. Jahrhundert. Es sind dies die Dorfkirchen Mariendorf, Marienfelde und Lichtenrade. Die alte Templerkirche Marienfelde ist von diesen drei Kirchen am interessantesten. So kann man über dem Eingang noch sehr gut das alte Templerkreuz erkennen. Im Gegensatz zu vielen Bauwerken des Tempelordens findet man auch in Marienfelde keine Skulpturen an den Außenseiten.
Sobald man aber den Vorraum der Kirche betritt, wird man von sehr seltsamen Köpfen aus den Mauerecken angestarrt. Leider wurden diese Köpfe bei Renovierungsarbeiten mit weißer Farbe übermalt, so dass viele Details zugeschmiert wurden. Zwei Köpfe repräsentieren Menschen mit wulstigen Lippen. Der dritte Kopf zeigt einen Löwen oder einen Hund, der seine Zunge weit aus dem Maul hängen lässt. Da diese Gestik bei Löwen eher unüblich ist, könnte die Skulptur einen Hund darstellen.
Die weitaus interessanteste Skulptur ist aber der vierte Kopf, der einen teuflisch lachenden Menschen mit den Hörnern eines Widders zeigt. Gerade solche Motive waren es, die vielen Tempelrittern nach der Aufhebung des Ordens im Jahre 1312 die Verfolgung und das Leben durch die *Inquisition* kosteten. Die gehörnte Skulptur in Marienfelde könnte wie in vielen Templerbauten gehörnte Fruchtbarkeits- und Naturgötter wie *Cernunnos* und *Pan* darstellen.
Außer den Tempelhofer Besitzungen beurkundet der Pommernherzog Barnim 1234 und 1236 Schenkungen an den Tempelorden in Spandau. Die Kolonisation des Teltowgebietes vollzog sich bis 1220. Östlich von Berlin begrenzten die Wendensiedlungen Stralau an der Spree, Britz und Buckow den Ordensbesitz. Die Kolonisation ergab weitere Komtureien in Quartschen, Zielenzig, Lietzen und Röhringen.
Die europäischen Komtureien der Tempelritter waren durch von ständigen Patrouillen geschützte Landstraßen miteinander verbunden und spannten ein dichtes Verkehrsnetz über die Länder. An diesen Wegen lagen ordenseigene Gasthäuser und Stütz-

punkte, an denen Händler mit Zugtieren und Personen, die unter der Aufsicht der Templer standen, ungehindert übernachten konnten.
Diese Templerstraßen unterlagen keinem Wegzoll. In den Komtureien und Stützpunkten konnten die Reisenden ihre Zahlungsmittel deponieren und erhielten hierfür Wechselbriefe, die sie in anderen wieder einlösen konnten. Aus diesem Grund ist es durchaus möglich, dass man auf Bauwerke der Templer stoßen kann, obwohl diese nicht offiziell dem Orden unterstanden.
So findet man an der Außenmauer der Kunigundenkapelle bei Burgerroth in Franken ebenfalls interessante gnostische Skulpturen, die Halbmenschen zeigen. Eine Figur kniet wie ein Mensch, der Oberkörper stellt jedoch einen Löwen dar. Eine zweite Figur hat einen menschlichen Kopf, der restliche Körper jedoch scheint vom Löwen zu stammen. Andere löwenartige Menschen kann man unterhalb des halbrunden Vorbaus am Turm der Kunigundenkapelle erkennen. Repräsentieren diese Skulpturen Menschen, die mit *Jaldabaoth* um die Erlösung kämpfen?
Typische Templerköpfe mit doppelten Bärten, aus denen kleine Köpfe wachsen, kann man in Gelnhausen bewundern. Die steinernen Skulpturen sehen den bärtigen Männerköpfen der niederösterreichischen Kirche von Schöngrabern und den Köpfen am Westportal des Wiener Stephansdomes sehr ähnlich. Man könnte sogar meinen, dass in Gelnhausen die gleichen Steinmetze wie in Österreich am Werk waren.
Der kleine Ort Mücheln bei Wettin, unweit von Halle in Sachsen-Anhalt, besitzt ebenfalls noch die Reste einer ehemaligen Komturei und eine kleine Kapelle des Tempelordens. Die ehemalige landwirtschaftliche Produktionsgenossenschaft der DDR benützte die Bauten für ihre Zwecke. Die Mauern und die Fundamente der ruinösen Bauwerke dieser Komturei reichen bis ins 13. Jahrhundert zurück. Laut Urkunden wurde die Komturei an der Saale vom Tempelorden im Jahr 1240 errichtet.
Das Gebiet um Mücheln wurde schon seit der Frühzeit besiedelt. Ausgrabungen führten Spuren aus eisenzeitlichen, spätgermanischen und slawischen Besiedlungen ans Tageslicht. Es hat durch-

aus den Anschein, dass sich die Tempelherren diesen geschichtlich bedeutenden Boden nicht zufällig ausgesucht haben.
Die kleine gotische Kapelle selbst wurde im 16. Jahrhundert im Stile der Renaissance umgebaut. Die Ziergiebel zeugen noch von dieser Epoche. Mehrere Eingangspforten sind nachträglich durch das ursprüngliche Mauerwerk gebrochen worden. Da das ehemalige Templeranwesen und die Kapelle in der Vergangenheit landwirtschaftlich zweckentfremdet wurden, wurden im Zuge dieser Umfunktionierung schwere Zwischendecken in das Schiff der Kapelle eingezogen, damit man im oberen Bereich einen Heuboden und Speicherluken schaffen konnte. An der Nordseite kann man gleich zwei Türverschläge übereinander erkennen.
Die Kapelle Mücheln ist wie die Kapelle von Drüggelte und andere mittelalterliche Sakralbauten nach Osten und Westen ausgerichtet. Wie wir in einem früheren Kapitel aufgezeigt haben, besitzt diese Art der Ausrichtung ihren Ursprung im Dualismus und dem Sieg des *Lichtes* über die *Finsternis.* Diese reicht bis zu alten ägyptischen Vorstellungen über Tod und Wiedergeburt zurück.
Die Sonne geht im Osten auf und verdrängt mit ihrem immer scheinenden Licht die Finsternis der Nacht. Bei Templerbauten steht ein Ost-West ausgerichteter Bau meistens mit dem Drachentöter *Erzengel Michael* in Verbindung. Im Osten direkt vor der Sonne steht der *Erzengel Michael* als Wegbereiter des allmächtigen Sonnengeistes, worunter der gnostische *Lichtchristus* der Katharer und der Sonnengott *Mithras* der alten Perser zu verstehen ist.
Wenn man sich den Grundriss der Kapelle genauer ansieht, stellt man fest, dass im Süd-Westen ein Stützpfeiler fehlt. Dass man den zehnten Pfeiler wegließ, hängt mit der Zahlenmystik zusammen. In der mittelalterlichen Zahlenmystik symbolisiert die Zahl neun die himmlische Vollkommenheit. Die Neunheit liegt auch der Neunmaligkeit des goldenen Schnittes zu Grunde. Dass die Symbolik heidnischen Ursprungs ist, erkennt man, wenn man weiß, dass sich hinter der Zahl neun neben den neun Musen auch die neun heidnischen Hauptgötter verbergen.

Neben diesen Besonderheiten befinden sich auch einige Reste von Fresken in der Kapelle. Ein Fresko zeigt einen lebensgroßen bartlosen Mann, der von der Apsis im Osten nach Westen über die Nordwand schreitet. Der Mann hält dabei einen Stab in der Hand. Ein weiteres farbiges Überbleibsel aus dem Mittelalter ist ein grünes *X*-förmiges Andreaskreuz auf einem viereckigen roten Untergrund. Der heilige Andreas war ein Apostel und Märtyrer zugleich, welcher verkehrt auf ein *X*-förmiges Kreuz geschlagen wurde.
Rot repräsentiert die Farbe der Sonnen- und Kriegsgötter. Den maskulinen aktiven Teil, die Fruchtbarkeit, Lebenskraft, das Opferblut und das Märtyrertum. In der Sprache der Initiation stellt das Andreaskreuz eine erreichte Stufe geistiger Erkenntnis dar, welche die Erkenntnis von der Sterblichkeit des menschlichen Körpers und die Unsterblichkeit des Geistes symbolisiert. Die Farbe grün entspricht in der christlichen Symbolik der Unsterblichkeit, der Einweihung, der Aura vom Auferstandenen in den Himmel gefahrenen Christus.
Im nördlichen Bereich der Kapelle befindet sich eine weitere Besonderheit, nämlich eine Kohlezeichnung eines göttlichen Sonnenauges. Die Reste dieser mit Kohlestäbchen ausgeführten Zeichnung eines zwölfspeichigen Rades geben auch einen Teil der Templerphilosophien wieder. Im zwölfspeichigen Welten- oder Sonnenrad findet man die zwölf Sternbilder des Tierkreises, die zwölf Apostel und die zwölf Ritter der Tafelrunde aus der *Arthus*-Sage. Es ist interessant, dass der Künstler, welcher dieses Rad malte, es mit der Form eines Auges umgab.
Somit erhält diese Zeichnung auch die Symbolik des allessehenden göttlichen Auges, das Symbol der vorchristlichen Sonnengötter, das spirituelle Zentrum und das Symbol der *Erleuchtung*. Bei den alten Ägyptern stellte dieses Auge das so genannte Auge des *Horus* dar. Bei der Kapelle von Mücheln blickt das Auge von Norden, der Finsternis repräsentierenden Himmelsrichtung, auf die Menschen herab. Es schaut vom Betrachter aus gesehen auch nach Osten, wo jeden Morgen beim Aufgang der Sonne das Licht wiedergeboren wird. Weiter heißt es in diesen Lehren, dass die Menschen selber Kinder dieses Lichtes sind und es in sich tragen.

Da die allmächtige Sonne jeden Tag im Osten wiedergeboren wird, durchleben laut gnostischer Lehre die Menschen nach ihrem Tod ebenfalls mehrere Leben. Somit spiegelt sich in dieser Symbolik der Glaube an die Reinkarnation wider. Die Kapelle von Mücheln gibt einen kurzen Einblick, wie gut es die Mitglieder des Tempelordens verstanden, gnostische Symbole hinter damals anerkannten christlichen Symbolen zu verbergen.
Nach einer sorgfältigen Analyse vieler seltsamer Bauwerke, von denen einige offiziell vom Tempelorden verwaltet wurden, erkennt man, dass gnostische Gedankengebäude aus Schutz vor der *Inquisition* hinter allgemein anerkannten christlichen Symbolen verborgen wurden. Gerade diese Geheimnistuerei half den Gegnern der Tempelherren, ihre gegen den Orden ins Leben gerufenen Intrigen und Gerüchte bei der Kirche fruchten zu lassen, was schließlich zur Auflösung und zur Verfolgung der Mönchsritter führte.
Interessante gnostische Skulpturen findet man auch auf einer der bekanntesten deutschen Burgen, der Wartburg in Thüringen. Die Burg wurde 1067 bis 1069 von Ludwig dem Springer erbaut. Die Wartburg ging neben dem Minnesängerwettbewerb von 1207 vor allem durch die Bibelübersetzung von Luther in die Geschichte ein. Unter der bei den Minnesängern beliebten Festung trat auch der Verfasser des *Parzival*, Wolfram von Eschenbach, in Erscheinung. Diese Tatsache ist in unserer Betrachtung sehr interessant, da Wolfram von Eschenbach angeblich mit der Gralssuche und den Tempelrittern in Verbindung stand.
Das interessanteste Gebäude der Burg stammt aus dem 11. Jahrhundert und befindet sich auf einem steilen Felsplateau, dessen Schutz man kaum verstärken brauchte, ohne viel Mauer, Zwinger, Zinnen und Pechnasen anzufertigen. Am Dach dieses romanischen Landgrafenhauses befinden sich rechts und links zwei große steinerne Skulpturen, wie man sie hauptsächlich an Templerbauten finden kann. Es sind dies ein geflügelter Drache und ein Löwe, die beide einen menschlichen Kopf mit ihren Pranken niederhalten.
Wie wir zuvor beschrieben haben, findet die Symbolik dieser Skulpturen im ophitisch-gnostischen Glaubensinhalt ihren Ur-

sprung und stellt den Gott des *Alten Testaments*, *Jaldabaoth*, und seinen Sohn, die böse gefiederte Drachen-Schlange *Ophiomorphus*, dar, welche die Menschen in der Materie behalten möchten. Die Figuren an den Kapitellen der romanischen Säulen auf der Wartburg zeigen ebenfalls Einflüsse des ophitischen Schlangenkultes.

So zeigen zum Beispiel Skulpturen am Kapitell einer Doppelsäule zwei nackte Menschen, die auf Schlangen reiten. In der Mitte dieser Figuren kann man einen für die Tempelritter typischen bärtigen Kopf erkennen. Neben dem Kopf kommen zwei Hände aus der Wand, welche die Schlangen unter ihren Köpfen umgreifen. Die auf der Wartburg in Stein gemeißelten Symbole scheinen darauf hinzuweisen, dass die Herren dieser bedeutenden deutschen Burg Kontakte zu den gnostischen Lehren der Häretiker hatten.

Ähnlich verhält es sich bei der Wildenburg im Odenwald. Diese Burg steht ebenfalls mit den Tempelrittern und dem Gralsmythos in Verbindung. Die im Jahre 1170 erbaute Burg wurde von den Herren von Durne, die zu den mächtigsten Dynastengeschlechtern der staufischen Zeit gehörten, errichtet. Der berühmte mittelalterliche Dichter Wolfram von Eschenbach war mehrmals auf der Wildenburg zu Gast. Auf dieser Burg scheint auch ein wesentlicher Teil von *Parzival* entstanden zu sein, da sich einige Beschreibungen der Burg in dem Werk wieder finden.

Es ist noch immer ein Geheimnis, wie Wolfram an das französische Vorbild, den *Percival* von Chrétien von Troyes, kam. Vielleicht besaß sein Gönner, der Herr von Durne, eine der damals äußerst kostbaren Abschriften des französischen Originals. Vieles spricht dafür, dass die Burg im Text erwähnt wird. So findet sich eine genaue Beschreibung der Kamine der Wildenburg und manches andere mehr im Parzival wieder. Auch die Schilderung von Sigunes Klause lässt sich auf die heutige *Amorbrunnkapelle* beziehen, die schon zu Wolframs Zeit als Einsiedelei erwähnt wurde. Offen und nicht widerlegt bleibt die Vermutung, dass die Burgherren zur Zeit Wolframs dem Orden der Tempelritter angehörten oder ihm zumindest sehr nahe standen.

Das würde auch erklären, wieso Wolfram die Bewohner der Burg *Templeisen* nennt. Kannte der Dichter vielleicht sogar die Verbindung der Gralssage zur Katharerburg Montségur in den Pyrenäen? Das wäre eine seltsame, geheimnisvolle Querverbindung von der einsamen, unheimlichen Burg in den Pyrenäen zu der damals ebenfalls einsamen Burg im Odenwald. Im Gegensatz zur Wartburg und anderen Bauwerken, denen ein Naheverhältnis zu den Tempelherren zugeordnet wurde, fanden wir bei der Besichtigung der Wildenburg keine gnostischen Skulpturen oder Symbole.

Es ist deshalb interessant, dass man bei diesem Bauwerk keine bärtigen Templerköpfe oder ähnliche steinerne Symbole findet. Außer der Verbindung zwischen Wolfram von Eschenbach und seiner Gralsgeschichte *Parzival* scheint es in diesem Fall keine Verbindung zum Tempelorden zu geben.

Interessanterweise taucht das Gralsmotiv in Verbindung mit Symbolen der Tempelritter auch bei den steinernen Skulpturen der Externsteine wieder auf. Die sehenswerte Felsformation ist ein beliebtes Ausflugsziel, da sie im Altertum ein heiliger Kultplatz und auch nach der Christianisierung einige Zeit von religiöser Bedeutung war.

Es gibt noch mehrere Anlagen und Gebilde, die von Menschenhand aus dem Sandstein herausgemeißelte, sichtbare Bestandteile des Felsheiligtums erhalten haben. An den Felsformationen kann man ein männliches Gesicht, eine Frauengestalt, einen gekreuzigten Mann und einen Widderkopf erkennen. Der Widderkopf ist vollplastisch ausgebildet, weist auf einen Fruchtbarkeitskult hin und hat ein ausgearbeitetes Auge und ein leicht geöffnetes Maul. Der Felskopf weist Zerstörungsspuren auf.

Am Kopfansatz sieht man parallel verlaufende schmale Rillen, die von Schlägen herrühren, mit denen wesentliche Teile des rund geformten Horns entfernt wurden. Die Spitze des Widderhorns ist jedoch noch einigermaßen deutlich erkennbar. Die zweite Gruppe ist jüngeren Datums und stellt ein monumentales Relief dar, welches im europäischen Mittelalter einzigartig ist. Das Relief zeigt die Kreuzabnahme von Jesus am Karfreitag. Man kann am

5×4 Meter großen Felsrelief sehen, wie der entseelte, vom Kreuz bereits gelöste Leib Jesu herabgelassen wird.
Seine Füße befinden sich, ebenso wie der mit einem kurzen faltigen Rock bekleideten Unterleib, noch am Stamm des Kreuzes, während der entblößte Oberkörper nach links in einem rechten Winkel auffallend scharf abgeknickt ist und waagrecht auf dem Nacken Josephs von Arimathea ruht. Joseph steht dabei links vom Kreuzstamm, ist nach rechts gewandt und legt in demutsvoller Gebärde seinen Kopf an den Körper, der ihm übergeben wird. Außer Jesus und Joseph von Arimathea kann man noch Nikodemus, Maria und Jesus' Lieblingsjünger Johannes mit einem Buch in der Hand erkennen.
Außer diesen rein christlichen Motiven befinden sich eindeutig gnostische Symbole am Felsenrelief. Über den breiten Enden des Querbalkens kann man die dualistischen Gralssymbole Sonne und Mond sehen. Eine Besonderheit dieser Skulpturen sind jeweils Büsten jugendlicher Gestalten, die trauernd das schmale Gesicht dem Kreuz zuneigen.
Jede Skulptur hält mit angewinkelten Armen ein langes Tuch, so dass der in den Händen geraffte Stoff vor dem Leib in halbrunden bogenförmigen Falten und seitlich in langen Streifen herabhängt. Den beiden vor Sonne und Mond befindlichen Figuren kann man kein Geschlecht zuordnen. Auf der rechten Seite des Mondes ist der Stoff in der Höhe des Querbalkens zu einem dicken Knoten geschlungen. Interessant ist auch, dass die Sonne so, wie beim persisch-römisch mithrischen *Helios* einen Strahlenkranz aufweist.
Auf vielen steinernen Plastiken, welche *Mithras* während der Stiertöterszene zeigen, befinden sich an denselben Stellen wie am Felsenrelief der Externsteine Personen, welche den Mond und die Sonne verkörpern. Im Falle des Externsteinreliefs nehmen *Christus* und die Kreuzszene die Position des Lichtgottes *Mithras* und die Stiertötung ein. *Christus* übernimmt in dieser Symbolik die des Sonnenhelden *Mithras*.
Über dem Querbalken erscheint links oberhalb der Sonne eine große männliche Halbfigur, deren Gesicht nach links unten ge-

richtet und deren Haupt mit einem Kreuznimbus versehen ist. Das Kreuz sieht dem gleichschenkeligen Tatzenkreuz der Templer sehr ähnlich. Abgesehen von der Halbfigur, die dem in den Himmel gefahrenen *Christus* entspricht, trägt keine der Gestalten einen Heiligenschein. Besonders interessant ist, dass auf dem Arm dieser Halbfigur eine kleine Gestalt zu erkennen ist.
Die Symbolik des Felsenreliefs passt eindeutig in die mittelalterliche Gralsmystik. Wie zuvor beschrieben, nimmt Joseph von Arimathea den Leib des Herrn in Empfang. Der Leib Christi wird in der mittelalterlichen Gralsmystik immer mit der Gralsschale und dem Blut des Erlösers dargestellt. Die enge Beziehung zwischen Joseph von Arimathea, der den Leib des Herrn auf sich nimmt, und der Christuserscheinung, die in Form der Halbfigur mit segnender Gebärde auf den Vorgang einwirkt, lässt erkennen, dass im Felsenrelief dargestellt ist, was als Vision in der Gralserzählung zum literarischen Motiv wurde.
Den endgültigen Beweis, dass das Felsenrelief an den Externsteinen der Gralsmystik zuzuordnen ist, zeigt die Kinderfigur auf der Hand der Christuserscheinung. So heißt es in der *Queste*, bei der Elevation der Hostie, somit während der Wandlung, sei die Erscheinung eines Kindes, das sich vom Himmel herabsenkte, für die drei Gralsritter sichtbar geworden.
Gleichlautend berichtet die *Estoire del saint Graal*, dass Joseph beim Zelebrieren der Messe in dem Augenblick, als sich die Wandlung von Brot und Wein vollzog, in den gewandelten Substanzen den Leib eines Kindes zu erblicken meinte.
Die kleine Gestalt auf dem Arm der Halbfigur stimmt mit diesen Niederschriften in den Gralserzählungen eindeutig überein. Offenbar handelt es sich bei dieser Darstellung um eine Aussage gleichen Inhalts wie in den beiden zuvor erwähnten Gralserzählungen.
Unter der Kreuzigungsgruppe befindet sich eine besonders interessante Skulpturengruppe, deren Einzelheiten nur mehr schwer zu erkennen sind, die aber eindeutig einen gnostischen Ursprung besitzt. Bei diesem Felsmotiv handelt es sich um zwei kniende Menschen und ein sie umschlingendes Fabeltier, das sich aus einer ge-

flügelten Schlange oder einem geflügelten Drachen zusammensetzt. Der Schlangenleib umschlingt einen bärtigen knienden Mann mit zwei Windungen und reckt den Kopf nach vorn. An der Rückseite windet sich der Schlangenleib mehrfach um eine Frau.
Beide Personen haben den Kopf zurückgeworfen und blicken mit erhobenem Haupt zum Kreuz. Nach der gnostischen Auslegung stellen die beiden von einer geflügelten Schlange umschlungenen Menschen die dualistischen Gegensätze zwischen Mann und Frau dar, deren Seelen im Kampf mit dem Drachen die Erlösung erlangen möchten, um zu Christus gelangen zu können.
Die in dem Felsrelief dargestellten dualistischen Symbole, mithrische Skulpturenmotive, die speziell eingebrachte Gralsgeschichte und die zuvor beschriebenen Drachenmotive legen es sehr nahe, dass dieses steinerne Heiligtum im 12. oder 13. Jahrhundert in Verbindung mit gnostischen Lehren stand.

5 Die Wurzeln der Glaubenslehren mittelalterlicher Dombauhütten und Ritterorden

Die Grabsteine der Ritter von Argyll

Auf der abgelegenen schottischen Halbinsel Argyll befinden sich Grabsteine, auf denen man das Tatzenkreuz der Templer und dieselben initiatorischen, kreisförmigen, auf die Babylonier rückführbaren Sonnensymbole, Sterne und Rosetten finden kann.

An der südwestlichen Küste des schottischen Hochlandes befindet sich die Halbinsel Argyll. Dieses Gebiet ist auch noch heute ziemlich unberührt. Die letzten Touristenbusse machen nach einem Besuch in der Ortschaft Inverary und dem gleichnamigen Schloss kehrt. Wenn man die Küstenstraße entlang von Loch Fyne fährt, kommt man nach Lochgilphead. Der Ort Lochgilphead befindet sich am Eingang zu einem Landschaftsgebiet, das am reichsten mit prähistorischen Spuren und Funden aus der schottischen Vergangenheit ausgestattet ist.
Wenn man von Lochgilphead die Straße in Richtung Oban nimmt, taucht man unwillkürlich in die Vergangenheit ein. Etwa sechs Kilometer südlich der Ortschaft Kilmartin befindet sich Dunadd Fort, eine eisenzeitliche Festung am Südufer des Flusses Add. Im 6. Jahrhundert wurde hier die Herrschaft des Skotenreiches Dalriada gegründet. Wie wir schon im ersten Kapitel beschrieben, soll hier der irische Mönch St. Columban 574 den Skotenkönig Aidan gekrönt haben. Von Argyll aus soll der heilige Columban das schottische Festland missioniert haben.

In der Hügelfestung, die sich märchenhaft aus der Heidelandschaft erhebt, wurde der Legende nach auch der schottische Schicksalsstein aufbewahrt, der nach dem Kenneth MacAlpin die Skoten und Pikten vereinte und in die neue gemeinsame Hauptstadt, dem keltischen Scone, gebracht wurde. Aus Scone, dem heutigen Perth, wurde dieser Stein 1296 nach London entführt und erst 1996 den Schotten zurückgegeben. Bei der Besteigung des Burghügels trifft man immer wieder auf Felsmalereien, die Tiere und keltische Symbole zeigen.
Ein Felsen auf dem Hügel trägt eine Ogham-Inschrift. Diese und runenähnliche, nach dem keltischen Gott *Ogmios* benannten, ältesten gälischen Schriftzeichen wurden im 4. Jahrhundert in Irland entwickelt und bis zum 9. Jahrhundert beibehalten. Interessant sind auch mehrere künstlich in Stein geschabte Fußabdrücke und Löcher bzw. Aushöhlungen. Manche Fachleute meinen, dass diese Abdrücke bei Initiationsritualen eine große Rolle spielten.
Unzählige Reste kleinerer Forts, Dolme, Hügelgräber, Megalithen und Steinkreise umgeben diese Landschaft. Archäologen deuten die menschlichen Spuren in Argyll bis in das 4. Jahrtausend vor Christus zurück. Inmitten dieser besonderen Landschaft findet man eine kleine, aus dem Mittelalter stammende Siedlung namens Kilmartin. Neben dem archäologischen Zentrum von Kilmartin House, das zum schottischen Museum des Jahres 1998 gekürt wurde, stellt die aus dem frühen 14. Jahrhundert stammende Kirche mit ihrem Friedhof eine Besonderheit dar.
Da es in diesem Gebiet eine so große Anzahl an prähistorischen Spuren gibt, übersehen die meisten Archäologen und Forscher die große Anzahl an mittelalterlichen Grabsteinen. Die Kirche von Kilmartin wurde urkundlich 1323 das erste Mal erwähnt. Der Großteil der mittelalterlichen Grabsteine wird in das 14. und 15. Jahrhundert datiert und der Steinmetzschule von Loch Awe zugeordnet.
Die meisten Grabsteine zeigen bewaffnete Ritter und Schwerter, die von keltischen schlangenförmigen Symbolen und Kringeln umgeben sind. Bei manchen mittelalterlichen Grabsteinen wurden im 18. Jahrhundert die Ortsnamen Poltalloch oder Duntroon

nachträglich in den Stein geritzt. Die beiden Ortsnamen stellen sehr wahrscheinlich die Fundorte der Grabsteine dar.
Wenn man die Darstellung der Ritter von Argyll auf den Grabplatten betrachtet, fällt einem sofort die eigenartige Haltung der Füße auf. Die Gesichter der meisten Ritter blicken dem Betrachter direkt ins Gesicht, während ihre Füße seitlich gerichtet sind. Diese Haltung entspricht nicht der üblichen Darstellung auf mittelalterlichen Rittergrabsteinen. Bei den üblichen Rittergrabplatten blicken die Füße sowie der Rumpf und der Kopf nach vorne, wobei diese Skulpturen auch sehr oft auf einem Drachen oder einem Löwen stehen, was den Sieg über die Materie ausdrücken soll.
Die Haltung der Füße der Ritter von Argyll gleicht Darstellungen aus dem nahen Osten und Ägypten. So gibt es Steinplatten und Malereien der Hethiter, der Ägypter usw., die eine gehende Fußhaltung aufweisen, obwohl die Oberkörper nach vorne gedreht sind. Einen Unterschied gibt es jedoch auch zu diesen Skulpturen. Bei den zuvor erwähnten Plastiken sieht nur der Oberkörper in die Richtung des Betrachters, und die Köpfe blicken in dieselbe Richtung, in die die Füße zeigen.
Somit stellen die Ritter auf den Grabsteinen von Argyll eine Mischung zwischen orientalischer und europäischer Symbolik dar. Diese Tatsache legt eine Verbindung der Ritter zu den Kreuzzügen nahe. Wie wir in diesem Buch beschrieben haben, kamen durch diese militärischen Unternehmen viele nordafrikanische und vorderasiatische Bräuche, Rituale und Symbole ins mittelalterliche Europa.
Die meisten Grabsteine zeigen aber einfach nur Schwerter. Die weltliche Symbolik des Schwertes entspricht dem Anführer, der Autorität, der Kraft des Intellektes, der spirituellen Entschlossenheit und der Unverwundbarkeit der Heiligen. Das Schwert teilt den materiellen Körper von der Seele und ist unter anderem das Symbol des Sonnenkämpfers und Drachentöters *Erzengel Michael.*
Wir fanden an der Westküste von Argyll in der kleinen Ortschaft Kilmory Knapp sogar Grabsteine, die außer den Rittern und Schwertern auch Schiffe zeigen. Schiffe stellen in der Verbindung mit der Todessymbolik immer eine Transformation, eine Verbin-

dung zwischen Erde und Himmel, dar. Schiffe tragen symbolisch die Sonne und den Mond über das Meer des Lebens.

Die alten Ägypter glaubten, dass die Sonne und der Mond in Schiffen über den Himmel ziehen. Auf den Bildtafeln des ägyptischen Totenbuches kann man Kanäle erkennen, die zur Bewässerung der fruchtbaren Himmelsregionen dienen. Auf diesen Bildtafeln sieht man auch die Barke ohne Fährmann, das Symbol für die Auferstehung der Seele.

Auch im alten Christentum symbolisierten Schiffe die Erlösung und den Schutz vor der Versuchung. Bei den Römern wurde das Schiff dem doppelköpfigen, die Sonnen- und Mondkraft darstellenden Gott *Janus* zugeordnet. Der doppelköpfige römische Gott *Janus* stellt den Hüter der Schwelle zum Totenreich, das Symbol der Portale ins Reich der Götter dar.

Wenn man sich diese höchst komplizierte Symbolik mit gnostischem Bezug zum Orient genauer einverleibt, erkennt man sofort, dass die in Argyll begrabenen Ritter keine einfachen schottischen Landsknechte, sondern höher gestellte Adelige waren. Einen eindeutigen Hinweis auf die Herkunft dieser Ritter fanden wir wieder in Kilmartin. Zwischen den vielen zuvor beschriebenen Grabplatten befinden sich Grabsteine, auf denen man das Tatzenkreuz der Templer und dieselben initiatorischen, kreisförmigen, auf die Babylonier rückführbaren Sonnensymbole, Sterne und Rosetten erkennen kann, wie man sie in diversen romanischen Kirchenanlagen wie Montsaunés in Frankreich oder Bad Deutsch-Altenburg in Österreich vorfindet.

Auf einem dieser Steine kann man sogar ein heraldisches Wappen erkennen, auf dem sich zwei Tatzenkreuze befinden, die dem Kreuz der Tempelritter ähnlich sehen. Interessanterweise setzt sich diese Symbolik in der Heraldik der umliegenden Adelssitze fort. Wir haben in der, einige Kilometer nördlich von Kilmartin liegenden Burgruine von Carnasserie Castle und der in einem Wald gelegenen Burgkapelle von Dunstaffnage Castle dieselben Tatzenkreuze in steinernen Wappen gefunden. In diesem Zusammenhang ist es interessant, dass die 1685 zerstörte Burg Carnasserie einst Sitz von John Carswell, dem ersten protestantischen Bi-

schof der Inseln, war. John Carswell übersetzte die Liturgie von John Knox als erstes Buch in die gälische Sprache.
Andere interessante, auf manchen Grabsteinen zu sehende Symbole zeigen einen Zirkel. Es ist klar, dass dieses Symbol von den Steinmetzen und Baumeistern der Tempelritter stammt. Dieselben Grabplattenmotive, wie man sie in Argyll findet, fanden Archäologen und Historiker auf einem ehemaligen Templerfriedhof der 1218 errichteten Kreuzritterburg Athlit, beim Dom von Wiener Neustadt, in Aggsbach und Trandorf in Niederösterreich.
Auf diesen Grabplatten erkennt man sehr gut Winkelmaß und Hammer. Ein anderes Grab zeigt ein Kreuz, ein Winkelmaß und einen Hammer. Die Grabsteine in Israel, Schottland und Österreich sind der früheste Beweis für spätere Freimaurersymbole auf Templergrabsteinen.
In der niederösterreichischen Kirche Schöngrabern fanden wir ein gleiches Zirkelsymbol im Rucksack einer Skulptur, die von katholischen Theologen als Teufel interpretiert wird. Da diese romanische Kirche sehr wohl einen Bezug zu gnostischen Lehren aufweist, gibt es auch hier Gemeinsamkeiten mit den Symbolen auf den schottischen Grabsteinen.
Außer den zuvor beschriebenen Grabsteinen findet man in diesen Ortschaften eine große Anzahl an frühchristlichen Steinkreuzen, auf denen man gnostische Jesusdarstellungen erkennen kann. Bei diesen Darstellungen hat der Gekreuzigte übergroße Hände oder Handflächen. Da man solche Darstellungen bei den mittelalterlichen Gnostikern wie den bosnischen Bogomilen und den südfranzösischen Katharern findet, scheinen sich bei den schottischen Darstellungen die im erstem Kapitel dargelegten Einflüsse der druidisch-gnostisch-christlichen Lehren der irischen Mönchsmissionare in Stein manifestiert zu haben. Die übergroßen Handflächen dieser Jesusfiguren stellen die in metaphysische Bereiche fortgesetzte Hand von Christus dar. Die astralen Handflächen der bogomilischen Geistführer und Geistheiler in Bosnien werden ähnlich groß dargestellt.
Wenn man die Halbinsel Knapdale weiter nach Süden an der Küstenstraße befährt, erreicht man die Ortschaft Kilberry und Kil-

berry Castle. In Kilberry gibt es ebenfalls eine beachtenswerte Sammlung von mittelalterlichen Grabsteinen, welche ähnliche Symbole wie die Ritter und Schwerter von Kilmartin zeigen. Darunter gibt es auch einen Stein, auf dem man einen Totenschädel mit zwei gekreuzten Knochen bestaunen kann. Dasselbe aus Piratenfilmen bekannte Symbol wurde von den Tempelrittern als Kriegsflagge benützt. Später floss diese Symbolik in die Freimaurerei ein.

Wir fanden heraus, dass manche der umliegenden, aus prähistorischer Zeit stammenden Steinkreise und Menhire von mittelalterlichen Forschern untersucht wurden. Archäologen fanden bei der Untersuchung der vielen Steinkreise von Argyll heraus, dass diese von den schottischen Druiden auch für astronomische Zwecke benutzt wurden.

Da sich der Sternenhimmel seit den letzten 4000 Jahren veränderte, ist es natürlich sehr schwer, den Sinn der Orientierungen zu erkennen. Da viele Orientierungen mit den religiösen Ritualen ihrer Erbauer in Verbindung standen und man von diesen nichts mehr weiß, stößt man auf eine weitere Schwierigkeit. Nur einige Kilometer südlich von Kilmartin stehen die Steinkreise von Temple Wood.

Ausgrabungen enthüllten, dass diese prähistorischen Grabstätten auch für astronomische Studien verwendet wurden. So scheinen die zentrale Grube und einige umliegende Steinformationen die Überbleibsel eines Observatoriums zum Studium der winterlichen Tagundnachtgleiche gewesen zu sein. Andere nahe gelegene Steine wie Nether Largie oder Ballymeanoch scheinen für das Studium der Bewegungen von Sonne, Mond und Sterne benutzt worden zu sein, damit die prähistorischen Bewohner von Kilmartin einen Kalender berechnen konnten. Es gibt Untersuchungen, dass der Stein von Kintrow an der nördlich von Kilmartin gelegenen Brainport Bay ebenfalls für das Studium von Tagundnachtgleichen sowie zur Bestimmung der *Äquinoktien* benutzt wurde.

Bei Ausgrabungen an den Steinkreisen von Temple Wood fand man Münzen aus dem Mittelalter. Wenn die in Kilmartin und den

82

82 *Burg Lockenhaus im Burgenland.*

83, 84 Unterirdischer Kultraum in der Burg Lockenhaus. Da man im Gewölbe des Kultraumes das Kreuz der Tempelritter fand, ist es sehr wahrscheinlich, dass diese Burg vom Orden für geheime Rituale und Zusammenkünfte benützt wurde.

3

84

85

85 Hauptportal des Straßburger Münsters. Über dem Portal thront König Salomon, bewacht von zwölf Löwen.

86

86 Hauptportal des Freiburger Münsters.

87 Der Fürst der Welt und die törichten Jungfrauen am Straßburger Münster. Am Rücken des Fürsten kann man wie an indischen Naga-Darstellungen verschlungene Schlangen erkennen.

87

88

89

88, 89 Fürst der Welt am Baseler Münster. An der Skulptur des Baseler Münsters sieht man Flammen emporzüngeln, welche die Erleuchtung bzw. das asiatische Kundalinifeuer symbolisieren. Die Frau von Welt des Freiburger Münsters, nackt und in ein Bocksfell gehüllt.

90-93 *Siegel Salomons am Kirchturm von Waltendorf, Niederösterreich. Pentagramm über dem Altar in der Kapelle der Templerburg von Tomar in Portugal. Siegel Salomons als Fenster des Baseler Münsters. Pentagramm im Kreuzrippengewölbe der Kirche von St. Urban in Kärnten.*

90

92

93

95

94, 95 Tierkreiszeichen am Hauptportal der gotischen Kathedrale von St. Dénis, Paris.

96

99

96-99 Hinduistische Plastik mit gekreuzten Beinen und Schlange. Fackelträger Cautes-Hesperus des Mithraskultes in Aquincum, Budapest, Ungarn. Nachträglich bearbeitete mithrische Skulptur mit gekreuzten Beinen an der Außenwand der Kirche von St. Georgen ob Murau. Lamm Gottes am Sternenhimmel und mit gekreuzten Beinen im Dom von Gurk, Kärnten.

100

101

100, 101 In den klugen und törichten Jungfrauen (St. Dénis, Paris) mit erhobenen und gesenkten Öllämpchen spiegeln sich die mithrischen Fackelträger Cautes-Luzifer und Cautes-Hesperus wieder.

102

102 *Grabplatten der Großmeister des Tempelordens mit überkreuzten Beinen in der Tempelkirche von London, England. Außer in London kann man Templergrabplatten mit überkreuzten Beinen in Katalonien, Spanien, finden.*

103 *Angebliches androgynes Baphometidol der Tempelritter, Kunsthistorisches Museum, Wien.*

103

104 *Androgyner Dämon über dem Hauptportal der gotischen Kirche St. Merri in Paris.*

104

105

110

113

105-114 Dreiköpfige und zweiköpfige Skulpturen, Köpfe mit gespaltenen Bärten, ophidische Plastiken und invertierte Kreuze, welche mit gnostischen Kulten in Verbindung gebracht wurden: St. Peter, Basel (105), Mailänder Dom (106-108), St. Georgen ob Maurau, Steiermark (109), Burg Ober Ranna, Niederösterreich (110), Tempelcombe, England (111), Murau, Steiermark (112), Bad Deutsch-Altenburg, Niederösterreich (113), Kunsthistorisches Museum, Wien (114).

umliegenden Ortschaften begrabenen Ritter Templer waren, wurde diese abgelegene Gegend sicherlich nicht zufällig ausgewählt.
Es ist durchaus möglich, dass manche von ihnen astronomische Studien für astronomische Berechnungen an den von den Druiden hinterlassenen Steinkreisen anstellten. Alle unsere Funde lassen es als sehr wahrscheinlich erscheinen, dass ein relativ großes Kontingent von Tempelrittern vor der *Inquisition* an die schottische Westküste geflohen ist, als man ihren Orden in Europa wegen häretischer Betätigung auflöste.
Die Tatsache, dass viele Tempelritter sich nach der Auflösung ihres Ordens in Europa nach Schottland absetzten, ist gut belegt. Diese Verbindung entstand zumindest, als einer der Gründer des Tempelordens, Hugo von Payens, die Schottin Catharine de St. Clair heiratete. Die erste Templerkomturei außerhalb des Heiligen Landes wurde in Schottland auf einem Land der St. Clair's errichtet.
Dieser Ort liegt einige Kilometer südlich von Edinburgh und trägt noch heute den Namen Temple. Eine Kirchenruine, auf deren Giebel ein steinernes Tatzenkreuz steht, lässt den Besucher noch heute in die vergangenen Zeiten eintauchen. Die Ortschaft Temple liegt auch in der Nähe der von den St. Clair's errichteten Kapelle und Burg von Roslin.
Auch der größte Sieg der Schotten, die Schlacht von Bannockburn am 23. Juli 1314, steht in Verbindung mit den nach Schottland geflohenen Templern. Die Annalen dieser Schlacht berichten, dass Robert Bruces Streitmacht kurz vor einer Niederlage stand, als eine unbekannte Armee eingriff, das Blatt wendete und den schottischen Unabhängigkeitskämpfern den Sieg brachte.
Diese Ritter sollen die Kriegsfahne des Tempelordens getragen haben. Eine Intervention von Seiten der Tempelritter wäre durchaus plausibel, da diese wie die Schotten den englischen König und die römische Kirche als Gegner hatten. So wurde sehr wahrscheinlich im gleichen Jahr, in dem man die Tempelgroßmeister Jacques Moley und Geoffrey von Charney in Paris bei lebendigem Leibe verbrannte, die Schlacht von Bannockburn durch das

Eingreifen der nach Schottland geflüchteten Tempelritter unter der Führung des schottischen Großmeisters William St. Clair zum Sieg gegen die Engländer geführt.
Es scheint nach diesen Funden sehr wahrscheinlich zu sein, dass Tempelritter mit dem aus Frankreich spurlos verschwundenen Templerschatz im schottischen Hochland einen sicheren Unterschlupf fanden und ihre politischen Einflüsse und die von der römisch-katholischen Kirche abweichenden gnostischen Lehren ungestört ausüben konnten.
Wie man bei den Grabsteinen von Argyll und Skulpturenzyklen der gotischen Kathedralen nachweisen kann, standen diese Lehren in Verbindung mit astronomisch-astrologischen dualistischen Weltbildern, die ihre Ursprünge in der vorchristlichen Zeit haben. Im Anschluss wollen wir die Lehren hinterfragen, welche auf die Baumeister und Ordensritter große Einflüsse ausübten.

Die gekreuzten Beine der Londoner Ordensritter

Bei genauer Recherche stößt man immer wieder auf Gemeinsamkeiten zwischen der okkulten Symbolik der mittelalterlichen Dombauhütten, den gnostischen Lehren und dem persisch-römischen Mithraskult.

Eine der ältesten Kirchen der britischen Metropole London ist die im Jahr 1185 errichtete *Temple Church*. Der eigenartige runde Sakralbau wurde im 12. Jahrhundert als zentrale Kirche des englischen Hauptquartiers des Tempelordens benützt. Die Kirche ist ein für die Tempelritter typischer Rundbau und sollte an die in Jerusalem befindliche Grabeskirche erinnern. Der Rundbau der Londoner Tempelherren wurde 1185 sogar durch den Patriarchen von Jerusalem konsekriert. Im zentralen Ostfenster erinnern das dualistische Siegel des Tempelordens, auf dem man zwei Ritter auf einem Pferd sitzen sieht, und das fliegende Pferd *Pegasus* an vergangene Zeiten.

Im Innenteil des Rundraumes befinden sich zwölf Säulen, von denen Kreuzrippen entspringen und sich im Zentrum des Raumes vereinigen. Wie wir im Buch aufzeigten, steht die Zahl zwölf neben den zwölf Stämmen Israels und den zwölf Aposteln auch für die zwölf Sternzeichen des Tierkreises. Das Westtor ist wie bei der ungarischen Geschlechterkirche von Ják ein Meisterwerk normannischer Steinmetzarbeit.

Im Inneren der Rotunde befinden sich mehrere Grabplatten aus dem 13. Jahrhundert, deren Deckel hochrangige Tempelherren und ihre Gönner zeigen. Darunter befindet sich zum Beispiel William Marshal, Earl von Pembroke, der 1215 eine bedeutende Rolle für die Verhandlungen bezüglich der *Magna Charta* spielte. Von großem Interesse ist aber, dass einige Grabplatten eine besondere Merkwürdigkeit aufweisen, da einige Ritterskulpturen ihre Beine überkreuzt oder unnatürlich verkrümmt haben.

Diese Symbolik findet sich hauptsächlich im Mithraskult und im Tarot wieder. Im Tarot gibt es drei Karten, bei denen die darauf abgebildeten Personen die Beine überkreuzt haben. Es sind dies die vierte, die zwölfte und die 21. Karte, nämlich der Herrscher, der gehängte Mann und der Kosmos. Alle drei Karten weisen ähnliche überkreuzte Beine auf wie die Ritter auf den Grabplatten der Londoner Tempelkirche.

Obwohl der Ursprung des Tarots in China oder Indien liegt, gilt es als gesichert, dass zur Zeit der Kreuzzüge Tarotkarten nach Europa kamen. Ursprünglich wurden diese Karten von Spionen benützt, um geheime verschlüsselte Botschaften gesichert von Eingeweihten zu Eingeweihten übermitteln zu können. Später wurde das Tarot auch von Wahrsagern benützt und verlor seine ursprüngliche Bedeutung.

Im Mithraskult spielen zwei Motive, die so genannten Fackelträger, eine bedeutende Rolle. Beide haben auf den mithrischen Steinreliefen ihre Beine ähnlich überkreuzt wie die steinernen Ritter auf den Londoner Grabplatten.

Die gekreuzten Beine der beiden Fackelträger repräsentieren im Mithraskult sehr wahrscheinlich das Kreuz, das aus Tierkreis und

Himmelsäquator gebildet wird, wobei die beiden die Tagundnachtgleichen darstellen.
Cautes-Luzifer repräsentiert in dieser Symbolik den Planeten Venus, den Morgenstern oder den Lichtbringer *Luzifer* und stellt mit seiner erhobenen Fackel das Frühlings-*Äquinoktium* dar. Dieser Zeitpunkt entspricht dem Frühlingsbeginn, bei dem die Sonne über dem Äquator aufgeht und die Lebenskräfte zunehmen. Folglich steht *Cautes-Luzifer* mit dem Sternbild *Stier* in Verbindung, der den himmlischen Ort der Frühlings-Tagundnachtgleiche zu der Zeit, als der Mithraskult entstand, symbolisierte.
Der zweite Fackelträger, *Cautopates-Hesperus*, repräsentiert den Mond und hat seine Fackel gesenkt. Als Gegenpart von *Cautes-Luzifer* steht er mit dem Herbst-*Äquinoktium* in Verbindung. In diesem Zeitraum sinkt die Sonne unter den Äquator, und die Lebenskraft beginnt abzunehmen. *Cautopates-Hesperus* ist mit dem Sternbild *Skorpion* verbunden, das der himmlische Ort der Herbst-Tagundnachtgleiche zur Entstehungszeit des Mithraskultes war.
Aufmerksame Leser werden sich erinnern, dass dieselbe Symbolik in Form der fünf *klugen Jungfrauen* und fünf *törichten Jungfrauen* im okkulten Weltenhoroskop an den großen Kathedralen von Freiburg und Straßburg übereinstimmt. In diesem Fall stellen die fünf *klugen Jungfrauen* mit den erhobenen Lämpchen das Frühlings-*Äquinoktium*, welches im Mithraskult von *Cautes-Luzifer* mit der erhobenen Fackel dargestellt wurde, dar. Die fünf *törichten Jungfrauen* mit den gesenkten Lämpchen stehen mit dem Winter-*Äquinoktium,* welches im Mithraskult vom *Cautopates-Hesperus* mit der gesenkten Fackel symbolisiert wurde, in Verbindung.
Auf Plastiken des Mithraskultes kann man im Hintergrund der Stiertötungsszene des Gottes *Mithras-Christus* oft zwei Bäume erkennen. Neben dem rechten Baum befinden sich meistens die erhobene Fackel von *Cautes-Luzifer* (die *fünf klugen Jungfrauen*) und ein Stierkopf. Neben dem linken Baum befinden sich dann immer die gesenkte Fackel von *Cautopates-Hesperus* (die *fünf törichten Jungfrauen*) und ein Skorpion.

Die beiden Bäume scheinen die Jahreszeiten wiederzugeben. Der Baum, an dem die erhobene Fackel lehnt, ist belaubt und symbolisiert den Frühling, während der zweite Baum mit der gesenkten Fackel Früchte trägt und den Herbst darstellt. Nun wird sich jeder die Frage stellen, was dieses astronomisch-astrologische Szenario mit den begrabenen Rittern der Londoner Templer Kirche oder mit dem Tarot zu tun haben soll?

Der Mithraskult war eine Sternenreligion, bei der die damals fünf bekannten Planeten, der Mond und die Sonne in eine feste Beziehung zu den sieben Weihegraden der Mithrasmysterien gestellt wurden. So entsprach dem Aufstieg eines lebenden Eingeweihten durch die ersten sechs Weihegrade und nach der Einweihung in das siebente Mysterium eine geistige Wiedergeburt.

Der Eingeweihte erlebte eine spirituelle Wiedergeburt, obwohl sein physischer Körper der Alte blieb. Wenn nun ein Mensch auch physisch starb, glaubten die Mithrasanhänger, dass seine Seele nach dem Tod ebenfalls durch die sieben Sphären in die göttliche Lichtwelt, welche man bei den Fixsternen vermutete, aufstieg.

Cautes-Luzifer und *Cautopates-Hesperus* standen für den sechsten Einweihungsgrad des Mithraskultes. Beide Fackelträger symbolisieren deshalb auch den *Tod* und die *Wiedergeburt* oder den Übertritt von der physischen Welt in das gnostische Sternen- oder Lichtreich.

Genau diese Geheimlehre findet sich auch im Tarot wieder, da durch eine Teilung von 21 Tarotkarten in 3 × 7 Serien die sieben Grade des Menschen auf dem Pfade der sieben Ebenen des Bewusstseins zum höheren Menschen darstellt werden. Die zweiundzwanzigste Karte befindet sich außerhalb dieser Betrachtung und symbolisiert die Welt des Metaphysischen.

Da nun die Beine der steinernen Ritter ähnlich angewinkelt sind wie bei *Cautes-Luzifer* oder *Cautopates-Hesperus*, sollten auch diese für den Übergang der Seelen und den Eintritt in das Lichtreich stehen.

Bei den Tarotkarten erhält man eine ähnliche Symbolik, wenn man die Karten in Form einer Unendlichkeitsschleife, ∞ einer liegenden

8, auflegt. In diesem Fall werden die ersten neun Karten unserer Welt zugeordnet und entsprechen dem männlichen Prinzip.
Die Karten zehn und 21 geben die Transformation in die für uns unsichtbare Welt der Mysterien an, die dem weiblichen Prinzip zugeordnet ist und durch die Karten elf bis 20 repräsentiert wird.
Die Karte 0 entspricht dem Narren, der sich auf dem Weg zum Eingeweihten, der neunten Karte, befindet. Die Karte mit der Nummer vier entspricht dem zuvor erwähnten Herrscher, der so, wie die steinernen Ritter mit gekreuzten Beinen auf seinem Thron sitzt.
Wie wir bei der symbolhaften Auslegung der Skulpturenzyklen an den gotischen Kathedralen anhand von Freiburg beschrieben haben, wurde in der Anordnung der Skulpturen auch die Symbolik des Tarots berücksichtigt. So repräsentiert in diesen Skulpturenzyklen das Motiv von König David die vierte Tarotkarte.
Wobei die Zahl vier das *Tetragrammaton*, das Gesetz der latenten Energie der Natur, der Weg zur hermetischen Philosophie, bedeutet. Sein Gegenpart in den Mysterien entspricht der Karte mit der Nummer 16, dem Wohnort des wahren Gottes, welche das gnostische Lichtreich symbolisiert.
Die zweite Karte mit den gekreuzten Beinen, der gehängte Mann mit der Nummer zwölf, hat als Entsprechung die Karte acht, welche das Gericht repräsentiert. Der hängende Mensch kann auch als der Schmerz des höheren Bewusstseins, welches an die Begrenzungen von Geist und Körper gebunden ist, symbolisiert werden. In den Figurenzyklen der gotischen Kathedralen entspricht die Figur zwölf dem Motiv der heiligen Margareta, die, wie wir zuvor aufzeigten, bei der Symbolik der Tempelritter eine wichtige Rolle einnahm.
Das Gericht in unserer Welt entspricht dem Jüngsten Gericht in den Mysterien. Hier wird entschieden, ob die Seelen in das Lichtreich Gottes eingehen oder verdammt werden und vom Demiurgen einen neuen Körper erhalten und wieder reinkarnieren müssen. Die dritte Karte, bei der die Figur die Beine überkreuzt hat, trägt die Nummer 21 und wird als nackte Frau, die von den vier Evangelistensymbolen Mensch, Adler, Löwe und Stier umgeben

ist, dargestellt. Sie symbolisiert im Tarot das Absolute, den Makrokosmos und den Mikrokosmos, den Übergang zum Reich Gottes, die *Sophia*.
Bei den romanischen Fresken in der zuvor besprochenen Pfarrkirche St. Georgen ob Judenburg wird dieses Symbol zum Beispiel durch die *Ecclesia/Sophia* mit dem Kreuznimbus und dem Lamm dargestellt. Da die Symbolik der überkreuzten Beine im Mithraskult eine große Bedeutung inne hatte, ist es sehr wahrscheinlich, dass das mittelalterliche Tarot von der Symbolik der viel älteren Mithrasmysterien beeinflusst wurde.
Wie wir in einem vorigen Kapitel besprochen haben, fanden wir an der südlichen Außenmauer der Pfarrkirche von St. Georg ob Murau ein eingemauertes mithrisches Relief eines Fackelträgers, das sehr wahrscheinlich im Mittelalter nachbearbeitet und zu einem engelhaften Wesen umgewandelt wurde.
Die Beine der Figur sind jedoch wie bei *Cautopates-Hesperus* und den Plastiken in der Londoner Templerkirche überkreuzt. Um die Einflüsse dieser Lehren im mittelalterlichen Europa besser verstehen zu können, müssen wir uns die Ursprünge des Mithraskultes genauer ansehen.

Der Mithraskult: Astronomie im Dienste des Rituals

Der römerzeitliche Mysterienkult ist für die Zeit vom Ende des 1. bis zum Ende des 4. Jahrhunderts nach Christus durch eine große Anzahl archäologischer Funde bezeugt. Im Zentrum stehen die oft wiederholte Darstellung der Stiertötung durch Mithras und die Deutung des Kultbildes als eine Art astronomischer Kult.

Der aus Persien stammende und von römischen Legionären übernommene Kult war so mächtig, dass er über 2000 Jahre lang bestehen blieb. Die ersten Spuren lassen sich bis ins Jahr 2000 vor Christus verfolgen. Ausgehend von den Randgebieten des Euphrat erstreckte sich der Kult über Italien, die Alpenländer ent-

lang der Donau und des Rheins bis nach Nordengland. Im Römischen Reich wurde er vom 2. bis ins 4. Jahrhundert nach Christus bis nach Rom, das ein Zentrum der Mithrasverehrung wurde, ausgeübt.
Historiker fanden heraus, dass einige Jahrzehnte nach Christus römische Soldaten unter General Corbillion in Armenien das erste Mal mit dem Mithraskult in Verbindung kamen. Als seine Legionäre von Armenien nach Europa zurückbeordert wurden, verbreitete sich der Kult im Römischen Reich und erreichte um das Jahr 70 die Römerlager *Carnuntum* bei Deutsch-Altenburg, etwa 40 Kilometer östlich von Wien, und *Aquincum* bei Budapest.
Anhand von archäologischen Funden weiß man, dass die Mithrasverehrung oftmals von Einheimischen, die von den Römern rekrutiert wurden, gefördert und unterstützt wurde. So geben manche Ziegel, die im Mithräum Deutsch-Altenburg gefunden wurden, ein Zeugnis ab, dass nach der Errichtung eines Mithrasaltars der alte persische Lichtgott um das Jahr 80 nach Christus offiziell Einzug in den römischen Schriften hielt. Der Kult fand vor allem in Norditalien und in *Noricum* bei *Virunum* in der Nähe von Klagenfurt viele Verehrer.
In Deutschland verbreitete er sich entlang des Rheins und fand in Heddernheim, bei Böckingen und im Nekargebiet und schließlich im französischen Straßburg seine Anhänger. Interessanterweise findet man in Südeuropa wenige Plätze, an denen Mithras verehrt wurde. So gibt es in Mazedonien und Griechenland nur wenige Spuren. Auf der Iberischen Halbinsel fand man hauptsächlich entlang der Pyrenäen im Katharergebiet Spuren des Mithraskultes. Vor allem in den Ortschaften Italica, Betique und Emerita waren die Kultisten um 155 nach Christus noch sehr aktiv.
Von Nordspanien gelangte der Kult schließlich nach Bordeaux und Eauze im Osten Frankreichs. Außerdem verbreitete sich der Kult entlang der Rhone bis nach Belgien. 1985 fand man bei Ausgrabungen des römischen Hauptlagers in Frankreich bei Septeuil in der Nähe von Paris Spuren eines Mithrastempels, welcher in Verbindung mit einer heiligen Quelle stand.

Auf den Britischen Inseln fand man hauptsächlich in Südostengland, bei London und in Nordengland entlang des Hadrianwalls Spuren der Mithrasverehrung. Bei der Betrachtung dieser Standorte fällt auf, dass der Mithraskult hauptsächlich an den Rändern des Römischen Reiches und an strategisch und politisch wichtigen Plätzen und Orten betrieben wurde. Im 3. Jahrhundert nach Christus fand außerdem eine Aufspaltung der mithrischen Glaubensvorstellungen in drei leicht voneinander abweichende Lehren statt.
In dieser Zeit trafen sich die drei römischen Kaiser *Diocletian*, *Galerius* und *Licinius* im römischen Lager *Carnuntum* bei Deutsch-Altenburg zu einer Feier bezüglich einer Einweihung eines restaurierten Mithrasaltars und bezeichneten dort ihren Gott als *fautor imperii sui*, was nichts anderes als *Beschützer der Macht* bedeutet. Diese Inschrift macht durchaus einen Sinn, da *Mithras* auch als ein Gott des Bundes oder als Freund oder Vertragspartner bezeichnet wurde.
Da es keine schriftlichen Aufzeichnungen vom Mithraskult gibt, ist man auf eine Auslegung der sehr komplexen, an unterschiedlichen Orten aufgefundenen Steinreliefs und Skulpturen angewiesen. Das zentrale Motiv solcher Reliefs ist immer die Tötung eines Stiers durch einen jungen blonden Helden, welcher *Mithras* darstellt. Die Darstellung dieser Szene wurde meistens sehr dynamisch in steinernen Plastiken verewigt. In allen Darstellungen sieht man den zuvor beschriebenen blonden Jüngling, wie er mit seinem linken Knie den Kopf des Stieres niederdrückt.
Mit der linken Hand erfasst er das Horn und manchmal die Nüstern des Stiers und zieht mit der rechten Hand den Kopf des Tieres zu seinem Körper. *Mithras* ist mit einer weiten persischen Hose, einem Mantel und der für die persischen Magier typischen phrygischen Mütze bekleidet. Das Innere des wehend dargestellten Mantels symbolisierte das Himmelsgewölbe, da es immer mit Sternen auf blauem Hintergrund bemalt wurde.
Rechts und links des orientalisch bekleideten Jünglings kann man immer zwei Figuren erkennen, die man als die im Buch mehrmals erwähnten Fackelträger *Cautes-Luzifer* und *Cautopates–Hespe-*

rus bezeichnet. Die beiden Skulpturen werden immer als junge geschlechtslose androgyne Menschen dargestellt, welche ihre Füße überkreuzt und je eine erhobene und eine gesenkte Fackel in ihren Händen halten.

In dieser Symbolik stellt die erhobene Fackel den Sonnenaufgang beziehungsweise das Ende des Winters und die Wiedergeburt oder die Auferstehung dar. Die gesenkte Fackel symbolisiert hiernach den Sonnenuntergang, den Winterbeginn oder den Tod.

Forscher gehen heute davon aus, dass diese Symbolik hellenistischen Ursprungs ist und erst von den Römern in den Mithraskult eingebracht wurde. Man fand auch Motive, auf denen anstatt der beiden Fackelträger ein Hahn und eine Eule angebracht wurden. In diesem Fall symbolisiert der Hahn den Sonnenaufgang, die Wiedergeburt oder Auferstehung und die als nachtaktiv geltende Eule den Sonnenuntergang und den Tod des Menschen.

Bei den meisten Mithrasheiligtümern befindet sich links oberhalb der Stiertötungsszene die Sonne und auf der rechten Seite der Mond. Diese Symbole werden oft in der Form eines Medaillons oder in Form von Büsten ähnlich wie beim Kreuzigungsmotiv an den Externsteinen dargestellt. Diese Büsten zeigen meistens menschliche Köpfe, von denen Sonnenstrahlen und die Mondsichel abstrahlen. Anhand dieser Symbolik sieht man sehr gut, wie auch im Mithraskult der Dualismus der gnostischen Lehren seinen Einfluss nahm.

Außer dem im Mittelpunkt stehenden Stiermotiv stellen noch andere Tiersymbole eine Rolle im Kult dar. So kann man meistens einen Raben erkennen, der als Bote oder Übermittler zwischen der Sonne und den Kultisten galt. Der Rabe teilte dem Hohen Priester symbolisch mit, wann das nächste Stieropfer stattfand. Zusätzlich zum Motiv des Raben kann man auf den Reliefs fast immer einen Hund und eine Schlange erkennen, die an dem fließenden Blut des von *Mithras* verwundeten Stiers lecken, wobei ein Skorpion den Stier in die Genitalien zwickt.

Es ist äußerst interessant, dass man unterhalb des Stiers sehr oft einen Kelch, um den sich eine Schlange windet, und einen Löwen erkennen kann. Das Motiv des Kelches ist in diesem Fall eindeutig mit dem christlichen Gralsmotiv verwandt, bei dem anstatt *Mithras* und der Stiertöterszene der gekreuzigte Jesus das Hauptmotiv bildet, dessen Blut Joseph von Arimathea mit einem Kelch auffing.

Ähnliche Motive kann man zum Beispiel am Hauptportal des Berner Münsters oder auf einem Fresko aus dem 13. Jahrhundert in der alten Kirche von Metnitz in Kärnten finden, in denen der Evangelist Johannes einen Kelch in seiner Hand hält, aus dessen Innerem ebenfalls eine spiralförmig gewundene Schlange emporstrebt. Auch wenn die katholische Auslegung dieser Symbolik heute eine andere ist, sind die Parallelen mit diesen Motiven des Mithraskultes und christlichen Gnostikern eindeutig.

Bei vielen Motiven wachsen aus dem Schwanz des Stiers meistens Getreideähren, wobei man manchmal sogar die Keime erkennen kann. Anhand dieser Symbole wird klar, dass man durch das Stieropfer ausdrücken wollte, dass durch das göttliche Opfer die Natur und die Lebewesen im neuen Glanz erblühen und gedeihen. Viele Mithrasplastiken und Heiligtümer wurden aus diesem Grunde auch mit Vegetationsmotiven wie Bäumen und Blumen ausgeschmückt.

Die zuvor beschriebenen Plastiken wurden immer in Höhlen, Grotten oder einem unterirdischen Tempel angebracht. Ein weiteres Merkmal von Mithrasheiligtümern war die Einbeziehung von Lichteffekten. So wendet Mithras meistens seinen Kopf zur Sonne, von der manchmal ein Lichtstrahl zum Helden strahlt. Diese Strahlen wurden sehr oft an Tempelwände gemalt. Es gibt auch Mithrasheiligtümer, wo man Lichtnischen geschickt für die Erzeugung mystischer Lichteffekte ausnützte. Die dynamischen Darstellungen und die Lichteffekte sollten den neuen Kandidaten im Kult die Macht ihres neuen Gottes näher bringen.

Sehr oft ist die Szene, bei der *Mithras* den Stier tötet, von einem komplexen Szenario umgeben. So gibt es Darstellungen, bei denen man in jeder Ecke einer rechteckigen Plastik Köpfe anbrachte, welche die aus den vier Himmelsrichtungen kommenden Winde *Boreas*, *Notos*, *Euros* und *Zephyr* darstellten. Diese Symbolik lässt durchaus eine Ähnlichkeit mit den vier Tiergestalten der Evangelisten bei christlichen Darstellungen aufkommen. Die unterschiedlichen Mithrasmotive lassen sich je nach Fundorte in einen *rheinischen* und einen *danubischen* Typus einteilen. Zum besseren Verständnis wollen wir diese beiden Typen nun beschreiben.

Auf den meisten entlang des Rheines gefundenen Mithrasplastiken kann man immer eine große Anzahl an Figuren erkennen, bei denen besonders ein bärtiger Greis hervorsticht. Dieser Greis hält meistens einen Blitz oder eine Harfe in seinen Händen und symbolisiert den Planetengott Saturn.

Oft zeigt der Blitz in die Richtung einer anderen Figur, welche den römischen Gott Jupiter darstellt. In dieser Motivgruppe taucht *Mithras*, meistens Früchte pflückend, aus einem Felsen auf und schießt mit der anderen Hand einen Pfeil ins Gestein. An der Stelle, wo der Pfeil den Stein trifft, kann man erkennen, dass eine Quelle entspringt und Wasser hervorquillt. Im Kult wurde das Wasser, welches aus Felsenquellen der Mithrasheiligtümer floss, deshalb als Wunderwasser bezeichnet, in dem man ihm eine Heilwirkung zuschrieb.

Im Donauraum findet man außer dem Quellenmotiv sehr oft eine Hütte oder einen Stall, in dem sich ein Stier befindet. Außerdem kann man meistens die Sonne bei einem Bankett mit *Mithras* sitzen sehen. Unter den zentralen Stiertötungsmotiven befinden sich meistens sieben Altäre, welche den sieben Graden in den Mithrasmysterien entsprechen.

Bei einigen Mithrastempeln wurden Stelen und magische Gemmen gefunden, die eine gnostische Bedeutung aufweisen. Bei diesen Stelen kann man zum Beispiel auf einer Seite die Geburt des *Mithras*, das Motiv vom Früchtepflücken und der Wunderquelle erkennen. Auf der Rückseite der Stelen wurde meistens die Sonne *Helios* beim Mahl mit *Mithras* abgebildet. Andere Ritualgegenstände zeigen auf einer Seite die Stiertötungsszene und auf der Rückseite den gnostischen hahnenköpfigen und schlangenfüßigen Gott *Abraxas*.

Mithras und *Abraxas* haben in der Zahlenmystik dieselbe Bedeutung, da die griechische Schreibweise von *Mithras'* Namen und

Abraxas in der Numerologie der Gnostiker 365 ergab, was wiederum der Anzahl der Tage eines Jahres entspricht. Aus diesem Grund waren *Mithras* und *Abraxas* Götter, die das Jahr repräsentierten.

Andere Motive lassen wiederum eine eindeutige Verbindung mit vorchristlichen Fruchtbarkeitssymboliken erkennen, da an den Stellen, die mit dem Blut des von *Mithras* getöteten Stieres in Verbindung kommen, Getreide und Pflanzen wachsen. Eine ähnliche Bedeutung weißt auch das zuvor erwähnte Wunderwasser auf, so dass es in einem sehr engen Zusammenhang mit dem Stierblut steht. An einem Mithrasrelief im französischen Trèves kann man sehr gut erkennen, dass die Künstler, welche das Relief anfertigten, großen Wert auf eine dynamische Darstellung legten.

Mithras taucht in diesem Relief aus einem Felsen auf und hält in einer Hand eine Fackel und in der anderen ein Schwert, mit dem er auf den Stier einschlägt. Eine andere Szene zeigt *Mithras* als so genannten *Kosmokrator*. Bei diesem Motiv hält er die Himmelskugel und den Tierkreis in seinen Händen, wobei er vollständig vom Tierkreis mit seinen Symbolen umgeben ist.

In so einem Fall symbolisiert *Mithras* den Schöpfer des Kosmos, der durch seine Kräfte die Bewegung der Sterne in Gang hält. Der zuvor erwähnte Rabe, eine Schlange und ein Hund schauen ehrfürchtig zu ihm auf. Neben diesen Tieren befinden sich ein bedrohlich blickender Löwe und ein Kelch, um den sich eine Schlange wickelt.

Nach dem französischen Mithrasforscher *Franz Cumont* symbolisieren die Tiere in diesem Fall die vier Elemente der Natur, wobei die *Schlange* für die *Erde*, der *Löwe* für das *Feuer*, der *Rabe* für die *Luft* und der *Kelch* für die *Flüssigkeit* stehen.

In diesem Motiv kann man ebenfalls sehr gut eine Verbindung zur christlichen Gralsmystik erkennen. Der Löwe und die Schlange stehen hier in einer engen Verbindung zum Kelch und scheinen sogar aus ihm zu trinken. Der Kelch, in dem sich symbolisch das Blut des Stieres befindet, kann mit der Quelle des Lebens gleichgesetzt werden und würde in der christlichen Gralsmystik das Blut Christi enthalten.

Da keine schriftlichen Aufzeichnungen von den aus dem alten Persien stammenden Verehrungen des Lichtgottes *Mithras* existieren, ist man bei der Deutung des Kultes im Wesentlichen nur auf die hinterlassenen steinernen Skulpturen, welche Szenen aus den Einweihungsritualen und der Götterverehrung zeigen, angewiesen. Die meisten steinernen Plastiken wurden in Höhlen und unterirdischen Gewölben aufgefunden.
Es scheint heute klar zu sein, dass die Höhlen und unterirdischen Kulträume als Versammlungsorte der Mithrasanhänger dienten. Alle Kulträume wiesen eine ähnliche Architektur auf, wobei man rechts und links eines rechteckigen mit einem Rundgewölbe ausgestatteten Raumes gemauerte Sitzgelegenheiten vorfindet. Im Osten des Raumes befand sich eine Apsis mit einem Altar, der *Mithras* geweiht war. Die gemauerten Bankreihen waren durch die Rundung des Gewölbes so angebracht, dass sich die Kultisten nur nach vorne gebeugt oder halb liegend darauf niederlassen konnten.
Die Architektur einer Mithraskultstätte erinnert an einen Ort, an dem gemeinsame Mahlzeiten eingenommen wurden. Es gibt Hinweise, dass Zoroaster in Persien die erste Höhle in einem Berg *Mithras* geweiht hat. Diese Höhle soll mit Wasserquellen und Bächen geschmückt gewesen sein. Im Zentrum dieser Verehrung stand immer die Szene, bei der *Mithras* einen Stier opferte.
Diese Opferszenen wurden meistens in einem kryptaähnlichen halbunterirdischen Bereich dargestellt, zu dem man über einige Stufen hinabsteigen musste. Sehr oft gelangte man in die heiligen Bereiche erst, nachdem man durch ein Labyrinth von Gängen schritt. Im Mithräum von Ponza, Italien, kann man auch noch Reste des Tierkreises über dem Plafond, welcher den Himmelsbogen darstellen sollte, erkennen. In diesen Symbolen befinden sich auch zwei Bären und ein Drache, welche den Zustand des Himmels im Jahre 212 mitbestimmten.
Im Mithräum von St. Clemente in Rom wurden im Gewölbe sieben Lichtnischen angebracht, wobei jede einem Planeten zugeordnet wurde. Entsprechend der alten Traditionen wurden die Orte, an denen man *Mithras* verehrte, so ausgewählt, dass man

Wasserquellen oder kleine Bäche in den Kultbereich miteinbeziehen konnte. Wenn das nicht möglich war, grub man einen Brunnen, Kanäle oder benutzte große Krüge, in denen man das Wasser speicherte. Wasser spielte im Ritual des Mithraskultes eine große Rolle.
Die unterirdischen Tempelanlagen wurden immer nach Osten in Richtung des Sonnenaufganges ausgerichtet. Im Mithräum von Bourg-Saint-Andeol, Frankreich, wurde es genau für die Tagundnachtgleiche im Frühling ausgerichtet. Das Mithräum Königshofen hingegen ist nach Nordosten ausgerichtet, wobei man sich auf den Sonnenwendepunkt im Sternbild Krebs bezog.
Den Kultraum konnte man niemals direkt betreten. Oft gab es Nebengebäude oder unterirdische Räume, in denen die Mitglieder des Kultes ihre Straßenkleidung ablegten und die Ritualgewänder überzogen. Im Mithräum von *Carnuntum* bei Deutsch-Altenburg in Niederösterreich war der Kultraum etwa 23 Meter lang. In Königshofen bei Straßburg, Frankreich, erreichte die Länge des Ritualraumes etwa 15 Meter und befand sich in einer Tiefe von etwa sechs Meter unter der Erdoberfläche. Doch die Mehrheit der Kulträume waren eher bescheiden und wies etwa eine Länge von nur fünf Meter auf.
Anhand der Größe dieser Krypten und der Geheimhaltung kann man schließen, dass der Kult nicht für eine große Menschenmenge ausgerichtet war. In einem durchschnittlichen Mithräum fand eine Gruppe von etwa acht bis zehn Menschen Platz. Das steht auch im Kontrast zu anderen Tempeln in der griechisch-römischen Zeit, welche für große Menschenansammlungen ausgelegt wurden.
Auch befanden sich die herkömmlichen römischen Tempel an der Oberfläche und nicht unter der Erde. Ein weiterer Unterschied zwischen herkömmlichen Tempeln und Kirchen ist die Tatsache, dass man bei diesen demutsvoll über Stufen zum Altar schreitet. Bei einem Mithräum ist das nicht der Fall. Man bekommt den Anschein vermittelt, dass die Mithrasanhänger mit ihrem Gott gemeinsam speisten und feierten, wobei die in das Mysterium Eingeweihten keine Demut vor *Mithras* zu zeigen brauchten.

Nach Justin dem Märtyrer spielten Brot und Wasser in den Höhlenritualen eine große Rolle, und man aß auch Fleisch und trank Wein. Auf einer Malerei in St. Prisca, Italien, kann man Mysten erkennen, die einen Stier, einen weißen Hahn, einen Schafbock und ein Schwein zur Opferstätte führen. Außerdem hält eine Person eine Glocke unter einer Art Glassturz und ein Brot in den Händen.

Die Prozession auf der Malerei von St. Prisca stellt eine Huldigung an den Gott *Sol* und *Mithras* dar, wobei alle Kultanhänger an dem Opfermahl teilnehmen. Der in den siebenten Grad der Mysterien eingeweihte *Pater* übernimmt die Rolle von Mithras. Ein Myste, der den Grad des *Raben* innehat, überreicht den Kultisten das Fleisch und die Getränke. Die Anordnung der Platzwahl war streng hierarchisch, je nach Mysterienrang, ausgerichtet.

Die *Raben* befanden sich in Türnähe und waren für die Verteilung des Mahles zuständig. Der *Pater* befand sich neben dem *Mithras* geweihten Altar bzw. dessen Skulpturen. Vor dem Mahl wurde gebetet. Da man bei *manchem* Mithräum Aushöhlungen am Boden findet, kann nicht ausgeschlossen werden, dass diese Aushöhlungen das Blut von Opfertieren aufsammeln sollten. In vielen hinterlassenen Skulpturen kann man einen Becher sehen, in den das Blut des von *Mithras* geopferten Stieres tropft.

Bei vielen Mithraskultstätten fand man Stelen, auf denen man auf einer Seite *Mithras* beim Stieropfer und auf der anderen Seite *Mithras* und *Sol* gemeinsam sehen kann. Die Stelen konnten je nach Ritual zu den Kultanhängern gedreht werden. Andere Szenen zeigen die Geburt von Mithras, welche von den Kultanhängern am 25. Dezember zur Wintersonnenwende gefeiert wurde.

Die Tagundnachtgleiche zu Frühlingsbeginn wurde hingegen als Sieg *Mithras* über den Stier und zum Geburtstag der Sonne gefeiert. Es ist mit Sicherheit kein Zufall, dass dieselben Zeiträume im Christentum die Geburt *Jesus Christus* und seine Auferstehung einnehmen.

Wie wir zuvor beschrieben haben, gibt es keine schriftlichen Aufzeichnungen, so dass man sich hauptsächlich an steinerne Skulpturenzyklen und Malereien halten muss, wenn man genauer hinter das Geheimnis des Kultes kommen möchte. Anhand der Malerei von St. Prisca und dem Mosaik im Mithräum Felicissimus in Italien kann man versuchen, Licht ins Dunkel dieses Mysterienkultes zu bekommen.

Der Kult bestand aus sieben Einweihungsgraden, die streng hierarchisch gegliedert waren. Die Grade begannen mit dem *Raben.* Danach folgten der *Jüngling* oder *Nymphus*, der *Soldat*, der *Löwe*, der *Perser*, die Sonne *Sol* oder der *Heliodromus* und zuletzt der *Pater.* Jeder dieser Grade stand unter dem Schutz eines Planeten. Der Planet *Merkur* hatte die Vormundschaft des *Raben* über. Der Planet *Venus* stand in Beziehung zum *Nymphen*, der Planet *Mars* zum *Soldaten*, *Jupiter* zum *Löwen*, der *Mond* zum Perser, die *Sonne* zum *Heliodromus*, und der *Pater* stand mit *Saturn* in Verbindung.

Die Würdenträger wurden bei den Ritualen verkleidet und hatten dem Grad entsprechende Masken über ihre Köpfe gezogen. Es gibt Malereien, auf denen man Menschen erkennen kann, die eine Raben- oder Löwenmaske tragen. Auf den Fresken von St. Prisca tragen der *Nymphe* ein gelbes Tuch und der *Löwe* einen flammenden roten Mantel. Der *Perser* wiederum ist mit einer Tunika bekleidet, die mit weißlichen Streifen gesäumt ist. Der *Heliodromus* wird mit einer roten Tunika und einem gelben Gürtel dargestellt. Der *Pater* ist ebenfalls mit einer roten Tunika bekleidet, an deren vorderen Ärmeln Streifen zu sehen sind. Darunter trägt er einen purpurroten Mantel.

Die Darstellung der Tierfiguren vermittelt dem Betrachter, dass es sich hier um die primitive Initiierung in einem Kult handelt. Es scheint festzustehen, dass der Grad des *Soldaten* nicht im ursprünglichen Kult der alten Perser und der Piraten von Kilikien vorhanden war. Es ist viel wahrscheinlicher, dass die römischen Legionäre diesen Grad nachträglich in den alten persischen Kult einführten. Ähnlich scheint es sich mit den Graden *Nymphus*, *Heliodromus* und *Pater* zu verhalten.

Es hat durchaus den Anschein, dass man durch Hinzufügen von bestimmten Graden die Anzahl der damals bekannten Planeten, des Mondes und der Sonne, die heilige Zahl sieben, erreichen wollte. Der Grad des *Persers* ist ebenfalls nicht ganz klar. Es könnte aber sein, dass er durch persische Soldaten, die in die römischen Legionen übernommen wurden, eingeführt wurde.

Beim Mithraskult wurden nur Personen eingeweiht, bei denen man sich sicher war, dass sie der gemeinsamen Sache auch wirklich dienen werden. Man horchte potenzielle Kandidaten zuvor in Gaststätten und anderen Lokalitäten aus, bevor man an die Auserwählten herantrat und ihnen eine Mitgliedschaft bzw. Einweihung in den Mysterienkult nahe legte.

Die neu einzuweihende Person musste sich zuvor einer Reihe von Prüfungen und Proben hingeben, bevor sie in den Kult aufgenommen wurde. Nach den Malereien von Capoue war der Einzuweihende nackt und hatte die Augen verbunden. Mit diesem Vorgehen wurde der Person ihre Hilflosigkeit übermittelt. Der Einzuweihende tastet sich in einem Gewölbe nach vorn, bis er das Vorderteil einer mit einer Tunika bekleideten Person erfühlte.

Danach muss er sich vor einer Person hinknien, die ein *Soldat* sein könnte. Eine weitere Person erscheint mit einer Fackel und fährt mit dieser vor das Gesicht des Einzuweihenden. Es hat den Anschein, dass dem Kandidaten die Hände auf seinem Rücken gebunden wurden und dass neben ihm ein Schwert am Boden liegt. Ein Priester hält dann eine Krone über den Kopf des Kandidaten, der mittlerweile auf die Seite gefallen ist. Nach dieser Zeremonie wird der Kandidat hilflos durch die Finsternis gestoßen, bis ihm eine andere Person die Hand reicht.

In einer späteren Szene sieht man den Kandidaten mit verschränkten Händen knien, als ihm eine Art Brot gereicht wird. Nach Ambrosiaster mussten die Kandidaten auch mit verbundenen Augen und gefesselten Händen in ein Wasserbecken springen, aus dem sie von heraneilenden Kultisten gerettet wurden und somit mit dem Kult verbunden waren.

Nach Betrachtung dieser Szenen bekommt man den Eindruck, dass der Widerstand zu Feuer und Wasser zu den Basisgedanken des Kultes gehörten. Das neue Mitglied wurde danach durch die Krönungszeremonie und durch einen Handschlag mit der rechten Hand durch den *Pater* auf die Treue zum Kult eingeschworen.

War der Kandidat ein neues Mitglied im Kult, verlief sein Aufstieg streng nach einer Hierarchie. Nach Porphyre beinhalteten Diener und Beamte die unteren drei Grade des *Raben*, des *Nymphus* und des *Soldaten*. Die höheren Ränge im System wurden von den *Löwen*, den *Persern*, den *Heliodromen* und den *Patres* eingenommen.

Es ist sicher, dass der Rabe eine dienende Funktion einnahm, da er für das Essen und die Getränke beim Ritual verantwortlich war. Er stand auch mit dem *Becher* und *Merkur* in Verbindung. Auf einigen Skulpturen kann man auch die beiden miteinander verschlungenen Schlangen, den *Caduceus*, erkennen. Da *Merkur* einen Götterboten symbolisieren kann, erhielt der *Rabe* eine ähnliche Funktion.

Der Grad *Nymphus* symbolisierte eine Hochzeit mit Gott. Das Symbol des Soldaten war das Schwert und ein Sack. Nach Tertullian gab es römische Soldaten, die mit diesen Symbolen tätowiert waren. Das Schwert ist ein Siegessymbol, das im Mittelalter auch von den christlichen Ritterorden übernommen wurde.

Die Krone wurde im Kult mit *Mithras* gleichgestellt, und der *Löwe* war eindeutig ein Verbündeter von *Mithras*, auch wenn man sich heute noch nicht über seine genaue Rolle im Kult im Klaren ist. Der *Löwe* stellte wie andere Tiere Verbündete des *Mithras* dar. Es gibt Malereien, worauf man erkennen kann, dass man beim Ritual dem *Perser* die Hände mit Honig reinigte.

Im alten Persien war der Honig ein Symbol der Fruchtbarkeit und der Sinnlichkeit. Zucker hingegen war das Symbol der Beständigkeit und wurde für die Konservierung benützt. Im Mithräum St. Prisca in Rom hält der *Perser* sehr wahrscheinlich eine Kornähre in seinen Händen. Die Attribute von *Heliodromen* standen mit der Sonne in Verbindung und waren die Fackel, die Krone oder eine Peitsche.

Der *Pater* wird meistens mit einer phrygischen Mütze und mit dem Stab der Magier abgebildet. Da man die Doktrin des Kultes vor allem anhand der hinterlassenen Skulpturen herleiten muss, gibt es natürlich Auffassungsunterschiede zwischen den Gelehrten. Leider haben uns die Jünger des Kultes keine Bibel hinterlassen.

Nach dem französischen Mithrasforscher *Cumont* lassen sich die Wurzeln des Kultes bis zu den dualistischen Lehren von Zoroaster und dem Mazdaismus zurückverfolgen. Der Forscher *Wickander* hingegen behauptet, dass *Mithras* ein griechisch-römischer Kult war und keine Verbindung zu den Göttern im alten Persien hat. *Wickander* meint, dass der Ursprung des Mithraskultes entlang der Donau zu finden sei. Bei der Betrachtung der im Mithraskult benützten Stelen findet man sehr wohl eine Verbindung zu den alten persischen Mythen. In Wirklichkeit wird man es mit einer Mischung eines alten persischen Kultes mit der römischen Götterwelt zu tun haben.

Viele Szenen beschreiben die Entstehung des Kosmos und die Großtaten, die der Gott vollführte. Im Mithräum von Osterbrucken fand man Steine, aus denen ein runder Kopf auftaucht. Es hat den Anschein, als ob ein Gesicht aus einem schwarzen Loch herausgespuckt wird.

Der Gott taucht in dieser Darstellung urplötzlich aus der Schwärze des Chaos auf. Mit ihm beginnt die Zeit in Form des Gottes *Kronos* eine Rolle zu spielen. Dieser Gott *Kronos* gibt in den Legenden seinem Sohn einen feurigen Blitz als Waffe ab, damit er gegen Monster vorgehen kann. Hier sieht man, dass sich diese Geschichte auf einen Dualismus, welcher in seiner Tradition aus dem alten Persien stammt, bezieht.

Nach der persischen Tradition hat Ahura-Mazda den Kampf gegen die bösen Dämonen gewonnen und stieg in den Himmel auf. Aus diesem Grund kam *Mithras* auf die Erde, um nach dem Rechten zu sehen. *Mithras* stellt den Wächter dar, der auf der Erde Recht und Ordnung garantiert. Er steigt mit einer phrygischen Mütze auf dem Haupt vom Himmel herunter und ist mit einem Felsen bekleidet. In einer Hand hält er eine Fackel und in der anderen ein Messer, mit dem er den Stier tötet. In mittelalterlichen Darstellungen folgen der Löwenkämpfer Samson, der *Erzengel Michael* und der heilige Georg als Drachentöter dieser Symbolik.

Manchmal wird *Mithras* auch als Gärtner dargestellt, der über die Bäume, die Pflanzen und das Getreide wacht. Diese Motive passen in die Auslegung seiner Rolle als Hüter der Erde und der sichtbaren Welt. Oft sieht man ihn, wie er einen Pfeil mit einem Bogen abschießt, und vom Ort, in dem der Pfeil eindringt, sprudelt Wasser hervor. In manchen Motiven kann man Schäfer erkennen, die dann aus diesen neuen Quellen ihren Durst löschen. Da für die Pflanzen, Tiere und Menschen Wasser lebensnotwendig ist, lässt *Mithras* sein Wunderwasser aus der von ihm erzeugten Quelle sprudeln.

Man kann mit Sicherheit davon ausgehen, dass die noch bis in die Gegenwart verehrten Heilquellen auf den Mithraskult zurückführbar sind. Im Donauraum fand man auch Stelen, in denen *Mithras* in einer sichelförmigen Gondel sitzt, die man mit dem Mond oder den Hörnern des Stieres in Verbindung bringen kann.

Der Stier symbolisierte die Kräfte der Materie, das Fleisch und Blut, welches von den Mächten des Bösen beeinflusst werden kann. Deshalb greift *Mithras* ins Geschehen ein und tötet den Stier, um die Mächte des Bösen zu schwächen bzw. nicht aufkommen zu lassen. Es gibt Stelen, bei denen man einen Stall sehen kann, in dem ein Stier steht und *Mithras* hinzuschreitet.

Danach sieht man, wie Flammen aus der Hütte züngeln und der *Stier* herausläuft, wobei *Mithras* die Verfolgung aufnimmt. Etwas später fasst er den Stier bei seinen Hörnern und dem Kopf und schleift ihn in eine Höhle. In der Höhle wartet der *Rabe*, welcher die Botschaft von der Sonne überbringt, dass der *Stier* geopfert werden soll. Bei der klassischen Stiertötungsszene sieht man, wie eine *Schlange*, ein *Löwe* und ein *Hund* am Blut des Stieres schlecken. Ein *Skorpion* macht sich an seinen Genitalien zu schaffen.

Zwischen der *Schlange* und dem *Löwen* kann man sehr oft einen Becher erkennen, in dem das Blut des geopferten Stieres aufgefangen wird. Kornähren wachsen aus dem Ende des Schwanzes oder der Wunde des Stieres. Bei manchen Skulpturenzyklen kann man auch einen Konflikt zwischen *Mithras* und *Sol* feststellen.

Bei diesen Motiven sieht man die Sonne vor *Mithras* knien, wobei *Mithras* einen Sack in der Hand hält. Die Strahlenkrone der Sonne liegt daneben am Boden, was man als Demütigung *Mithras* gegenüber auffassen kann. In Folge scheint die Sonne erkannt zu

Abb. 14: Reproduktion einer Portalplastik aus dem Jahre 1204 an der katholischen Kirche von Parma in Italien. Auf dieser Plastik kann man in der Mitte eine Drachendarstellung und möglicherweise den heiligen Georg erkennen. Links und rechts von dieser Darstellung sieht man Helios und Mithras, wie sie zur Sonne reisen. Ein Baum scheint aus dem getöteten Drachen zu sprießen und in dem Himmel empor zu wachsen. Der getötete Drache hat auf dieser Plastik eindeutig dieselbe Aufgabe wie der von Mithras getötete Stier. Es ist sehr seltsam, dass man diese Symbolik auf einer christlichen Kirche im 13. Jahrhundert wiederfindet, obwohl der Mithraskult mehr als 500 Jahre vor dieser Zeit von der Oberfläche verschwunden ist und als häretisch galt.

haben, dass *Mithras* durch das Stieropfer die Welt gerettet hat und die Pflanzen neu erblühen. Nach dieser Einsicht schütteln beide die Hände, und *Mithras* besteigt als unbezwingbarer Held einen römischen Streitwagen und fährt gemeinsam mit *Sol* der Sonne entgegen.

Die Hierarchie der Mithrasanhänger spiegelte sich auch in den Wochentagen wider. Der Saturn gehört zum Samstag, die Sonne zum Sonntag. Die Sterne des Tierkreises nahmen bei den Mithrasanhängern, im Gegensatz zu manchen gnostischen Gruppen und dem Manichäismus, keine negative Rolle ein. Den astronomisch bedeutenden Zeitpunkten, den Tagundnachtgleichen und den Sonnenwendepunkten wurden hingegen eine große Wichtigkeit

im Kult zugeordnet. Ebenfalls spielten die vier Himmelsrichtungen und die vier Jahreszeiten für die Rituale eine große Rolle.
Es wurde den Anhängern mitgeteilt, welche Rolle sie in der Schöpfung und auf der Erde einnahmen. In jüngerer Zeit kamen Hypothesen auf, welche die Stiertötungsszene in einem astronomischen und astrologischen Zusammenhang sehen, da die in den Motiven abgebildeten Tiere und Gegenstände ein namensgleiches Ebenbild im Tierkreis haben.
Der französische Forscher *Cumont* meint, dass es kein Zufall sei, dass der römisch-katholische Kalender am 7. Mai mit dem Frühling begann und am 7. November mit dem Herbst endete. In diesen Fällen befand sich die Sonne jeweils im Tierkreiszeichen *Stier* und *Skorpion.* Beide Zeitpunkte beschrieben den Beginn einer warmen und einer kalten Jahreszeit.
Manche Skulpturen zeigen *Mithras*, wie er in seinen Händen einen *Stier-* und einen *Skorpion*kopf hält. Ein weiteres Sternbild ist der *Becher*, welcher sich in unmittelbarer Nachbarschaft des Sternbildes *Löwe* befindet. Es liegt ähnlich wie das Sternbild *Schlange* schon auf der Südhalbkugel. Wenn man diese Betrachtungen in die Analyse des Mithraskultes einbezieht, scheint man eine Himmelskarte in den Plastiken wieder zu erkennen.
Problematisch wird diese Hypothese, da man auf manchen Plastiken statt dem *Raben* einen *Adler* und statt dem *Skorpion* einen *Krebs* erkennen kann. Beim *Hund* kann man das Sternbild des *kleinen* oder *großen Hundes* in Verbindung bringen. Der Forscher Speidel wollte 1980 nachweisen, dass *Mithras* mit dem großen Jäger *Orion* identisch sei.
Orion war der Beschützer des Militärs und hatte den *Skorpion* als Feind. Es stimmt aber, dass die meisten Motive auf den Mithrasplastiken mit Tierkreiszeichen übereinstimmen, so wie man sie etwa 100 vor Christus antraf.
So standen sich die Sternbilder *Stier* und *Skorpion* in den Äquinoktien gegenüber. Das Sternbild *Orion* bzw. *Mithras* dem *kleinen Hund*, die Schlange dem *Becher*, der *Löwe* dem *Raben* und der *Jungfrau. Orion* befindet sich im Sternbild *Stier*, so dass man ihn durchaus mit *Mithras* in Verbindung bringen kann. Das

Sternbild der *Schlange* steht in Verbindung mit dem Sternbild *Becher*. Während das Sternbild *Löwe* bei einer räumlichen Betrachtung des Himmels nicht in einer Ebene mit dem Sternbild des *kleinen Hundes* liegt.
1989 hat der Religionshistoriker *David Ulansey* vorgeschlagen, dass sich der komplette Mithraskult inklusive der Stiertötungsszene astronomisch erklären lässt.
Es ist mittlerweile bekannt, dass Hipparch um 200 vor Christus die Präzession entdeckte. Dass seine Entdeckung die Erkenntnis beinhaltete, dass sich die Tagundnachtgleichen im Frühling und im Herbst im Tierkreis verändern, erschütterte viele Intellektuelle und insbesondere die Stoiker. Zu dieser Zeit übernahm gerade das Sternzeichen *Widder* die Rolle des *Stiers*.
Perseus im Sternbild *Orion* steht über dem Sternbild *Stier* und wird in der griechischen Mythologie sogar mit der persischen Mütze dargestellt, so dass er eine Ähnlichkeit mit *Mithras* erhält. Zur Zeit, als der Frühlingspunkt im Sternbild *Stier* stand, gab es auch die Sternbilder *Hund*, *Schlange*, *Rabe* und *Becher*. Alle diese Symbole waren vor allem in Ägypten um 2000 vor Christus üblich.
An die Stelle der *Zwillinge* trat der *Hund*, statt dem *Krebs* die *Schlange*, statt der *Jungfrau* der *Rabe*. Diese Symbole stimmen alle sehr gut mit dem Mithraskult überein. Die Skeptiker wiederum zeigen auf, dass die Sternbilder zwar mit der Ikonographie des Mithraskultes übereinstimmen, im Tierkreis aber nicht in der Reihenfolge stehen, sondern räumlich sogar gegenüberliegen. Als weiteren Punkt werfen die Skeptiker von *Ulansey* auf, wieso die Entdeckung der Präzession so wichtig sein sollte.
Ein Grund könnte sein, dass die Entdeckung der Astrologie, welche auch von den Mithraskultisten ausgeübt wurde, über den Haufen geworfen wurde. Noch im Jahr 307 trafen sich die drei römischen Kaiser Diocletian, Licinius und Galere im österreichischen Carnuntum und weihten *Mithras* einen großen Altar. Er wurde als der Beschützer des Römischen Reiches bezeichnet, und es hatte durchaus den Anschein, dass der Kult zu dieser Zeit eine Gefahr für das Christentum wurde. Kaiser Galerius war ohne

Zweifel ein Mithras-Kultist, da er zu seinen Ehren in Saloniki einen Triumphbogen errichtete. Niemand wusste, dass er diesem Kult anhing.
In Saloniki gab es noch den *Isis-* und *Seraphiskult* sowie viele andere heidnische Kulte. Der Mithraskult war nur einer Elite vorbehalten, und er schloss Frauen aus. Aus diesem Grund scheint es unglaubwürdig, dass dieser Kult eine Gefahr für das die Massen ansprechende Christentum werden konnte.
Nebenbei bewahrte er altes persisches Gedankengut, was für die meisten Römer befremdlich wirken musste. Es ist auch bekannt, dass Kaiser Konstantin ein Anhänger des Sonnenkultes war. Im Jahr 324 allerdings begann Konstantin Feiern, die zu Ehren von Idolen und mystischen Riten abgehalten wurden, zu verbieten. Sein Sohn Konstantin II. erließ um 341 ein Gesetz, das Blutopfer und Dämonenkulte verbot. Es ist kein Zufall, dass diese Periode mit dem Verschwinden des Mithraskultes zusammenhängt.
Als man die ersten unterirdischen Mithrastempel fand, war für die Gegner des Kultes klar, dass in den Krypten und Höhlen verborgene Rituale, Opferungen und Orgien gefeiert wurden. Wenn man die zeitlich datierten Denkmäler und Altäre, welche *Mithras* geweiht wurden, abzählt, findet man ab den Jahren 313 oder 314 bis 357 eine Lücke.
Diese Abnahme an *Mithras* geweihten Denkmälern passt genau mit der Regentschaft von Kaiser Konstantin und dessen Söhne zusammen und kann kein Zufall sein. Ab 357 ist der Mithraskult offiziell aus dem Römischen Reich verschwunden. In Persien wurde der Kult vollständig in die Religion von *Ahura-Mazda* übernommen.
Manche Riten, die mit *Mithras* in Verbindung standen, werden in Persien von manchen Religionen wie der der Sassaniden sogar noch heute abgehalten. In Europa veränderten die *Pax Romana* und der Zerfall der römischen Legionen die Gesellschaft, da sich Verwalter, Beamte und Händler fanden und Stände bildeten. In Persien gab es viele Menschen, die keinem Stand angehörten und im Mithraskult eine Zusammengehörigkeit fanden. Der Kult war für sie eine Art Familienersatz, für den sie lebten und starben. Die

Initiierten bildeten eine geheime Gesellschaft und begannen mit der Zeit, die offene Gesellschaft nach ihren Wünschen zu manipulieren und zu beeinflussen.
Wir haben im Buch mehrere Beispiele aufgezeigt, anhand derer man sehen kann, dass der Sonnen- und Lichtkult der Mithrasanhänger mit ihrer Symbolik durch die *christlichen* Ritterorden in deren Lehren mit zeitgemäßen Veränderungen übernommen wurde. Diese Ursache sollte eigentlich keine Überraschung darstellen, da der Mithraskult ein Männerbund war und gerade bei den römischen Soldaten seine Anhängerschaft rekrutierte. Die mittelalterlichen Mönchsritter waren für einen solchen Mystizismus geradezu geschaffen.

Das gnostische Ur-Christentum

Die gnostische Bewegung stellte eine der ältesten Formen des Christentums dar. Erst nach mehreren Jahrzehnten des Kampfes wurden diese Strömungen von der gegenwärtigen Kirche abgelöst.

Zur selben Zeit, in der sich der Mithraskult im Römischen Reich verbreitete, fanden auch die Lehren der Gnosis eine größere Anhängerschaft. Das Wort Gnostik oder Gnosis ist nicht einfach zu beschreiben, da es viele literarische und philosophische Bezeichnungen hierfür gibt. In den älteren Schriften findet man acht unterschiedliche Bezeichnungen für die Sinnrichtungen der gnostischen Lehren. Diese Bezeichnungen werden als *Epistemologie*, *Obvie*, *Häresie*, *Clementine*, *Evagrien*, *Esoterik*, *Synkretik* und *Psychologie* bezeichnet. Die Bedeutung dieser Formen kann man folgenderweise beschreiben:
Die älteste Bezeichnung der Gnosis ist die *Epistemologie*, die sich im Wortbestand der philosophisch-griechischen Sprache wieder findet und in etwa als *Theorie des Wissens* bezeichnet werden kann.

Die Bezeichnung *Obvie* entwickelte sich hauptsächlich im 5. Jahrhundert nach Christus in den arabischen Ländern, Ägypten und Mesopotamien. Danach verbreitete sich diese Strömung über Italien bis nach Frankreich ins Tal der Rhône. In diesem Fall kann man den Namen mit *Erkenntnis* gleichsetzen. Diese Strömung war sehr von den platonischen Lehren beeinflusst und ähnlich einer Geheimgesellschaft aufgebaut.
Es wurden keine schriftlichen Aufzeichnungen gemacht und das erworbene Wissen ähnlich wie bei den Druiden nur eingeweihten Personen mündlich überliefert. Die Führer dieser Strömung behielten für sich den Anspruch, nach Erhalt der Gnosis ähnlich allwissend wie Gott zu sein. Sie bezeichneten sich als *Söhne des Vaters*, *Erleuchtete*, *Perfekte*, *Unbeugsame* oder als *spirituelle Begleiter*.
Im Katalog der *Häresien* stellten Kirchenväter im 2. Jahrhundert nach Christus Glaubensströmungen zusammen, die sie als Häresien bezeichneten. In dieser Sammlung befinden sich auch Glaubensströmungen, die man mehr oder weniger der gnostischen Lehre zuordnen kann.
Es ist aber sehr interessant, dass Historiker herausfanden, dass zu dieser Zeit auch die römischen Kirchenväter ähnliche Glaubensinhalte wie die gnostischen Gruppen vertraten und es sehr schwierig ist, diese wirklich zu unterscheiden.
Die *clementinische Strömung* stammt von Clemens von Alexandrien und fand in den Jahren 150 bis 215 die meisten Anhänger. In den Jahren 580 bis 662 griff Maxime, der Bekenner, die Lehren des Clemens von Alexandrien wieder auf.
Die *evagrinische Glaubensrichtung* trennte sich direkt von den clementinischen Lehren ab. Während der Zeit der Kreuzzüge fanden die gnostischen Sekten der Bogomilen, der Katharer, der Ophiten, der Sethianer, der Euchiten, der Luziferianer und anderer einen großen Zulauf, bis sie von der *Inquisition* in den Untergrund gedrängt wurden.
Im 16. Jahrhundert erhielten gnostische Lehren unter der *Renaissance* durch die Bezeichnung *Esoterik* abermals einen Aufschwung. Da der Einfluss der römisch-katholischen Kirche schwächer

wurde, begann man, die Schriften und alten Häresien wieder zu studieren. Dabei stützte man sich sehr auf ägyptische und syrische Quellen. Es gab in Stein geritzte gnostische Symbole und alte, auf Papyrus hinterlassene Schriften der ägyptischen Priester und Magier.

Von der griechisch-römischen Epoche studierte man hauptsächlich tierische und menschliche Figurinen, die man mit Magie, Exorzismus und alten Gottheiten in Verbindung brachte. Die *Renaissance* war auch eine Zeitepoche, in der die Kabbala, die hermetischen Lehren, die Alchemie, die Astrologie, die Symbollehre und die Freimaurerei aufzuleben begannen.

Die Strömung *Synkretik* erschien Anfang des zwanzigsten Jahrhunderts und wurde in Deutschland unter dem Namen Religionsgeschichtliche Schule betrieben. In dieser Schule versuchten Historiker, den Ursprung des gnostischen Ur-Christentums zu ergründen. Die Forscher waren sich sicher, dass die Ursprünge der gnostischen Lehren in Babylon und Ägypten zu finden waren.

Gegenwärtig beschäftigt sich die *Psychologie* mit Fragen, die man der Gnosis zuordnen kann. Diese drei Fragen sind:

1. Woher kommen wir?
2. Was sind wir und was wird mit uns geschehen?
3. Wohin gehen wir?

Zur Beantwortung dieser Fragen spielen die Erkenntnis und das Wissen eine wichtige Rolle. Die hauptsächlichen Ideen der Gnostiker beruhen auf der Annahme, dass zwischen den höchsten spirituellen Wesen und der Materie ein Bereich existiert, in dem übernatürliche Wesenheiten mit der Bezeichnung *Äon* leben. Diese göttlichen *Äonen* treten in den gnostischen Lehren als dualistische Paare auf, wobei ein Partner weiblich und der andere männlich ist.

Die Regel dieser Pärchen lautet *Syzygie*, welche das universelle Gesetz der Existenz und des Lebens darstellt. Das ist der Grund, warum jedes Pärchen eine zweigeschlechtliche Form repräsentiert, welche in ihrer Gesamtheit ein *androgynes* Wesen ergibt.

In der valentinischen Gnosis erhielt der höchste Gott die Bezeichnung *Bythos* und seine Frau einen griechischen Namen, wel-

cher *Ruhe* ausdrückt. Dieses göttliche Paar erhielt den höchsten Rang in den *Syzygie*. Der erste männliche *Äon* wurde aus diesem göttlichen Paar geboren und war der *Verstand*.
Der weibliche *Äon*, welcher zu diesem *Verstand* gehörte, war die *Weisheit*. Der zweite *Äon*, welcher ebenfalls von göttlichen Pärchen emanierte, waren das *Verb* und das *Leben*. Der letzte *Äon*, der männliche Mensch und sein weiblicher Partner, waren die *Kirche-Ecclesia* und der *Heilige Geist*. Diese erste Gruppe von *Äonen* entspricht in dieser Lehre dem so genannten ersten göttlichen *Pleroma*.
Danach gibt es eine zweite Serie von *Äonen*, welche von den zuvor beschriebenen *Äonen* hervorgingen. Der letzte *Äon* war die im Buch mehrmals beschriebene *Sophia*, welche die Erde hervorbrachte, die durch eine Vermischung aus der reinen Materie und dem Geist besteht. Die materielle Welt wird in diesen Lehren als schlechte Reflexion der göttlichen Welt bezeichnet. Die Valentiner meinten daher, dass die materielle Welt von einem wahnsinnigen Gott erschaffen wurde.
Sie meinten, dass der erste von Gott geborene Verstand *Christus* und den *Heiligen Geist* zur Erde sandte, damit diese die Fehler, welche *Sophia* bei der Erschaffung der Erde verursachte, wieder korrigieren sollten. Diese Glaubensinhalte verbreiteten sich im Jahre 140 nach Christus und wurden zur meist gehuldigten gnostischen Lehre in dieser Periode.
Die Schule der im Buch mehrmals erwähnten Ophiten hielt viel länger an. Die Ophiten änderten die valentinische Doktrin, indem sie die Lehren der Sabiener und der Manichäer in ihren Glauben einbrachten. In diesem Weltbild spielte *Sophia* die bedeutendste Rolle.
Im ophitischen System brachte das höchste göttliche Paar ein perfektes Wesen mit den Bezeichnungen *Christos*, der Männliche oder der Rechte hervor und ein zweites unperfektes Wesen mit der Bezeichnung *Mann-Frau*, oder die Linke oder Ηρνειξοζ oder die *Sophia-Achamoth*.
Sophia-Achamoth gebärt nach deren Lehren den *Demiurgen* mit der Bezeichnung *Jaldabaoth*, welcher die Fähigkeit zur Erzeu-

gung der Materie erhielt. *Jaldabaoth* erschuf daraufhin in den niederen Sphären des Himmels die materielle Welt. Er erschuf einen Engel, welcher sein Aussehen hatte. Dieser Engel erzeugte einen zweiten Engel, welcher wieder einen Engel schuf, bis schließlich sechs Engel erschaffen waren. Diese sechs Engel und *Jaldabaoth* und *Sophia-Achamoth* repräsentieren die ophitische Form eines *Oktogons*.

Dieser Mythos ist einer der ältesten Mythen der Welt, welche man bei den Ägyptern, der Kabbala und der Religion von Zoroaster antreffen kann. Mit der Zeit begann *Jaldabaoth* zu revoltieren und erschuf seine eigene Welt. In dieser Welt erschuf er auch die Menschen, welche in den Konflikt zwischen Mutter und Sohn hineingetragen wurden.

Damit er eine größere Kontrolle über diese Wesen ausüben konnte, erschuf er aus der Materie ein Wesen, welches *Ophiomorphus* genannt wurde. Der *Ophiomorphus* sollte die Menschen zu bösen Dingen verführen. Der Name *Ophiomorphus* repräsentiert den Geist der Schlange, von dem die Ophiten ihren Namen erhielten.

Jaldabaoth-Ophiomorphus hat in der Lehre der *Ophiten* den Körper einer Schlange und den Kopf eines Löwen, was sehr oft an den ophitischen Ornamenten zu finden ist. Eine sehr schöne Skulptur dieser *Löwenschlange* befindet sich zu Füßen des Weltenrichters neben dem Hauptportal der Notre Dame in Paris.

Im vierten Jahrhundert fand die Kirche in Chalcéduan und Nicomédie Sekten, welche Rituale mit Schlangen ausübten. Die Ophiten wurden wie alle anderen gnostischen Sekten wiederum in Splittergruppen geteilt.

Die erste ophitische Gruppe hatte nur wenige Anhänger und betrachtete die Schlange als einen guten Geist, weil sie dachten, dass die Schlange ein Teil der Natur ist, die wiederum von *Sophia* stammt. Diese Gruppe war sehr asketisch und moralbedacht, so dass sie sich sogar gegen die Ausübung des Zeugungsaktes aussprach. Sie wollten den Samen, der mit dem göttlichen Licht in Verbindung stand, bei sich behalten. Aus dieser Gruppe scheinen

die mittelalterlichen gnostischen Sekten der Bogomilen und Katharer hervorgegangen zu sein.
Die zweite Gruppe der Ophiten glaubte, dass die Schlange mit dem Bösen in Verbindung stand. In ihrer Doktrin wird jeder Mensch als *Pneuma* bezeichnet und soll das Reich des Bösen zerstören. In diesem konnte je nach Betrachtung entweder die Kirche, das Königreich, im Prinzip aber jeder zum Bösen gehören.
Diese Gruppe wurde auch unter der Bezeichnung *Kainiten* bekannt, da sie deklarierte Feinde der mosaischen Lehre waren. Aus diesem Grund machten sie immer das Gegenteil der jüdischen Lehren, welche sich auf Mose bezogen. Für sie war Kain ein Superwesen, welches einen wichtigen Funken Licht in sich trug. Aus diesem Grund war Kain gegen den Schöpfer der unperfekten Materie *Jaldabaoth*.
Nach dem sechsten Jahrhundert verschwanden die Sekten der Ophiten von der Oberfläche der Geschichte. Die Kapokraten übernahmen den Großteil der kainitischen Lehre. Aus dieser Schule entstanden die vier Gruppen der Barbeloniten, der Phibioniten, der Prodiciener und der Adamiten.
Der große Unterschied war, dass diese Gruppen die komplexe Philosophie der *Äonen* und deren Emanationen in ihren Lehren nicht berücksichtigten. Mit dem Verschwinden des zuvor beschriebenen Mithraskultes verschwanden auch die Gnostiker von der Oberfläche. Im 12. Jahrhundert führte der Landweg der Kreuzritter und Pilger nach Jerusalem durch die Balkanländer über Bulgarien.
In dieser Zeit kamen interessanterweise diese untergetauchten Lehren in mehr oder weniger veränderter Form wieder an die Oberfläche. Die Paulikaner, welche von den orientalischen Herrschern vertrieben wurden, erschienen ebenfalls im 12. und 13. Jahrhundert wieder in Dalmatien, Thrakien und Bulgarien.
Das mittelalterliche Bulgarien wurde als Herd von mächtigen gnostischen Ketzerströmungen bezeichnet, die etwa zwischen dem 9. und 15. Jahrhundert Europa überfluteten. Zahlreiche Forschungen der folgenden Jahrhunderte und der Gegenwart bestätigen diese Annahme. Wie es scheint, war die wirtschaftliche und politische Lage am Balkan ein fruchtbarer Nährboden für diese Weltanschauungen.

Die Bogomilen und Katharer

»Wer ist der Grund der Welt? Kannst du die Frage lösen?
Die Seelen sind von Gott, die Körper sind vom Bösen.«

Der Name Bogomilen bedeutet *Freunde Gottes*. Es gilt heute als gesichert, dass diese christliche Sekte ihren Ausgang im Gebiet von Thrakien nahm. Die Sekte glaubte an die dualistische Lehre von zwei Gottessöhnen, wobei die Bogomilen nur den guten Sohn des wahren Gottes, *Christus*, als Gottes Wort verehrten. Für die Bogomilen waren *Christus* und der *Erzengel Michael* ein und dieselbe Person. Der zweite Gottessohn *Satanael* erhob sich nach deren Lehre gegen Gott und wurde mit einer Anzahl aufständischer Engel aus dem Himmelreich verbannt.

Dieser schuf mit seinen Begleitern eine Welt aus Materie, die dem Himmel gleich sein sollte. Aus Lehm formte er die leibliche Hülle des ersten Menschen mit dem Namen *Adam*. Es gelang ihm aber nicht, *Adam* zu beleben. Aus diesem Grund wandte er sich reuig zu seinem Vater und bat ihn, dass er seinem Geschöpfe Leben einhauchen soll. Er versprach seinem Vater, dass er, sobald ihm dieser in dieser Sache dienlich war, für immer gut sein werde.

Die Bogomilen glaubten, dass der wahre Gott im guten Glauben auf diese Bitte einging und dem leblosen Körper die Seele einhauchte. Daraufhin wurde *Eva* erschaffen, welche jedoch von dem bösen Sohn verführt wurde, so dass sie eine Tochter namens Colomena und einen Sohn namens Kain gebar. Bald darauf brachte Eva auch von Adam einen Sohn zur Welt, der nicht das Blut des bösen Gottessohnes in sich trug.

Da *Satanael* aber wollte, dass seine Geschöpfe alle von ihm abstammten und er fürchtete, dass die eine Hälfte sich seiner Kontrolle entzogen, rebellierte er wieder gegen seinen Vater. Auch wenn er danach wusste, niemals wieder in den Himmel eingelassen zu werden, verpflichtete er sich, alle Menschen auf Erden zu verführen, um sie unter seine Kontrolle zu bekommen.

Aus diesem Grund, so glaubten die Bogomilen, sandte Gott den guten Sohn *Christus*, dessen Geist durch das Ohr der Jungfrau eintrat und als Jesus für die Menschen sichtbar wurde. Als Jesus versuchte der gute Sohn des wahren Gottes die Menschen zu überzeugen, dass sie einem falschen Gott huldigten.

Die Bogomilen meinten, dass *Jesus Christus'* Auftreten auf der Erde nicht viel bewirkte und er deshalb seinem Bruder *Satanael* unterlag. Aus diesem Grund entstanden Gruppen, bei denen manche Anhänger dieser Lehre die Ansicht vertraten, dass man ruhig auch dem Schöpfer der Materie seine Dienste antragen sollte, damit man ein besseres Leben auf Erden führen kann. Diese Ansichten können sehr wahrscheinlich als die Geburt der euchitischen und luziferischen Gnosis gelten.

Die dualistischen Lehren der Katharer und Bogomilen verbreiteten die Ansicht, dass das *Alte Testament* von *Satanael* beeinflusst wurde. Aus diesem Grund lehnten sie es mit Ausnahme der Propheten und der Psalmen ab. Das Evangelium des heiligen Johannes verehrten sie jedoch sehr. Es gilt als gesichert, dass sie bei ihren Einweihungszeremonien den Novizen das Johannesevangelium über die Köpfe hielten. Beide Sekten lehnten das Kreuz ab, da sie es als Folterinstrument ansahen. Manche Häresieforscher wie *Meister Matter* meinten aber, dass dies nur eine Ausrede sei, da nach deren Lehren Jesus keine Schmerzen spüren konnte.

Den wahren Gott stellten sie sich als älteren bärtigen Herrn vor. *Jesus Christus* hingegen wurde oft als junger Mann ohne Bart dargestellt. Manche Anhänger dieser Lehren verehrten auch Dämonen, da sie mit Hilfe *Satanaels* Jesus besiegt hatten. Ein in Italien aufgefundener lateinischer Text gibt die Doktrin einer Katharergemeinde in Orvieto wieder. In diesem Schriftstück wird *Luzifer* nicht mit *Satanael* gleichgesetzt. In diesem Fall schufen *Satanael* und *Luzifer* im Auftrag des wahren Gottes die materielle Welt. Danach gab es einen Konflikt zwischen beiden, bei dem *Luzifer* unterlag. Die italienischen Katharer wollten *Luzifer* helfen, dass dieser wieder ins Reich des wahren Gottes gelangen konnte.

Im 11. Jahrhundert erlangten die aus den bogomilischen und katharischen Lehren hervorgegangenen Splittergruppen der Euchiten eine größere Anhängerschaft, so dass man ihnen in Europa den Namen Luziferianer gab.

Der Dualismus der Euchiten und die luziferische Gnosis

»Da Luzifer zur Höll entschwand,
mit seiner Schar der Mensch entstand.«

WOLFRAM VON ESCHENBACH

Nach Psellus und Euchetes schienen im 11. Jahrhundert neben den Katharern und Bogomilen drei weitere dualistische Sekten Zulauf zu erhalten, wobei eine Gruppe den wahren Gott und dessen zwei Söhne verehrte, eine zweite große Analogien mit den Bogomilen aufwies und eine dritte Gemeinschaft, welche satanischen Prinzipien anhing, Euchiten, Satanaki oder Luziferianer genannt wurden.

Der Name Satanaki stammt aus der slawischen Sprache und entspricht dem *Satanael* der Bogomilen. Es ist durchaus möglich, dass diese Glaubensform ihren Aufschwung durch eine Wiederbelebung heidnischer slawischer Kulte und einer Vermischung durch orientalische Lehren erlangte. In den Ritualen dieser Gruppen spielten halluzinogene Drogen und sexuelle orgiastische Ekstasetechniken eine große Rolle.

Da diese Sekten die sexuellen Ausschweifungen förderten und ein ausschließlich genussorientiertes und materielles Leben führten, fanden sie sehr schnell eine große Anhängerschaft. Im 12. Jahrhundert wurden sie so wie die Bogomilen aus Thrakien in Mazedonien vertrieben. Die Anhänger dieser Sekte flüchteten nach Nordwesten, wobei sie sich in den Gebirgstälern der Karpaten, in Bosnien, den österreichischen Provinzen Tirol, Steiermark und in Böhmen niederließen. Es gibt alte Aufzeichnungen, anhand derer man herausfand, dass sich die Anhänger dieser Lehren um 1176 bis nach Brandenburg und ins Rheinland verbreiteten.

Zu Anfang des 13. Jahrhunderts überschwemmte diese Häresie das ganze westliche Deutschland, bis sie von Dominikanermönchen aufgespürt wurde. Die Dominikaner fanden angeblich viele Anhänger der Euchiten, Luziferianer, zahlreiche Katharer und Waldenser in der Diözese Passau, in Wien und in der Steiermark.

Um 1315 wurden in Krems und in Böhmen mehrere Sektenmitglieder durch die *heilige Inquisition* auf dem Scheiterhaufen verbrannt.
Obwohl die Staatskirche mit voller Härte gegen diese Lehre vorging, hatte sie im 14. Jahrhundert noch immer Anhänger in Mesopotamien, Kleinasien, Griechenland, dem Balkan und in abgelegenen westeuropäischen Gebieten.
In den Annalen von Neuss und der Chronik von Vitoduranus stehen einige Informationen über die Doktrin der Luziferianer. Die Anhänger meinten, dass sie durch ihre sündhaften Handlungen den von Gott verstoßenen *Lichtbringer Luzifer* Energien zukommen lassen, damit er in Zukunft gottähnlich wird und wieder in den Himmel zurückkehren kann.
Für die Anhänger dieser Lehre galten keine Wert- und Moralvorstellungen, so dass sie taten, was ihnen gefiel. Sie hielten sich an keine Gebote und kannten keine Ehre. Ihr Leben bestand nur aus Genuss und materiellen Oberflächlichkeiten.
Diese Sekten führten ein geheimes Leben, so dass außen stehende Leute kaum auf sie aufmerksam wurden und sie deshalb nicht angeklagt werden konnten. Andererseits kam es natürlich vor, dass sehr oft auch Unschuldige, die eine von der Allgemeinheit unterschiedliche Lebensweise führten, angeklagt wurden.
Nicht alle Sekten wie die zuvor behandelten Katharer und Bogomilen können in diesem Falle angeklagt werden. Die Euchiten und Luziferianer führten hingegen mit Sicherheit sehr seltsame unmoralische Rituale durch.
Die Dokumente der *Inquisition* behaupten, dass diese Gruppe sich in der Nacht traf und seltsame Praktiken durchführte. Während ihrer im Dunkeln durchgeführten Rituale riefen sie Luzifer an und führten unchristliche Handlungen wie geweihte Opferungen aus. Zu ihren Ritualen gehörten diabolische Orgien, welche sie in der Dunkelheit ausübten.
Dieser unmoralische Lebensstil konnte durchgeführt werden, da die Mitglieder keine Heirat vollzogen. Zusätzlich sollen sie Tiere angebetet und kleine Kinder geopfert haben. Für einige Häretiker repräsentierten diese Tiere ihren Gott. Als Tiere wurden Gänse

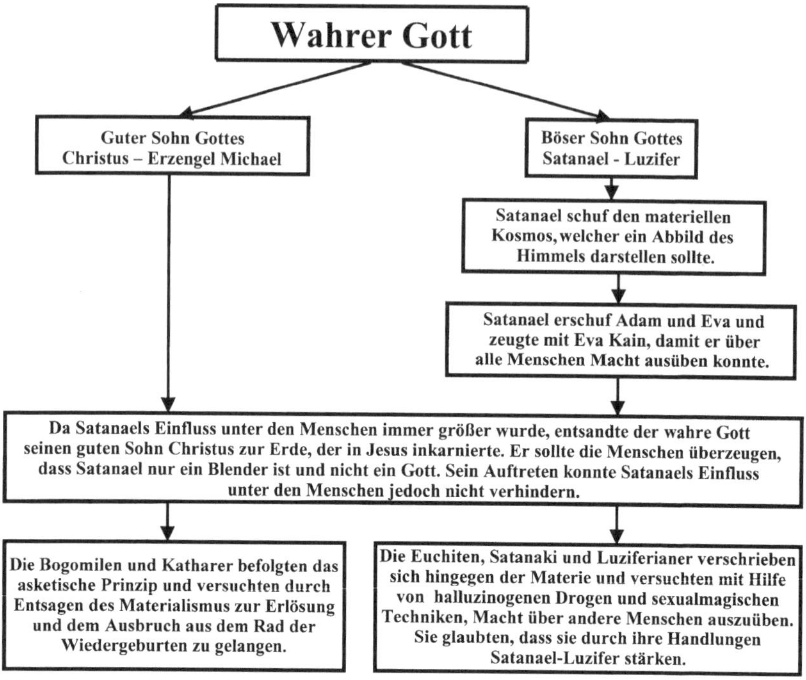

Abb. 15: Schematische Darstellung der dualistischen Lehren der Bogomilen-Katharer und der Euchiten-Luziferianer. Diese Lehren beruhen auf der Vorstellung, dass der wahre Gott zwei Söhne hatte. Die Bogomilen und die Katharer beteten Jesus und den Erzengel Michael als den guten Sohn des wahren Gottes an. Die Euchiten, aus denen sich die Luziferianer herausbildeten, verehrten hingegen Satanael, den zweiten Sohn des wahren Gottes, welcher gegen seinen Vater rebellierte und die materielle Welt inklusive den Menschen erschuf. Während die Bogomilen und die Katharer sich völlig der spirituellen Einkehr widmeten, strebten die Euchiten und Luziferianer nur ein genussvolles Leben an, in dem sie durch Orgien und Drogen ekstatische Zustände erreichten. Es gab auch Gruppen, die beide Gottessöhne verehrten.

oder Enten, aber insbesondere Katzen und Kröten in die Rituale einbezogen. Wenn eine neue initiierte Person im Kult aufgenommen wurde, präsentierten sie ihr Kröten.
Die anderen Kultmitglieder küssten laut Berichten diese Tiere und gingen danach zu einem Tisch essen. Nach dem Mahl er-

schien laut Aufzeichnungen eine große Katze. Der Kultführer und der Novize küssten danach den After dieser Katze. Danach begannen sie Chöre für die Katze zu singen, und das Licht wurde für die darauf folgende Orgie gelöscht.
Wenn die Lichter wieder angemacht wurden, erschien eine Person, bei welcher der Oberkörper hell wie die Sonne strahlte und das Unterteil behaart wie bei einem Tier war. Als diese Person hervortrat, erleuchtete sie den ganzen Raum mit ihrem hellen Licht.
Der Kultführer nahm danach einen Teil von der Kleidung des Novizen und überreichte ihn dem strahlenden Wesen und sagte zu ihm: »Meister ich gebe Dir, was Du mir gibst.« Danach sagt das Wesen zum Kultführer: »Gewöhnlich hast Du mir gedient und dienst mir auch in der Zukunft. Ich gebe Dir deshalb zurück, was Du mir gabst. Behalte und wache darüber.«
Während des Mittelalters wurde die Katze als eine Metamorphose des Satans bezeichnet. Nach der Katze wurden die Schlangen und Kröten mit dem Satan in Verbindung gebracht. Dieser Symbolismus wurde nicht nur von den dualistischen Sekten, sondern auch von der christlichen Kirche verwendet.
Katzen werden nicht oft auf Skulpturen gesehen. Wenn im Mittelalter ein Künstler Satan repräsentieren wollte, stellte er ihn als Hund dar, so dass uneingeweihte Personen die Symbolik nicht verstanden. *Von Hammer-Purgstall* fand solche Symbole an den Kirchen von Wultendorf, Schöngrabern in Niederösterreich und Millstatt in Kärnten, welche für ihn eindeutig gnostischen Ursprungs waren.
In der Kirche von Schöngrabern fand er eine Wandskulptur, wo eine Frau ein Kind auf die Stirn küsst und dabei auf einem Stuhl sitzt, wobei die Füße des Stuhls aus Katzenköpfen bestehen. Andere Darstellungen von Hunden findet man an der Außenmauer von Ják und beim Hauptportal der Stiftskirche von Millstatt in Kärnten.
Es ist klar, dass die dualistischen Lehren der Bogomilen, der Katharer, der Euchiten, Luziferianer und ähnlicher Sekten denselben Ursprung haben, wobei die ersteren den wahren Gott und dessen guten Sohn Christus verehrten. Der Lebensstil der Katharer und

Bogomilen war jedenfalls das Gegenteil, da diese Gruppen alles Fleischliche ablehnten, alle tierischen Produkte mieden und ein asketisches eheloses Leben führten.
Die Euchiten und Luziferianer hingegen beteten nur den zweiten Sohn Gottes an, der über die Materie herrschte. Durch dessen Huldigung versprachen sie sich ein gutes Leben und viel Reichtum auf Erden. Da sie sich, wie ihr Idol gegen den wahren Gott und Christus auflehnten, führten sie ein ausschweifendes Leben und hatten beim Verzehr von Fleisch keine Probleme.

Die geheime Doktrin des Tempelordens

Die Tempelherren mit ihrem großen finanziellen und militärischen Potenzial stellten eine erhebliche Bedrohung für die Machtstellung der französischen Krone dar. Um die Macht zu brechen, bediente sich Philipp der Schöne der heiligen Inquisition und verfolgte die Mitglieder des Ordens. Viele Indizien zeigen aber auf, dass ein Teil der Templer wirklich an einen anderen Gott als der Papst und die römische Kirche glaubten.

Der Orden der Tempelritter hat seine Aufgaben im Vergleich zu den anderen christlichen Ritterorden nur eine relativ kurze Zeit ausgeführt. Der Ritterorden wurde 1118 in Frankreich gegründet und zehn Jahre später vom heiligen Bernhard von Clairvaux reformiert. Im Jahre 1312 wurde der Orden durch den französischen König Philipp dem Schönen zusammen mit der katholischen Kirche im Rahmen diverser Inquisitionsprozesse beseitigt und aufgehoben.
Dem Tempelorden genügten jedoch weniger als zwei Jahrhunderte, um neben der Aristokratie und der Kirche zu einer dritten Macht in Europa zu werden. Diese Soldaten Christi verkörperten die spirituelle Seite der Mönche und die Kampfeslust der Ritter in einer Person. Ihnen wurden auch alle guten und schlechten Qualitäten des Rittertums zugeschrieben. So existiert noch ein Spruch

aus dem 15. Jahrhundert, der den Wohnort der Templer mit einem Haus der Ausschweifung in Verbindung bringt.
Die Tempelritter waren bei ihren Gegnern aber auch als mutige, unerschrockene, hochmütige, brutale Recken verschrien. Die Anzahl ihrer Niederlassungen ging in Frankreich allein in die Tausende, und der Orden strotzte vor Reichtum. Die Burgen und Komtureien des Tempelordens konnten sich durchaus mit den Landsitzen der Fürsten messen. Dass die Mönchsritter eine solche Macht und einen solchen Reichtum anhäufen konnten, verdankten sie einer Verordnung, nach der sie nur dem Papst in Rom unterstanden.
Heute scheint klar zu sein, dass durch die Aufhebung des Tempelordens nicht nur ihr materieller Reichtum zerschlagen wurde, sondern auch der Verbreitung der von ihnen geförderten gnostischen Lehren, welche dem Manichäismus und den zuvor beschriebenen Glaubensgruppen nahe standen, Einhalt geboten wurde. Es kann kein Zufall sein, dass man gerade an Sakralbauten, die mit diesem Ritterorden in Verbindung standen, eine übernatürlich große Anzahl von gnostischen Symbolen findet.
Diese Lehren haben, wie wir zuvor aufgezeigt haben, zwei dualistische Prinzipien gemeinsam. Beim ersten Prinzip existiert ein guter Vater, der wahre und einzige Gott, welcher das Spirituelle repräsentiert und ein anderer böser Gott, der die materielle Welt erschuf und das Böse im Menschen entflammt. Im zweiten Prinzip, dem mäßigen Dualismus, gibt es hingegen nur einen Gott, der auch den Teufel kreierte, welcher so wie im reinen Dualismus ebenfalls die Materie beherrscht.
Für das einfache Volk war der mäßige Dualismus nicht einfach zu verstehen, da man sich nicht vorstellen konnte, dass Gott einen Teufel schuf, damit dieser die Menschen in Versuchung führt. Außer dem Dualismus floss in die Lehre der Templer wie bei allen Häresien das System des *Scheins* ein.
Dieses System ist älter als die Gnosis, und es gibt hebräische Bücher, die dagegen ankämpfen. In diesem Dualismus wird jede Materie dem Bösen zugeordnet; es wird keine Verbindung zwischen Seele und Körper hergestellt. Da der Körper nach diesen Lehren die Materie repräsentiert und vom Teufel erschaffen wurde,

kann man nach dieser Ansicht auch alle Sünden begehen. Das Kreuz, an das Jesus genagelt wurde, wird hier ebenfalls verachtet, da es auch die Materie darstellt.

Christus hingegen wird als das Geistwesen von Jesus und als Repräsentant des wahren guten Gottes bezeichnet. Da es in diesem System zwei göttliche Mächte gab, beteten die Anhänger dieser Lehre auch *Idole* an, die den Herrscher der Materie darstellten. Da man ja auf der Erde sein Dasein fristete, brachten die Anhänger dieser Lehren diesem Gott auch Opfer dar, damit sie sich eine bessere Stellung bei ihm erkaufen konnten.

Eine wichtige Frage, die es zu beantworten gilt, ist, ob die Templer ein Idol zusätzlich zu ihrer gnostischen Ideologie benutzt haben. Der erste, welcher die angebliche Häresie des Templerordens untersuchte und beschrieb, war der bekannte Orientalist *von Hammer-Purgstall.* Nach seiner Veröffentlichung über die Häresie der Templer im Jahre 1818 gab es mehrere kontroverse Diskussionen seiner Arbeit.

Die Diskussion über ein Templeridol steht in Verbindung mit den Aussagen von nur drei durch die Inquisition angeklagten Tempelrittern. Von sechs in Carcassonne, Frankreich, befragten Ordensmitgliedern sagten zwei aus, dass die Anbetung eines Idols während ihrer Rituale durchgeführt wurde. Ein weiterer Ritter behauptete in Florenz, Italien, dasselbe. Die Angeklagten sagten weiter, dass der Namen dieses Idols *Baphome*t wäre.

Um 1782 behauptet der deutsche Literat *Friedrich Nicolai*, dass der Name *Baphomet* selbst nicht dem Templeridol zuordenbar sei, sondern eine Hieroglyphe auf den Idolen darstellte. Der Kopf des Idols symbolisiert den unsterblichen Vater in einer ruhenden Position, wie ihn die alten Gnostiker darstellten. Die hieroglyphischen Symbole auf diesem Idol können sich am Kopf befinden oder sind an anderen Stellen eingraviert.

Diese hieroglyphischen Symbole stehen nach *Nicolai* in Verbindung mit dem Fünfeck von Pythagoras. Diese Verbindung soll deshalb bestehen, da der alte griechische Namen des pythagoreischen Fünfecks Βαφη μητους lautet, welcher dem Namen *Baphomet* nahe kommt.

Der dänische Wissenschafter Prof. *Münter* entdeckte in Rom als erster die Rangordnung des Tempelordens, wo er keinen Hinweis auf die Anbetung eines Idols fand. Er bemerkte außerdem, dass die von der Inquisition verhörten Templer die Beschreibung und den Namen dieses angeblichen Idols unterschiedlich aussprachen.

Er glaubte, dass diese Beschreibungen nur einer Reliquie entsprachen. Während des Templerprozesses am 13. Mai 1310 wurde vor dem Inquisitionstribunal ein vergoldender Kopf mit der Nummer LVIII präsentiert. Dieser Kopf wurde im Haus der Templer gefunden und als Reliquie identifiziert und einem der drei gefangenen Templer, welche das Gerücht eines Idols in Umlauf gebracht hatten, gezeigt. Der Gefangene Guillaume d'Arabloy behauptete, dass dieser Kopf mit Sicherheit ein Idol und keine Reliquie einer Heiligen wäre.

Dieser Kopf besaß ein weibliches Gesicht, während die beschriebenen Idole zwei schreckliche monsterhafte Gesichter besaßen. Ein weiterer Unterschied bestand darin, dass die angebliche Reliquie keinen Bart besaß, während die angeblichen Idole einen silbernen Bart gehabt haben sollen.

Manche Forscher meinen, dass es als gesichert erscheint, dass das Idol, welches manche Templer und Mitglieder der luziferischen Sekte anbeteten, dem ähnlich war, welches die Drusen und Nosairiener verwendeten. Für die Luziferianer zeigte es einen männlichen Kopf mit einem oder zwei Gesichtern. Bei den Drusen und Nosairiener hat dieses Idol einen Stierkopf.

Um 1818 beteiligte sich auch *von Hammer-Purgstall* an dieser Diskussion und gab der Auslegung von *Friedrich Nicolai* mehr Gewicht. Die Annahme war, dass *von Hammer-Purgstall* meinte, dass der Name *Baphomet* nicht nur die Hieroglyphe betraf, sondern der gesamten Figur als Idol zuzuordnen sei. Er war sich sicher, dass die Wörter des griechischen Namens in etwa *die Taufe der Weisheit* bedeuten. Er zeigte weiter, dass es eine mysteriöse Zeremonie gab, welche zu dieser gnostischen Taufe in Verbindung stand. Diese Taufe wurde nicht mit Wasser durchgeführt, sondern mit Feuer.

Für *von Hammer-Purgstall* bedeutet *Baphomet* die *Erleuchtung des Geistes* und die Intelligenz, welche etwas erschafft. Er meint weiter, dass alle diese Symbole zu einer Gottheit gehören, welche *Mete* darstellt. Diese Gottheit stellt ein androgynes Idol dar, welches bei fast allen gnostischen Sekten Verwendung fand. Die Taufe von *Mete* kann auch Βαφη μητις oder μητου genannt werden, weil dieser Gott beide Geschlechter aufweist. Die *Mete* kann symbolisch als Schlange zusammen mit einem Kreuz in Form eines *Tau* dargestellt werden. In seiner Veröffentlichung stellt *von Hammer-Purgstall* mehrere Beispiele von Kelchen, Büsten und kleinen Behältern sowie Münzen vor, die in Verbindung mit dem Tempelorden standen.

Er präsentierte 24 Skulpturen, welche die Symbolik des *Baphomet* darstellen. Es sind hauptsächlich androgyne Figuren, welche männliche Bärte und weibliche Aspekte aufweisen. Manche Figuren tragen ophitische Kopfbedeckungen, welche aus Schlangen bestehen, und andere die Krone der phrygischen Göttin *Kybele*. Manche Figuren halten Schlangen in ihren Händen, so als ob sie diese unter totaler Kontrolle haben. Eine ähnliche Skulptur einer sitzenden Frau, die eine Schlange in ihren Händen hält, befindet sich an der Außenmauer der ungarischen Geschlechterkirche von Ják. Wir haben diese Skulptur als Vergleich zu einer angeblichen Baphometfigur aus dem Kunsthistorischen Museum in Wien im Bildteil abgebildet.

Bei manchen dieser androgynen Figuren kann man zu deren Füßen einen flammenden Becher erkennen. Außerdem befinden sich auf diesen Figuren gnostische Symbole wie die Sonne, der Mond, eine Löwenhaut, siebenarmige Kerzenständer, Sterne, Schlangen, Schleier, Totenköpfe und Pentagramme.

Auf manchen Figuren kann man auch arabische Schriftzeichen erkennen, von denen *von Hammer-Purgstall* zwölf beschrieb. Er behauptete, dass beinahe alle Wörter eine Konfusion der arabischen Buchstaben beinhalten, was wiederum bedeutet, dass die Person, welche die Wörter schrieb, nicht Arabisch konnte. Möglicherweise wurden die Wörter von arabischen Schriften nachgestellt. Er meinte, dass alle Wörter zu einer Gottheit gehören, welche die

Fruchtbarkeit repräsentiert. Diese Gottheit ist *Sophia-Achamot*, welche zur gnostischen Sekte der Valentinier gehört.
Anhand der Protokolle von der *Inquisition* weiß man, dass die eingeweihten Tempelherren kleine Kästchen besaßen, in denen sie Geißelschnüre oder ihre Idole aufbewahrten. Die Geißelschnur ist in Indien ein Symbol der Magier und stellt ein Symbol für die Initiation dar. Die Templerschnüre waren Kordeln, die aus einem weißen Stoff hergestellt wurden. Nach der Verwendung legten sie die Geißel wieder in die Kästchen, die sie auch auf Reisen mitnahmen und die ganze Zeit bei sich behielten.
Zwei solche Kästchen wurden angeblich in Deutschland gefunden und befinden sich heute im Kunsthistorischen Museum von Wien. Zwei weitere gleiche Kästchen wurden im 19. Jahrhundert in Paris von Herrn Le Duc von Blacas aufbewahrt. Eines der in Frankreich befindlichen Kästchen stammt jedoch aus Volterra in der Toskana, Italien. Das zweite in Paris befindliche Kästchen wurde in einer Höhle nahe einer Templerniederlassung bei Essarois en Bourgone in Frankreich gefunden. Beide Kästchen haben dieselben Dimensionen, und nur das französische hat noch einen Deckel.
Die Abmessungen dieser Kästchen betragen 25 × 19 × 13 cm. Auf dem Deckel befindet sich ein androgynes Wesen, welches männliche und weibliche Sexualmerkmale aufweist. Auf dem Kopf trägt dieses Wesen eine Krone. In den Händen hält es an ausgestreckten Ketten angebrachte dualistische vermenschlichte Mond- und Sonnensymbole. Es ist interessant, dass diese Symbole invertiert angebracht wurden.
Am anderen Ende der Ketten befinden sich Mondsicheln. Darunter sind ein Stern, ein Totenkopf und ein Pentagramm angebracht. Der Stern hat sieben Strahlen und steht daher nicht mit Pythagoras in Verbindung, dessen Sterne 5-strahlig sind. Der 5-strahlige Stern symbolisiert Reinheit und Gleichförmigkeit. Der 7-strahlige Stern könnte die damals sieben, bekannten Himmelskörper Sonne, Mond, Merkur, Venus, Mars, Jupiter und Saturn oder in Folge deren sieben Sphären darstellen.
Um diese Symbole sind arabische Schriftzeichen angebracht. Das in Italien aufgefundene Kästchen hat auf einer Seite dieselbe aber

unvollständige Inschrift, wie ein in Wien befindliches. Laut *von Hammer-Purgstall* befindet sich die identische Symbolik auf dem Kästchen in Wien. Er datierte die Kästchen ins 13. Jahrhundert. Die arabischen Zeichen sind inkorrekt und irregulär, so dass *von Hammer-Purgstall* meinte, dass der Hersteller den originalen arabischen Text nicht verstanden hat.

In der Übersetzung scheint sich das Wort *Baphomet* hinter der arabischen Kodierung zu verbergen. Aus der zuvor beschriebenen *Mete* wird *Met* und in Folge *Baphomet*. Die Inschriften lauten in etwa: »Die Wurzel findet sich bei mir und sieben anderen. Die Leute, die das nicht akzeptieren, werden niedergehen.« Solche Wortlaute sind für Katholiken natürlich pure Häresie. *Contate laudes Domini* und *Yallah*, was auf arabisch Gott bedeutet, wurde ebenfalls auf die Kästchen geschrieben. Es scheint, dass nach *von Hammer-Purgstall Baphomet* und der *Heilige Geist* mit der gnostischen *Sophia-Achamoth* identisch sind.

Andere Forscher sehen hier keine Verbindung. Manche sagen, dass *Baphomet* eine Abwandlung von *Mahommed* oder *Mohammed* ist. Manche Forscher meinen, dass *Baphomet* Taufe bedeutet und von Paptism, dem griechischen Bafomet, stammt. Wenn man das allerdings als Feuertaufe auslegt, kann man wiederum Gemeinsamkeiten mit der Lehre der *Sophia-Achamoth* und der Gnosis herstellen.

Auf einer Seite des toskanischen Kästchens kann man Kinder erkennen. Dabei sieht man, wie zwei Personen ein lebloses Kind einsalben. Auf der anderen Seite wird dieses Kind auf einem Stab verbrannt, und ein Mann, der seine Hand vor die Augen hält, sieht sentimental oder schockiert der Kindesverbrennung zu.

Dieses Szenario erweckt Ähnlichkeiten mit der symbolischen Wiederauferstehung vom *Phönix*, der sich aus der Asche erhebt. Diese Ansicht wird bestärkt, da man noch einen Mann mit einer Priesterkleidung erkennen kann, der zwei weitere Kinder neben sich stehen hat.

Ein Kind steht auf einem Krokodil. Ein Engel hält eine Krone über den Kopf des anderen Kindes, welches nicht auf dem Krokodil steht. Im alten Ägypten stellte das Krokodil symbolisch ein

Vehikel der Transformation und der Wiedergeburt dar. Ein zweiter Mann gibt dem ersten Mann eine Axt, welche dem Symbol der Kraft entspricht. An der anderen Seite befindet sich ein Stier, der geopfert wird, und ein großer Topf, der von Flammen umgeben ist. Die Opferung des Stiers entspricht sehr der aus dem Mithraskult bekannten Symbolik.
Außer dem im Buch ausführlich besprochenen Mithraskult spielte die Stieropferung auch beim Kult der großen Erd-Mutter *Mete* eine wichtige Rolle. Bei diesen Zeremonien wurden die zu initiierenden Anhänger mit dem Blut des Stieres gebadet. In diesem Fall gibt es durchaus Ähnlichkeiten zwischen diesen Kultritualen und den Symboldarstellungen am Kästchen. Im Topf erkennt man einen Brotlaib, wobei eine nackte Person fixierend unter Tränen auf den Topf blickt.
Am französischen Kästchen befindet sich auf einem größeren Seitenteil eine androgyne Figur auf einem Sockel. Die Figur hat einen gespaltenen Bart, frauliche Brüste, und im Gegensatz zu den anderen Kästchen ist das männliche Geschlechtsteil stärker ausgeprägt. Links und rechts von der androgynen Figur befinden sich zwei Personen, wobei eine einen Hunde- und die andere einen Katzenkopf aufweist. Eine der beiden Mischwesen reicht dem androgynen Wesen die Hand.
Auf der gegenüberliegenden Seite befinden sich zwei Personen, von denen eine eine Krone auf dem Kopf trägt. Es ist möglich, dass die beiden Personen sexuelle Handlungen ausüben. Einer der Männer scheint sich zu befriedigen und beide blicken auf einen Punkt am Boden. In der Nähe befindet sich eine weitere Person, die auf einem Stier reitet.
Sie hält mit beiden Händen die Hörner des Stieres und versucht ihn zu bändigen. Die Vorderfüße des Stieres befinden sich in der Luft. Das zweite, größere Seitenteil des Kästchens zeigt, wie ein nackter Mann von anderen nackten Personen in die Höhe gehoben wird. Daneben waschen zwei andere nackte Personen ein totes Kalb. Eine dritte Person hält ein lebendes Kalb in den Händen.
Auch beim Kästchen, das in der Toskana gefunden wurde, spielen ein Stier und ein Kalb eine zentrale Rolle. Hier stoßen zwei

nackte Personen ein Kalb oder einen Stier in die Höhe. Eine andere Person legt eine Krone über den Kopf des Stieres oder Kalbes. Eine vierte Person hält eine beschriftete Rolle in ihrer Hand. Auf dieser Rolle sind ein Vogel und ein Kreuz zu erkennen. Dieses Kreuz stellt das griechische gleichschenkelige Kreuz dar und repräsentiert das gnostische Symbol für das göttliche Leben.
Die andere Seite zeigt die Opferung eines Stiers oder eines Büffels. Das Tier hat ebenfalls die Vorderbeine in der Luft. Die Kehle wird aufgeschnitten und das Blut mit einem Topf aufgefangen. Oberhalb der Tiere befinden sich ähnliche arabische Schriftzeichen, wie man sie auf den androgynen Wesen findet.
Insgesamt befinden sich auf fünf Seiten der Kästchen mithrische Symbole. Es scheint sich um eine Mischung von ophitischer und mithrischer Symbolik zu handeln, welche von den Herstellern der Kästchen übernommen wurden.
Die Wiener Kästchen zeigen mehrere gnostische Symbole wie ein gnostisches Kreuz, um das sich eine Schlange windet. Oder eine nackte Frau, die eine Orgie mit Schlangen ausführt, bei der die Schlangen die Hauptrolle spielen. Auch hier erkennt man die Einflüsse der Ophiten.
Wenn diese Kästchen wirklich aus dem Mittelalter stammen, stellt sich die Frage, wieso die Templer bzw. eine Gruppe Eingeweihter dieser Symbolik eine so große Bedeutung zuwiesen. Ein Spezialist vom Louvre in Paris bemerkte im 19. Jahrhundert, dass die Kästchen für ihn keine große Bedeutung haben und schloss sich *von Hammer-Purgstall* nicht an.
Dass *von Hammer-Purgstall* als hervorragender Kenner der Orientalistik und aller orientalischen und gnostischen Sekten mit seiner Interpretation auf dem richtigen Weg war, kann man seit neuerer Zeit nachweisen. In den letzten 100 Jahren gab es mehrere Funde in Europa, die eindeutig aufzeigen, dass ein innerer Kreis im Tempelorden einer gnostischen Lehre anhing.
Der *Sophia*-Stein bei der Rotunde von Scheiblingskirchen, der unterirdische Kultraum mit dem Schlangentabernakel von Lockenhaus und die Templerkapelle von Roslin in Schottland sowie viele andere mittelalterliche Bauwerke zeigen dies auf.

Dass die Geheimlehre der Templer der *ophitischen-kainitischen*, aber auch der *luziferischen* Gnosis nahe stand, lässt sich durch die Adonhiram-Legende, welche in der Rosslyn-Kapelle in Stein verewigt wurde, nachweisen. Wie wir zuvor beschrieben haben, wurde eine ophitische Gruppe auch als *Kainiten* bekannt.

Für sie war Kain ein Superwesen, welches einen wichtigen Funken göttlichen Lichtes in sich trug. Wie wir von der bogomilischen Lehre wissen, hatte Kain, auch wenn seine Mutter Eva war, *Satanael-Luzifer* als Vater. In der salomonischen Adonhiram-Legende wird beschrieben, dass Adonhiram vom Lichtengel *Luzifer* abstammt, welcher der Vater Kains sein soll. Wir wollen nun direkt einige Zeilen aus dieser Legende zitieren:

»Ihn [Luzifer] hatte die Schönheit Evas entflammt. Sie hatte sich nicht von ihm zu entziehen vermocht. Die Seele Kains war somit ein Funke der Seele Luzifers. Aus diesem Grunde stand sie unendlich höher als die Seele Abels. Dennoch war Kain gut zu Adam und Abel. Gott aber war voller Eifersucht auf den Genius, den Luzifer Kain vererbt hatte, vertrieb Adam und Eva zur Strafe für Evas Buhlschaft mit dem Lichtengel aus dem Paradies. Adam und Eva fingen an, Kain zu hassen, weil er die unschuldige Ursache ihrer Vertreibung aus dem Paradies war.«

In diesem Legendenauszug wird deutlich, dass sie der nichtchristlichen luziferischen Gnosis entstammt. In weiteren Zeilen über König Salomons Baumeister steht, dass Adam und Abel eine Sklavenseele hatten, da sie in der Materie gefangen waren. Die Seele von Kain jedoch war frei, da sie einen Funken von *Luzifer* innehatte. Aus diesem Grund begann Gott, diese freie Seele zu fürchten. Als Kain Abel tötete, wollte Gott alle Nachkommen von Kain mit dem Tod bestrafen. Der Sohn Luzifers aber wollte den Schmerz von Adam und Eva lindern und widmete sich den Dienst von Adams Kindern.

Nach der Adonhiram-Legende stammte König Salomons höchster Baumeister von Kains Blutlinie ab. Somit war er ein Nachkomme des Feuergenius *Luzifer* und lebte düster und einsam unter den Nachkommen Adams. Laut Legende war sein direkter Ahne Nimrod.

Nach einem Treffen mit der Königin von Saba verliebte er sich in sie und zog die Eifersucht Salomons auf sich. Nun wird es interessant, da die Säulen, welche auch in der Kapelle von Roslin und am Eingang des Karners von Mödling stehen, in der Legende vorkommen. So arbeiteten an der Säule *Jachin* nur Lehrlinge und an der Säule *Boaz* nur Gesellen. Die Meister arbeiteten an einem von Stieren getragenen Wasserbecken, das symbolisch dem ehernen Meer entsprechen sollte.

Eines Tages forderten drei Gesellen, dass sie in den Meisterstand erhoben werden. Doch Adonhiram verweigerte ihnen die Einweihung in diesen Baumeistergrad. Daraufhin sabotierten die drei unzufriedenen Gesellen den Tempelbau, so dass es zu einer Katastrophe kam und ein Teil einstürzte und in Flammen aufging. Obwohl König Salomon vom Vorhaben der Sabotage erfuhr, ließ er aus Eifersucht Adonhiram keine Warnung zukommen. Nun stand der große Meister Adonhiram vor seiner Geliebten, der Königin von Saba, in Schimpf und Schande dar.

Während der Teil des Tempels einstürzte, erlangte Adonhiram eine metaphysische *Feuertaufe*, bei der er an seinen luziferischen Seelenfunken und seine Abstammung von Kain erinnert wurde. Seine Erfahrung war mit einer gnostischen Einweihung gleichzusetzen, bei der er einer *Trancereise* ähnlich in das Reich der gnostischen Weltenseele, dem Urlicht, vordrang und seine Ahnen wieder fand.

Dort bekam Adonhiram nach der Legende den Einblick in die weisheitsvollen Bücher des *Tau* und empfing aus Tubal-Kains Händen neben einem goldenen Dreieck einen Tau-förmigen Hammer. Tubal-Kain war ein Sohn Kains und in Erz- und Eisenarbeit bewandert.

Als er wiederkehrte, stellte er mit diesem Hammer das eherne Meer wieder her. Aus diesem Grund weisen *Tau*-förmige Kreuze, *Tau*-förmige Stöcke und Symbole immer auf eine gnostische Geheimlehre hin, deren Wurzeln in den ägyptischen Mysterien liegen.

Das *Tau* stellt die Grenze zwischen der gnostischen Weisheit und dem materiellen Universum dar. Der Querbalken trennt den unteren Teil – das Universum, das Reich *Jaldabaoths* oder die niedrige Weisheit *Achamoth* – vom oberen Teil, der hohen Weisheit *Sophia.*

Das zuvor geschilderte Ereignis im Tempel Salomons wird während der Einweihungsrituale für den Grad eines Freimaurermeisters jedes Mal in Erinnerung gerufen. Der zu Initiierende liegt bei diesem Ritual mit verbundenen Augen am Boden oder in einem Sarg. Darin hört er, wie die drei Mörder beschließen, ihn in einem Schutthaufen zu begraben und den Leichnam danach vom Tempel fortzuschaffen. Der zukünftige Meister muss dabei die Rolle des Opfers spielen und den Tod symbolisch erleiden.

Bei diesem Ritual wird auch ein *Nahtoderlebnis* in Kauf genommen, um den alten uneingeweihten Menschen, den Adam, sterben zu lassen, damit der neue eingeweihte Mensch in ein neues Dasein treten kann.

Diese *Stirb-und-werde-neugeboren*-Rituale wurden bei allen Initiationskulten durchgeführt und auch im Totenkult der alten Ägypter in ihren Tempeln praktiziert. Bei dem zuvor beschriebenen Ritual soll ein Teil von Adonhirams Seele in jedem neu eingeweihten Meister weiterleben. Nach dem Ritual wird dem neuen Meister der dritte Grad von insgesamt 33 zu erlangenden Graden verliehen. Die Insignien dieses Grades sind die Richtschnur, der Zeichenstift und der Zirkel. Interessant ist, dass bei dieser Symbolik der zweiköpfige Meisterhammer an die altkretische Doppelaxt und den griechischen Buchstaben *Tau* erinnert.

Es ist außerdem interessant, dass man bei diesem Verfahren dem Lichtengel *Luzifer* keine unbedeutende Rolle zuweist und diesem sogar als Befreier der Seele gehuldigt wird. Nach dieser Lehre besitzt auch der vom wahren Gott aus dem Himmel verstoßene ältere Sohn, der Schöpfer der irdischen Welt, ein Anrecht auf die Verehrung der Menschen – mit anderen Worten: In der *luziferianischen* Gnosis wurde auch die Materie zum Gegenstand der göttlichen Verehrung. Bei genauer Betrachtung der Templersymbolik, dem Reichtum und der erlangten Macht scheint es durchaus plausibel zu sein, dass zumindest ein Teil des Ordens einer die Materie preisenden *luziferischen* Lehre und den damit verbundenen Ritualen nachging.

Der Kreis schließt sich

»Der Kernpunkt ihrer Lehre ist, dass die Seele nach dem Tod nicht untergehe, sondern von einem Körper in den anderen wandere ... Sie stellen außerdem häufig Erörterungen über Gestirne, über die Natur der Dinge, über die Macht und Gewalt der unsterblichen Götter und vermitteln dies alles der Jugend.«

JULIUS CÄSAR ÜBER DIE DRUIDEN

Wie wir im Buch aufgezeigt haben, bestand das frühe Christentum bis etwa 300 Jahre nach Christus aus einer Mischung verschiedener christlicher Glaubenslehren, wobei dualistisches und gnostisches Gedankengut durchaus ihren Platz fand. Im Jahre 286 verlagerte sich das Schwergewicht des Römischen Reiches nach Osten, wo Nikomedeia am Ausgang des Schwarzen Meeres zur Hauptstadt wurde. Rom trat in dieser Zeit seine Position im Westen sogar an Mailand ab und versank beinahe in Bedeutungslosigkeit.

In dieser Zeit begann sich das gnostische Christentum, welches zuvor vor allem in der ägyptischen Stadt Alexandria seine Hochburg hatte, auch in den Gebieten rund um das Schwarze Meer auszubreiten. Zu Beginn des vierten Jahrhunderts wurden im Römischen Reich Toleranzedikte zwischen dem Christentum und anderen Religionen eingesetzt.

Durch Vermittlung von Kaiser Konstantin kam es 325 beim Konzil von Nikäa sogar zu einem Kompromiss zwischen dem gnostischen Christentum und der römischen Staatskirche. Von den Gnostikern wurde das Dogma der Trinität Vater, Sohn, Heiliger Geist in die Kirche aufgenommen. Außerdem wurde auf diesem Konzil das Osterfest, nach dem sämtliche kirchliche Feiertage orientiert wurden, festgesetzt. Hierbei wurde das komplette mystische Beiwerk, welches jüdische und heidnische Rituale beinhaltete, übernommen.

Man übernahm auch das babylonische System von Himmel, Erde und Hölle in die Lehre. Die von den Gnostikern gelehrten Be-

griffe, Äonen, Demiurgen und Dämonen wurden vereinfacht als Engel und Teufel dargestellt. Diese Neuorganisation des Christentums hatte zur Folge, dass man in Rom wieder mehr politische Macht erlangte.
Um 389 ließ der Patriarch Theophilos von Alexandria, um die Konkurrenz der Gnostiker und Hermetiker endgültig auszuschalten, einen großen Teil der Bibliothek von Alexandria, das Serapeion, mit über 200 000 Büchern verbrennen.
Am 24. Februar 391 wurde das Christentum durch Kaiser Theodosius I. zur Staatsreligion im Römischen Reich erhoben. Die offizielle Duldung des Christentums durch den römischen Kaiser veranlasste die Bischöfe, alle von der offiziellen Norm abweichenden christlichen Lehren zu verbieten und zu vernichten.
Nach dieser Aktion traten viele Gnostiker in das staatlich tolerierte Christentum ein. Andere wiederum verließen Ägypten und wanderten nach Südwestarabien und Persien. Von Persien aus verbreiteten sich die gnostischen Lehren über die Länder im Bereich des Schwarzen Meeres. Aus diesem Ast entstanden im Mittelalter die Bogomilen mit ihren Splittergruppen wie den Katharern, den Euchiten oder den Luziferianern.
Die Hermetiker, welche nach Südwestarabien flohen, verbreiteten später ihre Lehren in den von den Mauren beherrschten Gebieten Südspaniens. Über Spanien kamen christliche Gnostiker nach Irland, wo sie sich mit den ebenfalls gnostischen Druiden zusammenschlossen. Die keltischen Druiden verehrten die Mutter Erde in Form von schwarzen Frauen als Sinnbild der Fruchtbarkeit in Grotten, welche die mütterliche, nährende Erde darstellen sollten.
Hier erkennt man sofort eine Gemeinsamkeit mit den schwarzen Madonnen der gnostischen Lehren, bei denen diese Rolle der dunkle irdische Teil der himmlischen *Sophia*, *Achamoth*, einnahm. Die Leichtigkeit, mit der die keltischen Druiden Irlands die gnostische Form des Christentums annahmen, zeigt uns, wie nahe sich diese Lehren standen, bei denen die Mutter Erde eine wesentliche Rolle einnahm.

Nachwort

Am Ende des vorigen Unterkapitels sollte jedem Leser klar geworden sein, dass wir wieder am Ausgangspunkt des Buches angelangt sind. Es scheint unbestritten zu sein, dass vor den Kreuzzügen die irische Insel und die Balkanländer eine große Rolle in der Bewahrung diverser christlich-gnostischer Strömungen innehatten. Während der Kreuzzüge kamen die Ritterorden mit diesen Lehren wieder in Kontakt, so dass manche Adelige diese Lehren förderten.

Es ist deshalb gewiss kein Zufall, dass während dieser Zeit die dualistischen Lehren von *Licht* und *Finsternis* in Europa erstarkten und sogar die römische Staatskirche beeinflusst haben. Die Gilden der Baumeister studierten stark synkretistische Schriften aus arabischen Übersetzungen von hermetischen Büchern und lasen sich Wissen der Gnosis, Kabbala und der Hermetik an.

Wie wir im Buch aufgezeigt haben, entstand dieses Wissen in einem Schmelztiegel der babylonischen, ägyptischen, hellenistischen Welt, wobei einige Lehren aus China, Indien, vom Mazdaismus, Mithras, Neuplatonismus, Manichäismus vermengt mit der esoterischen Seite des Islam dazukamen. Diese Bruderschaften beschränkten sich auf die mündliche Vermittlung von höchstem naturwissenschaftlichen und okkulten Wissen der damaligen Zeit an ihre Mitglieder.

Man gab sich *weltoffen*, *unpolitisch* und *unreligiös* und stand als interkonfessionelle, internationale Gruppe Christen, Juden, Moslems, Yeziden, Gnostikern, Anhängern der Lehre von Zoroaster etc. offen gegenüber. Die Ideologie basierte auf der Freiheit des Individuums, wobei die formelle Gesetzgebung im Islam, dem Christentum und dem Judentum abgelehnt wurde.

Durch den Kreuzzugsimpuls wurde der Bau der großen europäischen Kathedralen und Kirchen entfacht, so dass die adeligen Stifter und die neu entstandenen kirchlichen Mönchs- und Ritterorden diese Baumeisterschulen nach Europa brachten und zum Teil in ihre Orden integrierten. Wie bei den Hermetikern galt in allen diesen Bruderschaften die königliche Kunst der Vollendung des salomonischen Tempels als die Perfektion ihres Handelns.

Aus diesem Grunde wurde die Legende des Baumeisters Adonhiram in ihre Rituale miteinbezogen. Es wird nun auch verständlich, wie die Lehren dieser Baumeisterschulen ihre Anhänger innerhalb des Adels und der Ritterorden finden konnten und diese im mittelalterlichen Europa zu großer politischer Macht und Einfluss gelangten.

Welche Rolle der Orden der Tempelritter in dieser Zeit wirklich spielte, ist schwer zu ergründen. Auf Grund ihrer verwendeten dualistischen Symbole und kultischer Bezüge zum salomonischen Tempel in Jerusalem standen seine Gründer mit Sicherheit in Verbindung mit gnostischen Lehren und Bruderschaften der Baumeistergilden wie den *Kindern des Meister Jacques* und den *Kindern Salomons*.

Das in diesem Buch beschriebene astronomische Wissen kann als die Basis unserer, in der westlichen Welt betriebenen Naturwissenschaften angesehen werden. Aus dem am Anfang wissenschaftlichen Studium für religiöse Zwecke entwickelte sich im Laufe der Zeit eine Wissenschaft, welche den metaphysischen Aspekt mehr und mehr verdrängte.

Nach dem Besuch vieler mittelalterlicher Bauwerke und dem ausführlichen Studium der gnostischen Symbolik kommt man zum Schluss, dass zur Zeit der Kreuzzüge möglicherweise mehrere der gnostischen Lehre folgenden Gruppen und Adelshäuser um die Macht in Europa kämpften, die Templer vor allem in Frankreich entmachtet wurden und diese Gruppen den Aufbruch in die Renaissance bestimmt haben.

Danksagung

Die Autoren möchten ihren Dank an die folgenden Personen aussprechen: An Mag. Dipl.-Ing. Hannes Fürpaß und Mag. Martina Manges-Fürpaß für Korrekturarbeiten am Manuskript. An Franck Klare und seine Freunde für die Unterstützung bei den Recherchen am Tempelhof in Berlin; den Mitarbeitern der Orientabteilung des Kunsthistorischen Museums in Wien sowie allen Freunden und Bekannten, die uns bei den Recherchen zu diesem Buch unterstützt haben.

Literatur

Affeldt, Rolf, und Heinrich, Frank (1996): »Die Templer-Kapelle von Mücheln«, (Leipzig)
Aubarbier, Jean-Luc (1996): »Les Sites Templiers de France«, (Rennes)
Aubert, Marcel, und Goubet, Simone (1971): »Cathédrales et Trésors Gothiques de France«, (Paris)
Audiso, Gabriel (1989): »Die Waldenser: Die Geschichte einer religiösen Bewegung«, (Turin)
Baigent, Michael, Leigh, Richard, und Lincoln, Henry (1984): »Der Heilige Gral und seine Erben«, (München)
Baigent, Michael, Leigh, Richard, und Lincoln, Henry (1995): »Das Vermächtnis des Messias«, (München)
Bandini, Pietro (1999): »Voodoo: von Hexen, Zombies und schwarzer Magie«, (München)
Bechert, Heinz, und Gombrich, Richard (1984): »Der Buddhismus: Geschichte und Gegenwart«, (München)
Begg, Ean (1996): »The Cult of the Black Virgin«, (London)
Berger, Frank (1998): »Luzifer: Facetten eines Verführers«, (Stuttgart)
Bilas, Volker (1998): »Vom Himmelsmythos zum Weltgesetz«, (Wien)
Bouché-Leclercq, Auguste (1899): »L'Astrologie Grecque«, (Bruxelles)
Boyce, Mary (2001): »Zoroastrians: their Religious Beliefs and Practices«, (London)
Brankovic, Branislav (1994): »Saint Denis, un Saint, une Légende«, (Paris)
Buchas, Gabriele (2001): »Plätze der Kraft in Wien«, (Graz)
Burkert, Walter (1987): »Ancient Mystery Cults«, (Cambridge)
Campbell, Joseph (1959): »Primitive Mythology: The Masks of God«, (New York)
Campbell, Joseph (1963): »Oriental Mythology: The Masks of God«, (New York)
Cazeneuve, Jean (1966): »Les Mythologies à Travers le Monde«, (Paris)
Cooper, Vincent, M. (1999): »An Illustrated Encyclopaedia of Traditional Symbols«, (London)
Coppens, Philip (2002): »The Stone Puzzle of Rosslyn Chapel«, (Enkhuizen)
Cronenburg, Petra (1999), »Schwarze Madonnen: Das Mysterium einer Kultfigur«, (München)

Cumont, Franz (1937): »L'Egypte des Astrologues«, (Bruxelles)
De Champeaux, Gérard (1966): »Introduction au Monde des Symboles«, (Paris)
Dessubré, M. (1928): »Bibliographie de l'Ordre des Templiers«, (Paris)
Dimde, Manfred (2000): »Die Johannes Verschwörung«, (München)
Dirnbeck, Josef (2001): »Die Inquisition: Eine Chronik des Schreckens«, (München)
Duhem, Pierre (1988): »Le Système du Monde: Histoire des Doctrines Cosmologiques de Platon à Copernic«, (Paris)
Feuchtmüller, Rupert (1979): »Schöngrabern, die steinerne Bibel«, (Wien)
Flint, Valerie, I. J. (1991): »The Rise of Magic in Early Medieval Europe«, (New Jersey)
Foster, Sally, M. (1996): »Picts, Gaels and Scots«, (Bath)
Ghazal, Eluan (1999): »Schlangenkult und Tempelliebe«, (München)
Green, Miranda J. (2000): »Die Welt der Druiden«, (München)
Frick, Karl R. H. (1975): »Licht und Finsternis I:«, (Graz)
Frick, Karl R. H. (1978): »Licht und Finsternis II:«, (Graz)
Hagan, Helene E. (2000): »The Shining Ones: An Etymological Essay on the Amazigh Roots of Egyptian Civilization«, (Los Angeles)
Hammer-Purgstall, Joseph von (1818): »Geschichte der Assassinen«, (Stuttgart und Tübingen)
Hammer-Purgstall, Joseph von (1818): »Mysterium Baphometis: Fundgruben des Orients 6«, (Wien)
Herre, Christian-Louis (1920): »Okkulte Symbolik des 13. Jahrhunderts«, (Leipzig)
Hunger, Hermann, und Pingree, David (1999): »Astral Sciences in Mesopotamia«, (Leiden)
Ibn Khaldun, Abdurahman (1995): »Mokaddimat Ibn Khaldun«, (Beirut)
Jankovics, Marcell (2001): »Book of the Sun«, (New York)
Jones, Prudence, und Pennick, Nigel (1995) »Pagan Europe«, (London)
Jung, Emma, und Franz, Marie-Luise von (1980) »Die Grals-Legende«, (Düsseldorf)
Karmon, Yehuda (2001): »Die Johanniter und Malteser«, (München)
Kizilhan, Llhan (1997): »Die Yeziden«, (Frankfurt)
Kunze, Konrad (2000): »Himmel aus Stein«, (Freiburg im Breisgau)
Kusch, Heinrich, und Kusch, Ingrid (2001): »Kulthöhlen in Europa«, (Graz)
Lansing, Carol (1998): »Power and Purity: Cathar Heresy in Medieval Italy«, (Oxford)
Lasko, Peter (1994): »Ars Sacra 800 – 1200«, (Yale)
Layton, Bentley (1987): »The Gnostic Scriptures«, (New York)
Lefrançois-Pillion, Louise (1949): »Maîtres d'œuvre et Tailleurs de Pierre des Cathédrales«, (Paris)

Lehni, Roger (1997): »L'Horloge Astronomique de la Cathédrale de Strasbourg«, (Saint-Ouen)
Loiseleur, Jules (1872): »La Doctrine Secrète des Templiers«, (Orléans)
Lukan, Fritzi, und Lukan, Karl (2001): »Kärnten: Verborgenes, Seltsames, Unbekanntes«, (Wolfsberg)
Matthes, Walther, und Spekner, Rolf (1997): »Das Relief an den Externsteinen«, (München)
Matthews, Caitlin (2001): »Sophia: Goddess of Wisdom Bride of God«, (Wheaton)
Mazal, Otto (1993): »Die Sternenwelt des Mittelalters«, (Graz)
McCluskey, Stephen (1998) »Astronomies and Cultures in Early Medieval Europe«, (Cambridge)
Merkenbach, Reinhold (1998): »Ein persisch-römischer Mysterienkult«, (Wiesbaden)
Narby, Jeremy (1999): »The Cosmic Serpent: DNA and the Origin of Knowledge«, (New York)
Neugebauer, Otto (1969): »The Exact Sciences in Antiquity«, (New York)
Neundlinger, Ferdinand, und Müksch, Manfred (2001): »Templer in Österreich«, (Innsbruck)
Oslo, Allan (2000): »Die Geheimlehre der Tempelritter«, (Düsseldorf)
Pavia, Carlo (2000): »Guida dei mitrei di Roma antica«, (Rom)
Papasov, Katja (1983): »Christen oder Ketzer: Die Bogomilen«, (Stuttgart)
Payne-Towler, Christine (1999): »The Underground Stream«, (Eugene)
Petersdorff, Egon von (1995): »Daemonologie: Daemonen im Weltenplan«, (Stein am Rein)
Petersdorff, Egon von (1995): »Daemonologie: Daemonen am Werk«, (Stein am Rein)
Poulle, Emmanuel (1996): »Astronomie Planétaire au Moyen Age Latin«, (Hampshire)
Poupard, Paul (1987): »Les Religions«, (Paris)
Rahn, Otto (2000): »Kreuzzug gegen den Gral«, (Rieden)
Recht, Roland (1989): »Les Bâtisseurs des Cathédrales Gothiques«, (Strasbourg)
Reznikov, Raimonde (2000): »Cathars et Templiers«, (Portet-Sur-Gargonne)
Roché, Déodat (1992): »Die Katharer-Bewegung«, (Stuttgart)
Rudolph, Kurt (1998): »Gnosis: The Nature and History of Gnosis«, (Edinburgh)
Runciman, Steven (1947): »The Medieval Manichee«, (Cambridge)
Russell, Jeffrey B. (1984): »Witchcraft in the Middle Ages«, (New York)
Sawer, Peter (1997): »Die Wikinger: Geschichte und Kultur eines Seefahrervolkes«, (Stuttgart)
Scharastani, Abu'l Fath (1845): »Kitab al-Milal va-l-Nihlal«, (Kairo)

Schäfke, Werner (1990): »La France Gothique par les Cathédrales«, (Paris)
Schreiner, Lorenz (1992): »Kunst in Eger«, (München)
Schultz, Wolfgang (2000): »Dokumente der Gnosis«, (München)
Schuster, Gerhardt W. (2000): »Das alte Tibet: Geheimnisse und Mysterien«, (St. Pölten)
Self, Will (2000): »Die Offenbarung des Johannes«, (Frankfurt am Main)
Sinclair, Andrew (2001): »The Secret Scroll«, (London)
Sippel, Hartwig (2001): »Die Templer: Geschichte und Geheimnis«, (München)
Skerst, Herman von (1986): »Der Gralstempel im Kaukasus: Ur-Christentum in Armenien und Georgien«, (Stuttgart)
Spycket, Agnès (1968): »Les Statues de Culte dans les Textes Mesopotamiens des Origines a la Ire Dynastie de Babylone«, (Paris)
Steegen, Carl-Friedrich (1998): »Satan: Porträt des Leibhaftigen«, (München)
Stoyanov, Yuri (2000): »The Other God: Dualist Religions from Antiquity to the Cathar Heresy«, (New Haven)
Tardieu, Michel, und Dubois, Jean-Daniel (1986): »Introduction à la Littérature Gnostique«, (Paris)
Tardieu, Michel (1997): »Le Manichéisme«, (Paris)
Taton, Renée (1964): »Histoire Générale des Sciences«, (Paris)
Terhard, Franjo (1999): »Die Wächter des Heiligen Grals«, (München)
Tumler, Marian und Arnold, Udo (1992): »Der Deutsche Orden«, (Wien)
Uber, Heiner, und Pramod Mondhe, Papu (2002): »Schlangen Welten: Auf den Spuren eines Reptils durch Mythos und Magie«, (München)
Ulansey, David (1998): »Die Ursprünge des Mithraskults«, (Stuttgart)
Volfing, Gerhard (2001): »Auf den Spuren der Templer«, (Wolfsberg)
Wallace-Murphy, Tim, und Hopkins, Marilyn (2000): »Rosslyn: Guardian of the secrets of the Holy Grail«, (Shaftesbury)
Walter, Hans (2001): »Pans Wiederkehr«, (München)
Wakefield, Walter und Evans, Austin E. (1991): »Heresies of the High Middle Ages«, (New York)
Wasserman, James (2001): »The Templars and the Assasins: The Militia of Heaven«, (Rochester)
Wild, Georg (1870): »Bogomilen und Katharer in ihrer Symbolik«, (Wiesbaden)
Willey, Peter (1963): »The Castles of the Assassins«, (Fresno)
Williamson, Paul (1995): »Gothic Sculpture: 1140-1300«, (New Haven)
Zlathohlávek, Martin, Rätsch, Christian, und Müller-Ebling, Claudia (2001): »Das Jüngste Gericht: Fresken, Bilder und Gemälde«, (Düsseldorf/Zürich)
Zoltán, Móser (2001): »Az Ösök Udvarában«, (Budapest)

Register

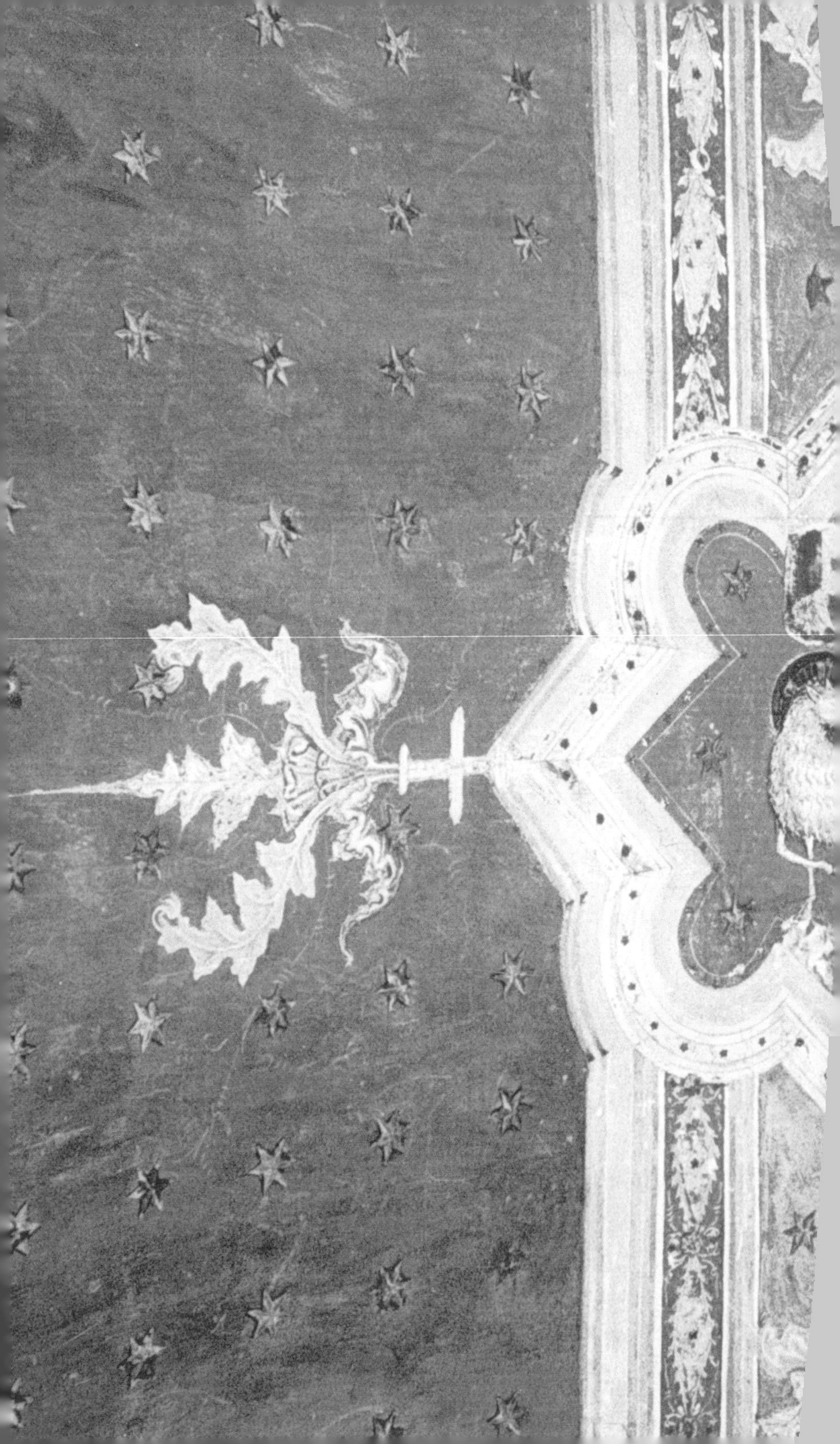